I0842658

Alfred López

esto es
CURIOSÍSIMO

(366 nuevas curiosidades de Ya está el listo que todo lo sabe)

Con prólogo de **SERGIO PAZOS**

La curiosidad no mató al gato…
lo hizo más sabio

ÍNDICE

ÍNDICE 7
PRÓLOGO 9
CÓMO LEER ESTE LIBRO 13
ENERO 15
FEBRERO 39
MARZO 63
ABRIL 89
MAYO 113
JUNIO 141
JULIO 167
AGOSTO 191
SEPTIEMBRE 215
OCTUBRE 241
NOVIEMBRE 267
DICIEMBRE 289
FUENTES DE CONSULTA 315
SOBRE EL AUTOR 319

PROLOGA, QUE ALGO QUEDA (UN PRÓLOGO CURIOSÍSIMO)

Lo más curiosísimo de este libro es, aparte de todas las curiosidades y expresiones que van a disfrutar leyendo, es que el prólogo lo escribe uno que nunca ha prologado un libro. Empezamos bien.

Y como soy novato en esto, voy a intentar escribir diciendo la verdad, cosa que no suele pasar en un prólogo, porque normalmente, al ser amigo del autor, se suele caer en la trampa de hablar bien del libro, cosa que yo no pienso hacer, o sí, pero no hablar mal del autor, cosa que yo tampoco pienso hacer, o sí.

Lo primero, creo que no hay que fiarse de Alfred López ¿por qué?

Porque se fía de alguien como yo. Eso indica que, aunque sea "el listo que todo lo sabe", de prólogos ni idea.

Los prólogos suelen preparar a los lectores para lo que viene a continuación, ofrecer la información necesaria para adentrarse en ese mundo maravilloso que el autor ofrece. Pero como este libro ya lo explica, este prólogo sobra. Otra demostración de que, de prólogos, el autor, ni idea. Pero estamos hablando de prólogos, no de él.

Es más, yo creo que hay libros que son tan tochos, que debería estar prohibido que llevaran prólogo. Ya cuesta leer el libro para tener que aguantar a un prologuista con pretensiones de autor. Y también lo contrario, hay libros tan pequeños que deberían llevarlo para que el lector piense que ha pagado lo suficiente por ese libro.

Ya sabemos que hay muchos "lectores" que compran libros por lo voluminosos que son, e incluso por las atractivas portadas que llevan, que eso vende mucho. Incluso por el título. Esto es curiosísimo. No lo digo por el título de este libro, sino que es muy curioso que haya gente que compre libros por sus curiosísimos títulos.

O muchas veces por el nombre de la persona que lo prologa. O sea, que, si alguien ha comprado este libro gracias a mí, se lo agradeceré eternamente. Y el autor más, sabiendo que no sabe nada de eso.

Pero siguiendo con el mundo prólogo, ¿prologar o no prologar? esa es la cuestión. Y me asaltan dudas.

¿Si te cae mal el prologuista, dejas de comprar el libro? ¿Si te cae bien lo compras, a sabiendas que puede ser un truño? Y si lo es. ¿A quién le echas la culpa? ¿al autor por equivocarse con el prologuista, o al prologuista, por prologar un libro que no debería ni editarse?

Dicho esto, me asalta la duda de que, a lo mejor no es tan listo el listo que todo lo sabe, al ofrecerme prologarle este libro.

Pero una vez "metido en harina" de prologuista – bonita expresión- veo que el libro presenta unas "señales" misteriosas que me hacen pensar que Alfred López es amante de los fenómenos extraños, o seguidor de "Cuarto Milenio", vete tú a saber.

Eso, o, por el contrario, SÍ es el listo que todo lo sabe y me ha dejado claves y pistas que me convencerán para escribir el prólogo. Bueno, que me convencieron.

Comienza el libro con el día 1 de enero, logicamente, y habla del origen del término "estreno". O sea, se estrena el libro, pero, estreno, también es el día que los actores se la juegan. Clara alusión a mí como actor, y a mí como persona que se estrena en prólogos. No vamos mal.

Sorprendido por semejante "casualidad" – no estaría mal que buscarais la expresión "la casualidad es la décima musa" de Jardiel Poncela-, decido buscar mi día de cumpleaños, el 4 de abril, y ¿que aparece?: La expresión "ser más majo que las pesetas".

¿Sabía el listo que todo lo sabe, que yo había nacido el día 4, y queriendo "llevarme al huerto"- no pienso explicarlo- pone esa expresión ese día y mes y no otro?

¿Ha sido casualidad, o ha sido muy listo poniéndome ese "caramelo"?

Lo que sí sé y ustedes también, es que Alfred López es más majo que las pesetas. En esto seré irreductible. Lo es y punto.

Por si quedaban dudas, me voy a la última expresión. Normalmente, el comienzo y el final de un libro o una película, suelen tener conexión, a menos que sea el final de "Los Serrano", o "Perdidos". Esto es de boomers, lo sé, pero mola "colarlo"

Y resulta que el 31 de diciembre está dedicado a "tener mala uva".

¿Me está insinuando que, si no le prologo el libro, porque no me ha gustado, es que tengo mala uva y no me merezco entrar en el olimpo de los prologuistas más majos que las pesetas?

Como la duda no ofende, sino que estimula, decido no hacerme el sueco, y poner toda la carne en el asador. Ahí va.

Mucha gente puede pensar que un libro de "curiosidades" puede ser un libro menor, pero ya os digo yo, que, como diría Mariano Rajoy, un libro de Alfred López, no es cosa menor, sino que es cosa mayor. Un libro que, ya para "rizar el rizo" —cantamos línea y vamos para bingo de expresiones-, se puede leer como tú decidas, al contrario de la mayoría. Empezarlo por el final, de día en día, que escojo una página porque me da la gana, o simplemente, por donde te salga de…seguro que encuentran ustedes alguna expresión.

Es digámoslo alto y claro, un libro de retrete, de mesilla, de salón de visitas, de sala de espera de una clínica, de prestar y devolver, de leer y releer, de comprar y regalar. Un libro que cada vez que lo abres, ya sea por el principio ya sea por la mitad, tiene principio y final, y encima, curiosísimo.

Eso sí, empiecen por donde empiecen recuerden que van a disfrutar de lo lindo de esta fuente de datos, curiosidades, información y entretenimiento.

Y voy terminando, creo que ya toca, que estarán "onicofágicos" perdidos después de tanta incertidumbre prologuista. Esto de la onicofagia lo pongo para que vean que he leído el libro. Y que me encantan las expresiones muy curiosas.

Espero que el prólogo no haya sido un "lorem ipsu" –curiosa expresión que también está en el libro, y les haya valido para continuarlo con toda la curiosidad del mundo.

Porque, aunque la curiosidad pudo haber matado al gato, a ustedes, queridos lectores, les encantará.

SERGIO PAZOS
Actor, presentador, cómico
y ahora prologuista

CÓMO LEER ESTE LIBRO

Tienes entre tus manos una nueva entrega de la saga de libros de "el listo que todo lo sabe" y en esta ocasión vuelve a su estilo y esencia inicial, escrito del mismo modo que los dos primeros títulos (*"Ya está el listo que todo lo sabe"* 2012 y *"Vuelve el listo que todo lo sabe"* 2015), en el que encontrarás 366 curiosidades, o sea, una para cada día del año, ya que he incluido el 29 de febrero (por si lo lees en un año bisiesto).

Eso sí, puedes leer este libro como más te plazca: siguiendo el orden cronológico, de delante a atrás o a la inversa; saltando de un mes a otro o empezando por el día de tu cumpleaños y/o fechas especiales en tu vida.

Observarás que algunas curiosidades tienen relación (directa o indirecta) con el día en el que aparece, pero otras muchas están colocadas al azar y sin ningún motivo, aunque sé que todas ellas te van a interesar y más de una vez te quedarás con la boca abierta y pensando "esto es CURIOSÍSIMO".

En esta ocasión he modificado el título del libro (aunque siga teniendo la misma esencia y estructura de la saga de *"Ya está el listo que todo lo sabe"*, del que hago referencia en el subtítulo). He aprovechado el término "curiosísimo", el cual al mismo tiempo también es el nombre que utilizo en las redes sociales TikTok e Instagram y cuyo perfiles tienen un gran éxito (te animo a seguirme y disfrutar de mis vídeos de divulgación en estas plataformas).

Ahora prepárate para disfrutar de un año de curiosidades de todo tipo y diversas temáticas (etimología, ciencia, deporte, anécdotas, historia, datos sorprendentes…) y si te ha gustado, ya sabes, recomiéndalo a tus amigos y redes sociales. También es ideal para regalar a aquella persona que conoces y que se apasiona por este tipo de datos, así que ya tienes una idea de qué va a ser lo que le comprarás en su próximo cumpleaños, navidades…

HOY GRAN
ESTRENO

ENERO

1. ¿Cuál es el origen del término "estreno"?

Según el *Diccionario de la RAE*, "estrenar" es, entre otras cosas, "hacer uso por primera vez de algo". El 1 de enero se estrena el año, siendo el punto de partida de los restantes 364 días (365 si es bisiesto). Y ahora mismo, que tienes este nuevo libro entre tus manos, lo estás estrenando.

El término "estreno" deriva del verbo "estrenar", que originalmente se refería a un regalo que se ofrecía, especialmente a los niños, con motivo del Año Nuevo.

Esta tradición se originó en la Antigua Roma y se conocía en latín como *strena*, que significaba "deseo de buena suerte o augurio". A su vez, este término provenía del adjetivo *strenus*, que significaba "buen augurio".

Los regalos de estreno solían ser monedas, dátiles y algunas frutas, pero con el tiempo evolucionaron hacia abalorios, joyas, accesorios y ropa. De ahí que el acto de vestir algo nuevo también se conozca como "ir de estreno".

Con el paso de los siglos, el término "estreno" se asoció con algo nuevo, que se inaugura, usa o produce por primera vez. Se utilizó para referirse a las primeras representaciones teatrales, óperas o proyecciones cinematográficas.

Es importante destacar que aún hoy en día, en algunos lugares e idiomas, se utiliza el término "estreno" (o alguna variante similar) para referirse al regalo o propina que se recibe en el Año Nuevo. Por ejemplo, en catalán se conoce como "*estrenas*".

2. El origen y significado del refrán "Año de nieves, año de bienes"

Nuestros antepasados vivieron mayoritariamente de la agricultura y, a falta de muchos de los conocimientos y técnicas que tenemos actualmente, solían guiarse o predecir cómo iban a ser los siguientes meses mediante la meteorología y cómo se comportaba ésta.

Dependiendo de si hacía frío o calor, llovía, nevaba o lucía el sol en determinado día o momento del año, les servía como eficaz pronosticador. Conocedores de que todo era cíclico, empezaron a crear pequeñas sentencias (refranes) con las que hacer referencia a cada época y situación.

El hecho de iniciarse el año en época invernal (en el hemisferio norte) provoca que durante las primeras semanas caigan algunas nevadas en diversos lugares y eso (dependiendo de la cantidad de nieve caída) les servía de indicador para predecir cómo serían las siguientes cosechas.

Un año que empezaba nevando, en el mundo rural, era sinónimo de excelentes cosechas (sobre todo de cereales) debido a que gracias a la nieve caída la tierra se mantendría húmeda, hidratada y esponjosa, las malas hierbas morirían y, además, proveería de agua el caudal de los ríos una vez derretida.

De ahí que surgiera entre los campesinos el famoso refrán "Año de nieves, año de bienes".

No se sabe con exactitud el momento en el que surgió (algo muy común con la inmensa mayoría de refranes, ya que se originaban directamente entre el pueblo y no como un hecho histórico concreto) pero sí que se tiene conocimiento de su uso y existencia en el siglo XVII.

Incluso existe una variante de este refrán, que ya aparece recogida en el *"Vocabulario de refranes y frases proverbiales"* de Gonzalo Correas (publicado en 1627) que decía "Año de nieves, año de mieses". Las "mieses" a las que hace referencia es el nombre que reciben los terrenos en los que se cultivan cereales y también el tiempo de la siega y cosecha de granos (mies).

También cabe destacar que ese tipo de refranes (y en concreto éste) no es exclusivo del castellano, pudiéndonos encontrar que en otros idiomas tiene sus correspondientes variantes:

"Any de neu, any de Déu" (Año de nieve, año de Dios; catalán), *"Hiver froid, bonne moisson"* (Invierno frío, buena cosecha; francés), *"Ano de nevadas, ano de fornadas"* (Año de nevadas, año de hornadas; gallego), *"Ano de nevão, ano de pão"* (Año de nevadas, año de pan; portugués) o *"A snow year, a rich year"* (Un año de nieves, un año rico; inglés), entre otros ejemplos.

3. ¿De dónde surge llamar "mamola" al gesto que se hace a modo de burla?

Se conoce como "mamola" a los característicos gestos que se hacen, a modo de mofa (poniendo una mano extendida con el dedo pulgar sobre la nariz, con las dos manos sobre la sien o dándose golpecitos con el nudillo del dedo corazón en la barbilla, a veces sacando la lengua), con el fin de burlarse de otra persona, muy característicos entre los niños pequeños.

Se sabe que ya en la antigüedad era muy común hacer ese tipo de gestos burlescos con intención de molestar al prójimo. Incluso el diccionario académico nos da entre las acepciones del mencionado término el de engañar a alguien con caricias fingidas, tratándolo de bobo.

El término ya aparece recogido en el *Diccionario de Autoridades* de 1780 con la siguiente explicación: "Cierta postura de la mano debajo de la barba de otro, que regularmente se ejecuta por menosprecio, y tal vez por cariño". Ya entonces también aparecía en el mencionado diccionario la forma "Hacer la mamola" (actualmente es más común decir "Hacer una mamola").

El vocablo "mamola" llegó al castellano desde el árabe hispánico *maḥmúla* con el significado de "cosa que se sufre a la fuerza".

4. ¿De dónde proviene la expresión "Fumar la pipa de la paz"?

La expresión "Fumar la pipa de la paz" tiene su origen en la antigua práctica de los nativos americanos, comúnmente conocidos en aquel entonces como "indios", de fumar una pipa especial en ciertas ceremonias. Esta pipa era utilizada en momentos específicos, como para desear una buena temporada de cosecha, celebrar la unión entre dos miembros de la tribu, conmemorar nacimientos o muertes, y establecer contacto con los espíritus en un ritual que combinaba lo humano y lo divino. Además, se usaba para sellar acuerdos, incluyendo la formalización de declaraciones de paz.

Fue este último aspecto el que se popularizó en gran parte del cine del siglo XX, creando la imagen colectiva de que cuando los nativos americanos se reunían con los vaqueros, establecían una tregua en sus enfrentamientos y compartían el ritual de "fumar la pipa de la paz".

En la actualidad, es común utilizar frases como "vamos a fumar la pipa de la paz" cuando se desea poner fin a una discusión y resolver un conflicto.

5. ¿De dónde proviene la expresión "Hacer la cama a alguien" como sinónimo de hacerle una mala pasada?

Se conoce como "hacer la cama" a la jugarreta o mala pasada que se le hace a alguien con intención de perjudicarle.

Esta práctica (de fastidiar al prójimo) fue de uso común siglos atrás, en los que dar a las autoridades cierta información sobre alguien podía perjudicar seriamente a una persona, que sería apresada y, muy posiblemente, ajusticiada como castigo.

Y es que el sentido que tenía antiguamente la expresión "hacer la cama" era, ni más ni menos, la de mandar a alguien a una muerte casi segura, ya que una de las muchas acepciones que se le da al término "cama" (aunque actualmente ya está en desuso) era el de "sepulcro" y así ya aparecía recogido en el *Diccionario de Autoridades* de 1780.

6. ¿Por qué la ceremonia castrense del 6 de enero es conocida como "Pascua Militar"?

La Pascua Militar es una ceremonia anual que se celebra cada 6 de enero en España. Fue instaurada por el rey Carlos III como un homenaje al triunfo de la Armada Española sobre el ejército inglés el 5 de enero de 1782, que resultó en la recuperación de la isla de Menorca.

Este enfrentamiento se consideró un gran logro militar y, al ocurrir durante las Pascuas Navideñas, Carlos III decidió establecer una conmemoración anual conocida como Pascua Militar. El objetivo de esta ceremonia es dar inicio al "año militar" y reunir a los representantes militares de los tres ejércitos y cuerpos de seguridad del Estado, así como a destacados miembros del gobierno.

La Pascua Militar tiene lugar en el Salón del Trono del Palacio Real de Madrid, donde el rey de España, actualmente Felipe VI, recibe a los asistentes y pronuncia un discurso. Durante la ceremonia, se otorgan condecoraciones y se destacan los logros y el compromiso de las Fuerzas Armadas españolas.

Esta ceremonia es considerada uno de los actos castrenses más importantes en España, junto con el Día de las Fuerzas Armadas y el desfile del Día de la Hispanidad. Marca el inicio del año militar y es un momento para reconocer y honrar la labor de los miembros de las Fuerzas Armadas en la defensa y seguridad del país.

7. ¿Cuándo se decidió que el domingo debía ser el día de descanso semanal?

A lo largo de la mayor parte de la historia, la tradición marcó que el día escogido para ser la jornada de descanso semanal era el sábado, el cual estaba situado inicialmente en los calendarios como el séptimo día de la semana (de ahí que en numerosos calendarios aparezca que la semana empieza el domingo y no en lunes).

De hecho, el término "sábado" significa literalmente "descanso" y etimológicamente proviene del hebreo *šabbāt* (aunque al castellano nos llegó desde el latín tardío *sabbătum* y a éste, a su vez, del griego *sábbaton*, con idéntico significado).

El *šabbāt* era originalmente el séptimo día de la semana, siendo festivo para el judaísmo y en otras confesiones religiosas, encontrándonos que en los inicios del catolicismo también fue así.

Fue el Constantino I (primer emperador romano que se convirtió al cristianismo) quien declaró en el año 323 que el día dedicado al descanso para el catolicismo debía de ser el "domingo" (término que proviene del latín *dominĭcus* y cuyo significado literal era "Día del Señor"). Esa jornada, hasta entonces había estado dedicada no al Dios de los católicos sino al Sol (considerado como deidad entre el paganismo).

Pero a pesar de la declaración del domingo como día de descanso laboral y de dedicación a Dios, por parte del emperador Constantino, no fue hasta muchos años después cuando se pondría en práctica, necesitándose la celebración de varios sínodos y concilios para que la Iglesia católica lo institucionalizase, indicando que los cristianos debían descansar y dedicar la jornada a Dios el domingo y no en sábado.

Fue en el conocido como "Concilio de Trento" (celebrado entre los años 1545 y 1563) cuando tomó carácter oficial la norma y se impuso como obligación acudir a la misa dominical y la prohibición de realizar aquellos trabajos laborales que no fuesen esenciales.

Pero no en todos los lugares se consiguió que los trabajadores pudiesen descansar los domingos (o sea, tenerlo como día festivo), siendo a partir de la Revolución francesa, de 1789, cuando fue progresivamente imponiéndose esa jornada como el día de descanso laboral.

8. ¿De dónde proviene la expresión "Estar en la brecha"?

Suele utilizarse la expresión "Estar en la brecha" para señalar a aquella persona que lucha por conseguir un propósito con el que está comprometido y también encontramos que es usada para indicar que alguien está en una buena posición, que ha triunfado o destacado en algo.

La "brecha" a la que hace referencia la locución era la rotura que un ejército podía hacer en la muralla de un castillo en el momento de un ataque, por la cual podrían romper la defensa del enemigo y traspasar sus líneas (con intención de conquistar un castillo, lugar…).

De ahí que decir que alguien estaba en la brecha se convirtiera en sinónimo de aquel que lucha y consigue un propósito (ganar al enemigo).

9. El curioso origen etimológico del término "embelesado"

Se conoce como "embelesado" al individuo que ha quedado cautivado, fascinado, seducido, absorto e incluso hechizado por algún motivo (por ejemplo, alguien amante del arte que queda embelesado ante un cuadro).

El término fue recogido por primera vez en el *Diccionario de Autoridades* de 1732 en el que se le daba las acepciones de "pasmado, absorto, trasportado o traspuesto". En las siguientes ediciones la entrada correspondiente a esta palabra redirigía hacia "embelesar" (suspender, arrebatar los sentidos), siendo en la edición de 1822 la última en la que aparecía recogida la entrada "embelesado" (actualmente tampoco aparece).

Etimológicamente, el término se formó a partir del prefijo latino *en-* (cuya función es formar verbos a partir de sustantivos) y el vocablo *belesa*, el cual hacía referencia a una planta que forma parte de familia de las plumbagináceas, muy utilizada para realizar ungüentos e infusiones medicinales en la antigüedad y que tenía virtudes narcóticas.

Aquellas personas que eran tratadas con la belesa quedaban, momentáneamente, en un estado de semiinconsciencia y con apariencia de haber sido hechizadas (en realidad estaban drogadas), por lo que a aquel que parecía estar absorto, traspuesto o pasmado, empezó a ser señalado como "embelesado", como si estuviese bajo los efectos de esa planta medicinal.

10. ¿Desde cuándo se mide la magnitud de un terremoto con la "Escala de Richter"?

Cuando se produce un movimiento sísmico, para indicar su magnitud, se utiliza habitualmente el término "escala de Richter" acompañado de un número (por ejemplo: "Se ha producido un temblor de magnitud 6,9 en la escala Richter").

Tal denominación para este medidor se la debemos al apellido del sismólogo estadounidense Charles Francis Richter, quien en 1935 creó una escala que mejoraba y actualizaba las utilizadas hasta aquel momento para medir los seísmos.

Pero, al igual que la de Richter era una modernización de las anteriores, en todas estas décadas transcurridas desde entonces, se han desarrollado otros métodos y escalas. En 1979 se estableció otra nomenclatura para indicar la magnitud de un terremoto y los expertos aconsejan no utilizar la de Richter, especialmente cuando ésta está por debajo de 7,0.

Los centros sismológicos indican que se utilice la forma magnitud de momento (Mw) "X", en la que "X" es el número que corresponde a la intensidad del terremoto (por ejemplo: "Se ha producido un temblor de magnitud de momento 7,1").

11. ¿Sabías que el concepto de "pasaporte", tal y como lo conocemos actualmente, proviene de la Edad Media?

Durante gran parte de la historia, especialmente en la Edad Media, las poblaciones importantes solían estar rodeadas por murallas, y era necesario contar con algún tipo de documento o salvoconducto para acceder a su interior.

Lo mismo ocurría en las fronteras entre reinos, países e incluso condados, donde se requería algún tipo de documento que identificara al individuo y le permitiera cruzar al otro lado.

Se atribuye al rey Enrique V de Inglaterra el impulso de emitir documentos acreditativos para sus súbditos, que les permitieran viajar a otros reinos sin problemas.

Con el tiempo, estos documentos identificativos fueron unificando criterios y formatos, y se les añadieron detalles como la incorporación de fotografías en el siglo XX.

Este documento, con el tiempo, se conoció como "pasaporte", y la primera constancia del término se encuentra en el francés *passeport* a principios del siglo XVI. A su vez, *passeport* deriva del latín y está formado por dos palabras: la primera parte de *passus* (paso, acceso), pero la segunda parte no está del todo clara. Algunos etimólogos sugieren que proviene directamente de *portus* (puerto), mientras que otros indican que proviene de *porta* (puerta, lugar de acceso).

Sin embargo, existe una tercera opción que sugiere que el término podría ser una combinación de ambas, ya que tanto un "puerto" (marítimo) como una "puerta" (de una fortificación o ciudad amurallada) eran lugares de acceso a cualquier destino, ya sea por vía marítima o terrestre.

El término "pasaporte" fue incluido por primera vez en el *Diccionario de la Real Academia Española* en su edición de 1780, con la siguiente definición:

"La licencia o documento por escrito que se otorga para poder pasar libre y seguramente de un reino a otro, o de un lugar a otro".

12. ¿De dónde surge llamar "sibilino" algo enigmático o misterioso?

El término "sibilino" se utiliza desde hace varios siglos para describir algo que posee un cierto misterio o enigma. En la edición de 1739 del *Diccionario de Autoridades*, se registró por primera vez con la acepción de "lo que pertenece o es propio de las sibilas".

El término "sibila" hace referencia a diez personajes femeninos de la mitología griega y romana, así como de algunos escritos del catolicismo. Estas mujeres eran consideradas sabias y poseían habilidades adivinatorias o proféticas. Se las conocía por los siguientes nombres: Pérsica, Líbica, Délfica, Cinmeria, Eritrea, Samia, Cumana, Helespontia, Frigia y Tiburnina. Se les atribuían poderes de profecía y en algunos escritos se mencionaba que anunciaban la llegada del Mesías.

A partir de la edición de 1884 del *Diccionario de la Real Academia Española* (RAE), la definición de "sibila" pasó a ser "mujer sabia a quien los antiguos atribuyeron espíritu profético".

En cuanto al término "sibilino", su definición actual como "misterioso, oscuro con apariencia de importante" comenzó a aparecer en el *Diccionario de la RAE* a partir de la edición de 1925.

Es interesante mencionar que hasta 1817, el diccionario también incluía una segunda acepción para "sibila", que se refería a una "mujer que es alta, robusta y de buen aspecto".

13. ¿Cuál es el origen etimológico del término "depresión"?

El término "depresión" tiene diferentes significados según el contexto en el que se utilice. En el *Diccionario de la Real Academia Española* (RAE), se recogen las siguientes acepciones:

1. Acción y efecto de deprimir o deprimirse.

2. En un terreno u otra superficie, concavidad de alguna extensión.

3. Período de baja actividad económica general, caracterizado por desempleo masivo, deflación, decreciente uso de recursos y bajo nivel de inversiones.

4. Psicología y Psiquiatría. Síndrome caracterizado por una tristeza profunda y por la inhibición de las funciones psíquicas, a veces con trastornos neurovegetativos.

El término "depresión" proviene del latín *depressio*, que está compuesto por el prefijo *de-* (que indica disminución o hacia abajo), el vocablo *pres* (que significa hundido, apretado, comprimido, y también da origen a "presión" y "presionado") y el sufijo *-sio* (que indica una acción o efecto). Literalmente, el término significa "que está hundido".

Inicialmente, se utilizaba para describir las concavidades en un terreno, y no se aplicaba en el contexto de los estados de ánimo. En la antigüedad, el decaimiento o abatimiento moral y mental se explicaba dentro de la "Teoría de los humores" atribuida a Hipócrates, quien clasificaba la personalidad en cuatro estados relacionados con los fluidos corporales: la sangre, la bilis amarilla, la bilis negra y la flema.

Sin embargo, no fue hasta el siglo XVII cuando se encontraron las primeras referencias escritas que relacionaban el término "depresión" con el decaimiento de una persona, utilizado en la forma *"animae dēpressio"*, que significaba "bajada de ánimo". En el diccionario español, la primera vez que se recoge el término "depresión" es en la edición de 1780 de la *Academia Usual*, con la acepción de "abatimiento, humillación". También se incluye una definición relacionada con la astronomía.

Finalmente, en la edición de 1992 del *Diccionario de la RAE*, se le dio la definición actual de depresión en el ámbito de la psicología y psiquiatría, como un síndrome caracterizado por una tristeza profunda e inmotivada, junto con la inhibición de las funciones psíquicas.

El 13 de enero se celebra el "Día Mundial de Lucha contra la Depresión", una enfermedad que impacta a más de 300 millones de personas, siendo la principal causa global de discapacidad.

14. ¿Sabes qué es una "Gorgorotada"?

El término "gorgorotada" hace referencia a aquella cantidad de líquido (normalmente un licor) que se bebe de un solo trago (lo que comúnmente también conocemos hoy en día como chupito).

Etimológicamente, proviene de *gorgor* y éste del latín *gurga*, cuyo significado es "garganta" y que ha dado otros términos como "gorgorito" (quiebro que se hace al cantar) o "gorgotear" (ruido producido por un líquido al moverse en el interior de alguna cavidad).

El vocablo aparece recogido por primera vez en el *Diccionario de la RAE* de 1803, dándole la misma acepción que en la edición actual.

15. ¿Sabes a qué hace referencia el término "caterva"?

El término "caterva" se utiliza para describir a una multitud de personas o cosas que están desordenadas, sin guardar un orden. Su origen etimológico se encuentra en el latín, donde también se utilizaba con el mismo significado. En este contexto, se refería a una tropa de soldados que, al carecer de mando o supervisión, no se comportaba de manera ordenada.

Es interesante destacar que en la Antigua Roma, se conocía como "catervario" (*catervarius*) al gladiador romano que luchaba en grupo junto con otros. Esto puede relacionarse con la idea de una multitud desordenada, ya que los gladiadores catervarios no actuaban de forma individual, sino en conjunto.

16. ¿Sabías que las croquetas no son de origen español?

Las croquetas son un plato muy popular en la cocina española y se encuentran en la mayoría de los restaurantes y bares. Se elaboran con una masa de harina y leche o caldo, rellena de diversos ingredientes como jamón, marisco, carne o verduras. Se rebozan en huevo y pan rallado y se fríen en aceite caliente, resultando en una textura tierna por dentro y crujiente por fuera.

Aunque durante mucho tiempo se pensó que las croquetas eran una invención española, se descubrió que su origen se remonta al libro de recetas francés *"Le cuisinier roial et bourgeois"* del chef François Massialot en 1691. Existen diversas historias y teorías sobre su origen, pero fue en Francia donde se mencionaron por primera vez.

Aunque la receta de las croquetas se perfeccionó en España, dándoles su forma y consistencia actual, los expertos culinarios reconocen su influencia francesa. El término "croqueta" proviene del francés *"croquette"*, que significa "crujiente".

El 16 de enero de 2015 se estableció el "Día Internacional de la Croqueta", gracias a una exitosa campaña de comunicación ideada por Cristina Barbero, fundadora y CEO de la agencia de comunicación "Ideas bien contadas", para el restaurante "La Croquetta" de Madrid. Desde entonces, cada año se celebra esta deliciosa especialidad con gran éxito en las redes sociales y los medios de comunicación, con miles de publicaciones utilizando el *hashtag* #DíadelaCroqueta.

17. ¿Cuál es el origen de la expresión "Al que quiera celeste, que le cueste"?

La expresión "Al que quiera celeste, que le cueste" no tiene un origen relacionado con el color celeste o el lapislázuli como suele mencionarse en algunas explicaciones populares. La mayoría de expertos e historiadores señalan que el significado de la expresión no está relacionado con el color, sino con la idea de alcanzar algo celestial o divino.

Los términos "celeste" y "celestial" se utilizaban para referirse a lo relacionado con el cielo o lo divino. En este contexto, la expresión "Al que quiera celeste, que le cueste" se interpreta como un llamado a esforzarse y sacrificarse para alcanzar algo valioso o trascendente. No se refiere al color en sí, sino a la meta deseada que implica un esfuerzo adicional.

Es importante tener en cuenta que términos como celeste y celestial estaban destinados desde la antigüedad a ser usados para señalar la procedencia divina (del cielo) de los más insignes personajes, surgiendo de ahí la creencia de que los reyes tenían "sangre azul" y que nada tiene que ver con la popular leyenda urbana que señala que provenía de la (errónea) idea de que las venas de las personas nobles se veían más azules debido a su piel pálida, al no incidir los rayos del sol sobre éstos.

18. El curioso origen etimológico del término "conversar"

Se conoce como "conversar" a la acción de hablar una persona con otra u otras, sin denotar discrepancia entre ellas.

Etimológicamente proviene del término en latín *conversāre*, cuyo significado literal era "dar vueltas en compañía".

Pero las vueltas a las que aludía el vocablo no hacían referencia al hecho de girar físicamente las personas, sino a las que daban las ideas, palabras y pensamiento a través de la lengua y del habla que se producía a la hora de estar manteniendo una charla entre diferentes individuos.

19. El curioso origen etimológico del término "detestar"

El término "detestar" es usado con frecuencia como sinónimo de "aborrecer" y es precisamente éste el significado que le da a este vocablo el *Diccionario de la RAE*, junto con la acepción "condenar y maldecir a alguien o algo, tomando el cielo por testigo".

Pero la segunda definición es la que más se acerca a su significado original, ya que, etimológicamente, proviene del latín *detestari*, formado por el prefijo *de–* y el verbo *testari* (testimonio).

20. ¿Cuál es el origen de la expresión "El conocimiento es poder"?

La capacidad de aprender es una de las cualidades más valiosas de los seres humanos y ha sido fundamental en nuestra evolución. La famosa expresión "el conocimiento es poder" es atribuida a Francis Bacon, aunque no la pronunció exactamente en esa forma. En su obra *"Meditationes sacrae"* (1597), Bacon incluyó el aforismo latino *"ipsa scientia potestas est"* (El conocimiento es en sí mismo un poder), basado en un antiguo proverbio hebreo (Proverbios 24:5) que afirma que "el hombre sabio es fuerte, y de pujante vigor el hombre docto".

Sin embargo, fue el filósofo inglés Thomas Hobbes quien popularizó la expresión en la forma "El conocimiento es poder" (*Scientia potentia est*) en su obra *"De Homine"* (Sobre el hombre) a partir de 1658. Hobbes había trabajado como escribiente de Francis Bacon y es probable que desarrollara esta locución basándose en los pensamientos de su mentor.

Además, es común encontrar la expresión en otras formas como "La información es poder" o "La sabiduría es poder".

21. El curioso origen etimológico del término "melancolía"

Conocemos como melancolía al estado emocional intenso en el que una persona puede sentir tristeza, nostalgia o aflicción.

El término "melancolía" proviene del latín tardío *melancholia*, que a su vez derivaba del griego antiguo *melancholía* (μελαγχολία), cuyo significado literal era "bilis negra". Y es que en la antigua Grecia, se tenía el convencimiento de que la bilis negra, uno de los cuatro humores corporales, era la responsable del estado de ánimo melancólico de las personas.

La idea de que la melancolía estaba relacionada con la bilis negra continuó durante la Edad Media y el Renacimiento y se creía que ese estado de tristeza y aflicción era una enfermedad causada por un desequilibrio de los cuatro humores corporales (bilis negra, bilis amarilla, flema y sangre). Los síntomas de la melancolía incluían tristeza, apatía, pérdida de interés en la vida y problemas físicos como pérdida de apetito y problemas de sueño.

En el siglo XVII, la melancolía llegó a ser considerada una enfermedad mental y se utilizó para describir algunos estados de depresión.

22. ¿Cuál es el origen del término "agasajar"?

El acto de agasajar se caracteriza por complacer, halagar, hacer cumplidos y brindar muestras de afecto a alguien a través de regalos u otras demostraciones.

En el español medieval, se empleaba el término "gasajar" con el mismo significado, el cual aún se encuentra registrado en el *Diccionario de la RAE*. A su vez, este término se originaba en la palabra "gasajo", utilizada para referirse al placer de la compañía.

Etimológicamente, deriva del gótico *gasali* que significa compañía, y éste a su vez proviene de gasalja, que se utilizaba para hacer alusión a un compañero o amigo.

De esta manera, el término agasajar originalmente hacía referencia a la satisfacción experimentada al disfrutar de la compañía de un amigo o camarada, ofreciéndole adulaciones y atenciones para que se sintiera cómodo y complacido.

23. ¿Cuál es el origen del término "escaparate"?

El término "escaparate" se utiliza para referirse al lugar destinado a exhibir mercancías, generalmente asociado con el espacio exterior de los comercios donde se muestran los productos a la venta.

El origen de la palabra "escaparate" radica en su significado original, que se refería a un armario utilizado para almacenar objetos delicados o de cierto valor, comúnmente ubicado en la cocina, alacena o sala.

Etimológicamente, proviene del neerlandés *schaprade*, que se traduce literalmente como "armario".

La primera constancia escrita del término en castellano se encuentra en la obra póstuma de Miguel de Cervantes, *Los trabajos de Persiles y Sigismunda, historia setentrional* (libro IV, capítulo 9), publicada en 1617. En dicha obra se menciona:

> "[...] la buena suerte y la buena dicha, que todo es uno, también puede llegar a la puerta del miserable en un saco de sayal como en un escaparate de plata [...]".

El vocablo "escaparate" fue incluido por primera vez en el *Diccionario de Autoridades*, en su edición de 1732, con la siguiente definición:

> "[...] Alhaja hecha a manera de alhacena o armario, con puertas y estantes en su interior, utilizada para guardar objetos de valor, finos barros y otras cosas delicadas que las mujeres suelen utilizar en sus salas de estrado para resguardar sus pertenencias [...]".

24. ¿Cuál es el origen del término "buhardilla"?

El término "buhardilla" hace referencia a la parte superior de un edificio, generalmente una casa, que se encuentra inmediatamente debajo del tejado y que algunas personas utilizan para almacenar objetos o incluso como vivienda. Por lo general, cuenta con una ventana que permite la entrada de luz del día y el acceso al tejado. También se le conoce en ocasiones como "desván".

Antiguamente, se creía erróneamente que el término provenía de la palabra "búho", debido a la creencia de que esta ave rapaz solía colarse por las pequeñas ventanas superiores de las casas. Esta hipótesis, descartada por la mayoría de los etimólogos, se popularizó debido a la propuesta del lexicógrafo Sebastián de Covarrubias en su obra *Tesoro de la lengua castellana o española* del siglo XVII.

Etimológicamente, el término "buhardilla" es el diminutivo de "buharda", que tiene el mismo significado y a su vez deriva de "bufarda", que se refería a la ventana o agujero situado en la parte más alta de las casas. Esta abertura servía como vía de escape o como respiradero para el humo en caso de obstrucción en la chimenea, así como para permitir la entrada de aire y ventilar la habitación.

El término "bufarda" proviene del verbo "bufar", que significa literalmente "soplar".

En antiguos diccionarios como el de *Autoridades* (y algunos actuales), también se encuentran términos como "bohardilla", "boardilla" y "boarda", que se utilizan con el mismo significado que "buhardilla".

25. ¿Cuándo se popularizó la marcha nupcial en las bodas?

La marcha nupcial es una pieza musical tradicionalmente interpretada en las bodas durante la procesión de la entrada de la novia. La más conocida es la compuesta por el compositor alemán Felix Mendelssohn, en 1842, como parte de la música de la obra de teatro *Sueño de una noche de verano* de William Shakespeare.

Según indican la mayoría de expertos e historiadores, la tradición de utilizar esta marcha nupcial en las bodas comenzó en la ceremonia en la que contrajo matrimonio la princesa Victoria, hija de la reina Victoria del Reino Unido, con el príncipe Federico Guillermo de Prusia, el 25 de enero de 1858 en la Capilla Real del Palacio de St. James en Londres.

La reina Victoria era una gran admiradora de la música de Mendelssohn y amiga personal del compositor germano, quien había acudido en varias ocasiones a interpretar algunas de sus piezas en fiestas organizadas por la monarquía británica (e incluso acudió al funeral del músico en 1847).

Era tal la admiración de la monarca por Mendelssohn que pidió a los organizadores de la boda de su hija que se tocara la *Marcha Nupcial* durante la ceremonia.

El hecho de ser la reina Victoria del Reino Unido una de las grandes *influencers* de su época propició que el resto de las Casas Reales y familias aristocráticas copiaran y utilizaran la *Marcha Nupcial* de Mendelssohn para la entrada de la novia a partir de aquel momento.

26. Lápida, dilapidar y lapidar, tres términos con una misma raíz etimológica: las piedras

La palabra "lápida" se refiere a una piedra plana en la que normalmente se coloca una inscripción, como en las tumbas.

Por otro lado, "dilapidar" es el acto de derrochar y malgastar dinero y bienes, ya sean propios o de otros.

"Lapidar" implica arrojar piedras o apedrear a alguien con la intención de causarle mucho daño e incluso la muerte.

Estos tres términos comparten una misma raíz etimológica, ya que todos ellos provienen del vocablo latino *lăpidis*, que significa piedra de forma literal.

El origen de los términos "lápida" y "lapidar" es bastante claro, pero resulta curioso cómo dio origen al vocablo "dilapidar". Este último proviene de la forma latina *dilapidāre*, que originalmente significaba "lanzar el dinero (malgastarlo) como si se lanzaran piedras".

27. El curioso origen del término "patraña"

El término "patraña" se utiliza para referirse a una mentira, un bulo o una historia inventada con la intención de engañar. Su origen etimológico tiene ciertas peculiaridades.

Originalmente, la palabra se pronunciaba y escribía como "pastraña", con una "ese" intercalada en la primera sílaba. Su significado literal era "noticia fabulosa" en el sentido de algo irreal, imaginario o fantasioso. Hay constancia escrita de su uso en algunas obras del periodo bajomedieval (siglos XIV y XV). Hacia el siglo XVI, la palabra adoptó la forma actual de "patraña".

Etimológicamente, proviene del término latino *pastoranea*, que significa "reunión o consejo de pastores".

Y es que el origen del término "pastraña" (y posteriormente "patraña") se encuentra en el ámbito pastoral. Los expertos sugieren dos posibles causas que dieron lugar a la creación de esta palabra para referirse a algo imaginario o irreal.

Por un lado, se piensa que pudo originarse en las reuniones de pastores trashumantes, cuando se sentaban a comer o descansar durante las largas jornadas y se contaban historias fantasiosas para entretenerse y pasar el tiempo.

Por otro lado, algunos señalan como origen ciertas obras teatrales de la cultura grecorromana en las que las tramas se centraban en historias de amor pastoriles, que a menudo eran fantasiosas y difíciles de creer.

En cualquier caso, lo que se sabe es que el término "patraña" (y su forma anterior "pastraña", que todavía aparece recogido en el *Diccionario de la RAE*) proviene del mundo de los pastores y del vocablo que los representa.

28. ¿Sabes qué es un "penseque"?

El término "penseque" se utiliza para describir el acto de excusarse ante un error cometido debido a un descuido, argumentando que se creía o pensaba que lo que se hizo era correcto. El término surge de la combinación de "pensé" y "que".

No se trata de un neologismo ni de una palabra surgida de jergas modernas, ya que existen registros de su uso desde principios del siglo XVII. Incluso formó parte del título de la obra de Tirso de Molina, *El castigo del penseque* (1614), lo cual le costó al autor el destierro.

El término "penseque" se encuentra registrado en el *Diccionario de Autoridades* de 1737, con la acepción de "Voz baja y vulgar, que significa 'creí y discurrí'".

29. ¿Cuál es el origen del término "empatía"?

El término "empatía" se refiere a la capacidad de identificarse con los sentimientos de los demás, ya sea alegría, tristeza o sufrimiento, y mostrar apoyo emocional al ponerse en el lugar del otro.

La primera aparición del término en el *Diccionario de la RAE* fue en la edición de 1984, donde se definió como "Participación afectiva, y por lo común emotiva, de un sujeto en una realidad ajena". A pesar de haber sido incluido en el diccionario hace apenas cuatro décadas, el término "empatía" tiene una larga historia en su uso.

Etimológicamente, proviene del griego *empátheia*, que hacía referencia a un "dolor intenso" en el sentido de "sufrimiento interno". Hay registros de su uso por parte del médico y filósofo grecolatino Claudio Galeno Nicon de Pérgamo (conocido como "Galeno") a principios del siglo II a.C.

Sin embargo, para encontrar el uso del término con el significado que se le da en la actualidad, debemos remontarnos a 1848, cuando el filósofo Rudolf Hermann Lotze acuñó el término alemán *Einfühlungsvermögen*, que significa "capacidad de empatizar". *Einfühlung* era la adaptación del término griego *empátheia* al alemán.

A partir de 1909, el término se popularizó en la forma anglosajona *empathy* gracias al psicólogo británico (nacionalizado estadounidense) Edward B. Titchener. Desde entonces, se ha universalizado su uso y significado en diferentes campos y disciplinas.

30. ¿Sabías que el término "debacle" no fue incorporado al *Diccionario de la RAE* hasta 1983?

El término "debacle" no fue incorporado al *Diccionario de la RAE* hasta 1983, a pesar de ser ampliamente utilizado y tener sinónimos reconocidos como "catástrofe, calamidad, ruina o hecatombe".

El término "debacle" llegó al castellano aproximadamente un siglo antes de su inclusión en el diccionario, pero su popularidad y uso extendido ocurrieron en el siglo XX.

La primera aparición escrita en castellano se encuentra en la novela *Lo prohibido* de Benito Pérez Galdós, publicada en 1884. En ese contexto, se utilizó el término con el sentido de desastre o calamidad. El término "debacle" proviene del francés *débâcle* y tiene dos significados diferentes, uno relacionado con el deshielo o descongelación y otro que se refiere a un desastre.

El origen etimológico del sentido relacionado con el deshielo posiblemente proviene del neerlandés *bakkelen*, que significa "helarse la superficie del agua". Por otro lado, el sentido de desastre deriva del francés *bâcler*, que significa "trabar" y que se utilizaba con el significado de "abrir, desatrancar, quitar el travesaño de la puerta" en el año 1589.

No está claro en qué momento el término pasó a adquirir el sentido de desastre, pero se sabe que se popularizó internacionalmente a partir de la publicación de la novela *La Débâcle* de Émile Zola en 1892. Sin embargo, es importante recordar que Benito Pérez Galdós ya lo había utilizado en su novela *Lo prohibido* una década antes.

31. ¿Cuál es el origen del término "almanaque"?

Conocemos como "almanaque" a la publicación que recoge y registra los datos, noticias relacionadas con la astrología, meteorología, agricultura, religión e incluso de efemérides que acontecen a lo largo del periodo anual. Es común que dicha publicación se utilice también como "calendario", apareciendo detalladamente todos los días, semanas y meses que componen el año.

El término "almanaque" originalmente lo recibimos en la forma *"almanak"* (y así consta registrado en el *Diccionario de Autoridades* de 1726) proviniendo del árabe hispánico *almanáh*, haciendo referencia exactamente al mencionado anuario, y éste a su vez derivaba del árabe clásico *munáh*, cuyo significado literal era "alto de caravana", debido a que los pueblos de la antigüedad comparaban los astros y sus posiciones con camellos en ruta (tal y como indica el *Diccionario de la RAE*).

Pero, cabe destacar, que algunas fuentes indican que el mencionado término árabe hispánico *almanáh* no proviene directamente del árabe clásico *munáh* sino del latín medieval *mānăchus* (al que se le añadió el clásico prefijo *al-* y quedando como *almanachus*), el cual hacía referencia a un tipo de cuadrante solar.

FEBRERO

1. El curioso origen del término "veneno"

El término "veneno" tenía originalmente un significado diferente al que le atribuimos en la actualidad. En sus orígenes, se utilizaba para referirse a las pócimas y preparados que se elaboraban como afrodisíacos, es decir, sustancias que se creía que aumentaban la libido masculina.

El término "afrodisiaco" proviene del griego *aphrodisiakós*, relacionado con Afrodita, la diosa griega del amor. Por otro lado, "veneno" deriva del latín *venēnum*, asociado con Venus, la equivalente de Afrodita en la mitología romana. Ambos términos hacían referencia a sustancias que estimulaban el deseo sexual.

En la antigüedad, los alquimistas elaboraban diferentes preparados y pócimas con el objetivo de mejorar la virilidad y el vigor sexual en los hombres. Estas sustancias se conocían como *venēnum* en el mundo romano y como *aphrodisiakós* en el griego.

Con el tiempo, el término *venēnum* pasó a utilizarse para denominar cualquier tipo de sustancia medicinal que se preparaba en una botica o farmacia. Los profesionales que elaboraban estos preparados eran conocidos como "venenarios" o "boticarios".

En la Edad Media, el término "veneno" comenzó a emplearse exclusivamente para referirse a sustancias tóxicas y mortales, mientras que los medicamentos convencionales adoptaron el término "fármaco", derivado del latín *pharmăcum* y éste del griego *phármakon*.

De esta manera, el significado del término "veneno" evolucionó a lo largo del tiempo, pasando de referirse a sustancias afrodisíacas a designar sustancias tóxicas y mortales, como lo entendemos en la actualidad.

2. El curioso origen de llamar "rúbrica" a una firma

El término "rúbrica" se utiliza comúnmente como sinónimo de "firma", sin embargo, originalmente no estaba relacionado con la firma en sí, sino con un epígrafe o encabezamiento que se colocaba en documentos oficiales para resaltar un título o sección, y que se realizaba con tinta roja.

El término "rúbrica" proviene del latín *rubrīca*, que significa literalmente "tinta roja" y este vocablo se deriva de *ruber* (rojo).

En la Edad Media, algunos escribanos y artistas, al realizar manuscritos, incluían una marca personal en el encabezamiento (rúbrica) para identificar su trabajo. Con el tiempo, esta marca personal se asoció con el término utilizado para el epígrafe en sí y, finalmente, se utilizó para referirse a la firma o marca personal dejada en cualquier superficie, ya sea en obras escritas, cuadros, esculturas, etc.

El término "rúbrica" se registró por primera vez en el *Diccionario de Autoridades* de 1737, con varias acepciones que incluían el epígrafe o inscripción de los títulos del Derecho, la señal encarnada o roja, la señal distintiva que se coloca después de firmar y escribir el nombre, y también se utilizaba metafóricamente para referirse a la sangre derramada para testificar una verdad.

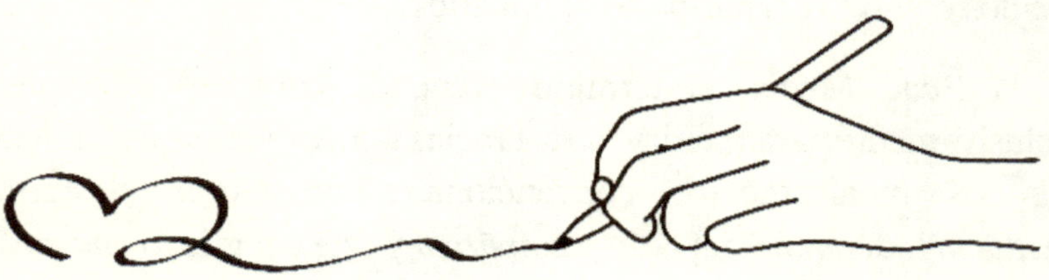

3. ¿De dónde surge la expresión "Se te ha comido la lengua un gato"?

La frase "¿se te ha comido la lengua el gato?" se utiliza para preguntar a alguien, de manera simpática, por qué alguien está en silencio. Aunque su origen exacto es incierto, existen varias teorías al respecto.

Una de ellas sugiere que la locución proviene de una antigua leyenda marina en la que se creía en la existencia de un ser mitológico en forma de gato gigante de nueve colas que habitaba en los mares y causaba tormentas y naufragios. Según esta creencia, los marineros debían mantenerse en silencio y con la boca cerrada para evitar llamar la atención de este ser.

Otra teoría relaciona la frase con antiguas tradiciones en las que se castigaba a las personas cortándoles la lengua como pena por un delito, y se les daba de comer a los gatos. Sin embargo, no se especifica una época precisa para esta práctica, y algunas fuentes mencionan la Edad Media y otras el Antiguo Egipto.

Se ha sugerido también que en la Edad Media se utilizaba la frase "te va a comer la lengua un gato" como una amenaza para mantener a alguien en silencio, ya que se creía que las brujas arrancaban las lenguas y se las daban de comer a sus gatos.

Es interesante mencionar que en francés existe una expresión similar, *"donner sa langue au chat"*, que significa literalmente "dar su lengua al gato" y se utiliza para referirse a que alguien debe mantenerse callado o no revelar algo. Sin embargo, esta expresión aparece a partir del siglo XIX, aunque anteriormente hay constancia de que ya existía una versión alternativa con un perro en lugar de un gato, *"jeter sa langue aux chiens"* (lanzar la lengua a los perros).

4. ¿Cuál es el origen del término "enfurruñado"?

Utilizamos el término "enfurruñado" para indicar el estado de enfado y malhumor que presenta una persona (quejándose a regañadientes o protestando continuamente).

El *Diccionario de la RAE* nos envía directamente al verbo "enfurruñarse", dando como acepción un escueto "enfadarse", además de una segunda opción (que nada tiene que ver con la definición anterior) que dice: "Dicho del cielo: enfoscarse (encapotarse)".

Siglos atrás se tenía el convencimiento de que, etimológicamente, provenía del latín *exasperari*, y así se indicaba en la edición de 1732 del *Diccionario de Autoridades*, donde a enfurruñarse se le daba el significado de "Ponerse colérico y enojado, enfadándose y gruñendo contra otro, y hablando como irritado contra él".

Posteriormente, la mayoría de etimólogos descartaron la hipótesis de la procedencia latina (*exasperari*) y determinaron que, muy probablemente, provenga de la voz francesa *enfrogner* y que ésta fuese una alteración del francés antiguo *froigne*, cuyo significado era "cara de mal humor".

5. "Inmune", "municipio" y "remuneración", tres términos que provienen de la misma raíz etimológica

Es interesante observar cómo los términos "remuneración", "municipio" e "inmune" comparten un origen etimológico común en el vocablo latino *munus* o *muneris*, que se refería a un cargo u oficio que se desempeñaba en beneficio de la comunidad.

El término "remuneración" se deriva del verbo latino *remunerare*, que se formó con el prefijo *re-* (que en este caso denota intensidad) y *munus*, y originalmente se utilizaba para referirse al salario que recibían los representantes de la comunidad por su labor.

El término "municipio" se formó a partir de la combinación de *munus* y el verbo latino *capere* (tomar, coger), dando lugar al vocablo *municipium*. Este término se utilizaba para referirse al conjunto de representantes de un territorio o división administrativa que gobernaban en beneficio de la comunidad.

Por su parte, el término "inmune" se forma mediante la unión del prefijo *in-* (que indica negación) y *munus*. Originalmente, se utilizaba para referirse a los ciudadanos de un municipio que estaban exentos de ciertas obligaciones y deberes oficiales, como el pago de tributos o el servicio militar. Con el tiempo, también se utilizó para referirse a los representantes de servicios públicos que quedaban exentos de ciertas obligaciones, incluso judiciales. Sin embargo, es importante destacar que el uso actual de "inmune" para referirse a la protección contra enfermedades es un ejemplo de homofonía, ya que proviene del verbo latino *munire* (reforzar, fortificar) y fue acuñado con ese significado por Louis Pasteur en el siglo XIX.

6. ¿Cuál es el origen del término "ovación"?

El término "ovación" tiene su origen en la Antigua Roma y se utilizaba para referirse a un tipo de homenaje o reconocimiento que se otorgaba a alguien por un logro o éxito, ya sea en una batalla militar o en la arena como gladiador, pero sin derramamiento de sangre.

Etimológicamente, el término "ovación" proviene del latín *ovatio*, que a su vez se deriva del verbo *ovare*, que significa "regocijarse" o "gritar públicamente en señal de alegría". El sufijo *-tio* se utiliza para indicar acción.

Es importante destacar que algunas fuentes erróneamente sugieren que el término "ovación" proviene del latín *ovis*, que significa "oveja", debido a que se sacrificaba un animal ovino en honor al homenajeado. Sin embargo, la mayoría de los expertos e historiadores descartan esta explicación, ya que etimológicamente no es plausible que *ovis* derive en "ovación". Además, el sacrificio de una oveja se realizaba en otros tipos de actos y no en la aclamación de militares o gladiadores por un logro sin derramamiento de sangre.

7. ¿De dónde proviene la expresión "Ser pájaro de mal agüero"?

La expresión "Ser pájaro de mal agüero" se utiliza para referirse a alguien que trae malas noticias o presagia eventos negativos. El término "agüero" está relacionado con una antigua práctica de adivinación que se basaba en interpretar el vuelo o canto de las aves para predecir futuros acontecimientos. Esta práctica era conocida en latín como *augurium*, y era realizada por sacerdotes llamados *augures*.

En la sociedad de la Antigua Roma, que era muy supersticiosa, los augures se dedicaban a pronosticar el momento más propicio para llevar a cabo diversas acciones importantes, como inaugurar una casa, un edificio o emprender un negocio. De ahí también deriva el término "inaugurar", que en su etimología latina (*inauguratus*) significa literalmente "consagrado por los augurios". La adivinación se realizaba observando el comportamiento, canto, vuelo y forma de alimentarse de las aves.

De esta misma raíz etimológica surgieron otros términos como "augurio" (con el mismo significado que "agüero": presagio o anuncio), "auspicio", "inauguración", "agorero" o el nombre "Augusto" (que significa "bendecido por los augures").

8. ¿Sabes a qué hace referencia el término "mamarón"?

El término "mamarón" se utiliza para referirse a una persona que asiste y participa en fiestas y eventos sin haber sido invitada. Se incluyó por primera vez en el *Diccionario de la Real Academia Española* en su edición de 1936 e indicaba que el mamarón solía fingir o hacerse el tonto para colarse en esos eventos.

En el pasado, también era común la expresión "ir a mamarones", que se definía como la acción de los trabajadores de una finca de asistir a bailes, juegos o reuniones que se celebraban en propiedades cercanas sin previa invitación.

El término "mamarón" proviene del verbo "mamar" y comparte raíz con palabras como "mamandurria" (sueldo que se disfruta sin merecerlo), "mamacallos" (pusilánime, tonto) o "mamarracho" (estrafalario, ridículo).

9. ¿Cuál es el origen del término "quisquilloso"?

El término "quisquilloso" se utiliza para describir a una persona que es susceptible de enfadarse u ofenderse con facilidad, que se molesta por casi cualquier cosa y que tiende a quejarse o protestar constantemente, además de prestar atención a los detalles más mínimos de los asuntos.

En cuanto al origen etimológico de la palabra, no hay un consenso claro entre los etimólogos y existen diferentes explicaciones dependiendo de la fuente consultada.

Según el *Diccionario de la Real Academia Española* (RAE), el adjetivo "quisquilloso" se refiere a alguien que se detiene en "quisquillas" o pequeñeces, que es demasiado delicado en el trato común y que se ofende o agravia con facilidad por causas o pretextos insignificantes. Sin embargo, el diccionario no proporciona información sobre la etimología de la palabra.

La entrada de la RAE redirige en la segunda acepción hacia la palabra "quisquilla", que se define como un reparo o dificultad menuda, una pequeñez o un crustáceo (camarón). Se indica que este término proviene del latín *quisquilla*, escrito de la misma manera, y que significa "menudencias".

Cabe destacar que la palabra "quisquilla" fue incluida por primera vez en el *Diccionario de la Academia Usual* en su edición de 1803, donde se definía como un reparo o dificultad de poca importancia, pero sin hacer mención al crustáceo. No fue hasta la edición de 1925 del *Diccionario de la RAE* cuando se le agregó la acepción de "camarón".

Sin embargo, esta explicación del origen de "quisquilloso" relacionándolo con "quisquilla" y su significado de menudencias no convence a muchos lingüistas y etimólogos. Joan Corominas, por ejemplo, sugiere que "quisquilloso" podría ser una alteración de "cosquilloso", cuyo significado es "muy delicado de genio y que se ofende con poco motivo", además de la conocida acepción de "que siente mucho las cosquillas".

La forma "cosquilloso" ya aparecía registrada en diccionarios varios siglos antes que la forma "quisquilloso", y existen muchas similitudes entre sus respectivas definiciones. Por lo tanto, algunos expertos consideran más plausible que "quisquilloso" sea una variación de "cosquilloso".

10. ¿Cuál es el origen del término "cachivache"?

El término "cachivache" se utiliza para referirse a una cosa rota o inservible, un utensilio o trebejo, o incluso para describir a una persona grotesca, embustera e inútil, según las tres acepciones que proporciona el *Diccionario de la Real Academia Española* (RAE).

La primera vez que se recogió la palabra "cachivache" en una publicación académica fue en el *Diccionario de Autoridades* de 1729. En ese momento, se indicaba que el término se usaba regularmente en plural ("cachivaches"), aunque en los diferentes diccionarios de la RAE siempre se ha incluido en su forma en singular. En esa primera publicación, se le daba a la palabra las siguientes definiciones: "El pedazo de vaso y demás trastos viejos y quebrados que hay arrinconados en las casas y son inútiles o de poco provecho", y "Por traslación, el hombre inútil, embustero, ridículo, que no tiene capacidad ni estabilidad en lo que dice".

La etimología de "cachivache" ha sido objeto de debate. El lexicógrafo Sebastián de Covarrubias ya lo mencionó en su obra *Tesoro de la lengua castellana o española* de 1611, pero en la forma de "cachivaches". Covarrubias explicaba que se trataba de los trastos viejos y quebrados que se encuentran en los rincones de las casas y apenas son útiles por estar mal parados. Respecto al origen de la palabra, indicaba que proviene de la unión de los términos "cachos" y "vasos", refiriéndose a vasos quebrados. Según él, "cacho" significa pedazo, y los "cachivaches" son vasos, jarros, ollas u otras vasijas desbocadas, sin pies, sin alas, sin picos.

Sin embargo, el *Diccionario de la RAE* difiere de la explicación de Covarrubias y señala que "cachivache" es un derivado de "cacho" con reduplicación expresiva, similar a términos como "zurriburri" o "a troche y moche".

Como dato curioso, en la versión doblada inicialmente en Hispanoamérica de la película de Disney *La sirenita* (1989), se menciona la palabra "cachivache". Sin embargo, en un doblaje posterior en español neutro, se cambió el término por "artilugio".

11. El curioso origen del término "majadero"

El término "majadería" se utiliza para describir un hecho o dicho considerado impertinente, fuera de lugar, molesto o grosero. A la persona que realiza o dice algo así se le llama "majadero", término utilizado para referirse a alguien necio, torpe, estúpido, idiota, entre otros. Incluso en algunas ocasiones puede ser utilizado para referirse a alguien "loco", según los diccionarios de sinónimos.

Sin embargo, originalmente el término "majadero" no tenía estas acepciones. Estaba relacionado con la acción de "majar", que consiste en golpear con un "majo" (un mazo con mango de madera, también conocido como "mano de mortero") para machacar granos de cereal, legumbres u otros elementos con el fin de obtener polvo, harina o mezclas (los modelos antiguos de "majos" solían tener una punta de hierro).

El golpeteo constante y repetitivo durante el proceso de majar podía resultar muy molesto, lo que llevó a que dichos actos se empezaran a denominar "majaderías" y a las personas que los realizaban como "majaderos". Con el tiempo, el término adquirió las definiciones y sinónimos que se le atribuyen en la actualidad.

Es importante destacar que no se debe confundir "majadero" con el término "majareta". Ambas palabras tienen orígenes etimológicos diferentes. "Majareta" o "majara" se utiliza para referirse a una persona "loca" o "chiflada" y proviene del árabe *maḥrūm*, que originalmente significaba "mísero".

12. ¿Cuál es el origen del término "jamacuco"?

El término "jamacuco" se utiliza comúnmente para referirse a una dolencia o malestar que ha experimentado alguien, como por ejemplo: "A fulano le ha dado un jamacuco por la calle y se ha caído redondo al suelo".

Aunque el *Diccionario de la RAE* no recogió el término hasta su edición de 2001, hay constancia de su existencia y uso desde hace varios siglos. En la publicación académica, se le da la acepción de "indisposición pasajera", aunque en la práctica se utiliza para referirse a patologías más importantes o graves.

Cabe mencionar que el filólogo y escritor Fernando Iwasaki, en su libro *Las palabras primas*, señala que la Sociedad Española de Neurología (SEN) reconoce el término "jamacuco" como sinónimo de ictus, apoplejía, embolia, trombosis y otros trastornos cerebrovasculares. Sin embargo, no he encontrado referencias a esta palabra en la página web de la SEN durante mis búsquedas.

A pesar de que la RAE lo incluyó en 2001, el término "jamacuco" ha sido documentado en varios diccionarios antiguos, como los de Esteban de Terreros y Pando (1787), Ramón Joaquín Domínguez (1853) y Elías Zerolo (1895). En todos los casos, se hace referencia a la entrada "zamacuco" y se indica que se refiere a lo mismo.

El término "zamacuco" (o "xamacuco", como también se usaba en aquel entonces) sí estaba recogido en el *Diccionario de Autoridades* de 1739, pero originalmente no tenía relación con problemas de salud y se refería a una persona tonta, torpe o borracha.

En la edición de 1925 del *Diccionario de la Academia Usual*, se añadió una nueva acepción al término "zamacuco": "hombre solapado, que calla y hace su voluntad". Sin embargo, no se mencionaba nada sobre dolencias de salud hasta que en 2001 se incluyó el término "jamacuco", remitiendo a "zamacuco" como su origen.

La etimología de la palabra no está clara para los académicos. Sugieren que "jamacuco" podría derivar del árabe clásico *ṣamakūk*, que significa "necio, malicioso". Sin embargo, el *Diccionario de arabismos* de Federico Corriente difiere de esta explicación y sugiere que podría tratarse de un caso de metátesis con la palabra "mazacuco", que proviene del árabe *maṣkūk* y significa "golpeado en el cogote".

13. ¿De dónde surge el término "paleto"?

El término "paleto", empleado despectivamente para describir a alguien poco refinado o rústico, tiene una etimología debatida. Algunos sostienen que proviene de "paleta", haciendo referencia al utensilio triangular utilizado por albañiles.

Esta asociación podría haber surgido debido a la vinculación del término con el trabajo manual y la falta de sofisticación percibida. Otros sugieren que su origen está en "pala", un instrumento para cavar la tierra.

La dualidad en su posible procedencia resalta cómo las ocupaciones relacionadas con la tierra o la construcción influyeron en la connotación peyorativa del término a lo largo del tiempo.

14. ¿Sabías que los términos "púlpito" y "pupitre" provienen de la misma raíz etimológica?

El término "pupitre" es utilizado para referirse a la mesa de madera con una cierta inclinación usada para escribir y que encontramos comúnmente en centros educativos e incluso oficinas.

Por otro lado, un "púlpito" hace referencia a una plataforma elevada, generalmente de madera, desde donde los sacerdotes o predicadores pronuncian discursos o sermones en iglesias u otros lugares de culto.

El término "pupitre" fue adoptado del francés, donde se escribe y se pronuncia de la misma manera, y a su vez, el francés lo tomó del latín *pulpitum*, que hacía referencia a una especie de tarima o plataforma en la que un coro o grupo de actores se colocaba durante una representación teatral.

Con el tiempo, el término evolucionó y pasó a designar tanto al mobiliario utilizado en las aulas como a la plataforma para predicar en las iglesias.

15. ¿De dónde surge llamar "doctor" a los médicos si muchos facultativos no lo son?

Es común referirse a los médicos como "doctores" aunque no todos los facultativos tengan un doctorado. Esto se debe a que el término "doctor" no se limita únicamente a los profesionales con grado de doctorado, sino que también se utiliza como un tratamiento de cortesía y respeto hacia los profesionales de la medicina.

El origen del término "doctor" se remonta al latín medieval *doctor / doctoris*, que se refería a un enseñante y proviene del verbo latino *docēre*, que significa "enseñar". Inicialmente, el título de doctor se otorgaba a aquellos que enseñaban en instituciones educativas superiores, como las universidades.

A lo largo del tiempo, la titulación de doctor se ha diferenciado de las cátedras y se ha convertido en un grado académico que se obtiene tras completar estudios avanzados y una investigación original en un campo específico. Sin embargo, en el ámbito de la medicina, es comúnmente aceptado y utilizado el término "doctor" como un tratamiento respetuoso para los médicos, independientemente de si poseen un doctorado o no.

Históricamente, se atribuía el adjetivo "docto" a aquellos profesionales que tenían un mayor nivel de conocimientos en comparación con el público en general. Los médicos, al ser considerados uno de los grupos de profesionales con mayor preparación y conocimientos especializados, eran comúnmente reconocidos como "doctos". Esto contribuyó a que el término "doctor" se utilizara ampliamente como una forma coloquial y de cortesía para referirse a los médicos en general.

16. ¿Cuál es el origen del término "berrinche"?

El origen del término "berrinche" ha sido objeto de debate, y existen dos posiciones enfrentadas sobre su etimología.

La primera posición, respaldada por la Real Academia Española (RAE), sostiene que "berrinche" proviene del latín *verres*, que significa "verraco" o cerdo macho de mayor edad. Se dice que cuando los verracos llegan a la edad adulta, pueden comportarse de manera incontrolada y rebelde, emitiendo sonidos que se asemejan a los sollozos incontrolados de los niños durante una rabieta.

La segunda posición argumenta que "berrinche" proviene directamente de la palabra "berreo", que se refiere al sonido que emiten algunos animales, como los becerros (crías de vaca), y que se asemeja al llanto fuerte e incontrolado de un niño.

Ambas teorías están relacionadas con la idea de una expresión descontrolada de enfado o irritación, similar a los sonidos que pueden emitir ciertos animales o los llantos desesperados de los niños durante una rabieta. Sin embargo, no hay consenso definitivo sobre cuál de las dos etimologías es la correcta.

En última instancia, el término "berrinche" ha adquirido el significado de una irritación grande y ostensible, especialmente asociada a los niños, aunque también puede aplicarse a personas de cualquier edad que experimentan una rabieta o enfado intenso.

17. ¿Sabes a qué hace referencia el término "pintiparar"?

El término "pintiparar" es poco utilizado en la actualidad, pero todavía está presente en el *Diccionario de la Real Academia Española* (RAE). Se define como "comparar algo con otra cosa" o "asemejar, hacer parecida una cosa a otra".

El origen etimológico de "pintiparar" no está claro y el diccionario académico no proporciona información al respecto. Sin embargo, en la edición de 1737 del *Diccionario de Autoridades*, se registra el término con el significado de "comparar una cosa con otra" y se indica que es una palabra jocosa e inventada.

Además, tanto en la edición antigua como en la actual del diccionario, se incluye el adjetivo "pintiparado" o "pintiparada", que se utiliza para describir algo que es parecido o semejante a otra cosa, sin diferir en nada de ella. En la edición actual, se agrega la acepción de que algo puede ser "pintiparado" cuando es adecuado o apropiado para el fin propuesto.

Aunque el origen exacto de "pintiparar" no se conoce con certeza, su uso jocoso e inventado sugiere que es una palabra creada de manera lúdica para expresar la idea de comparación o semejanza entre dos cosas.

Francisco de Quevedo utilizó el término en varias ocasiones, encontrando textos como el soneto *Pecosa y hoyosa y rubia*:

[...]Vestís de tabardillos la antipara,

Si las alas no son de mariposa,

Es piel de tigre lo que en otros rosa,

Pellejo de culebra os pintipara. [...]

Y en *Cuento de cuentos*:

[...]Tenía dos hijos,

que como digo eran pintiparados,

y no le quitaban pizca al padre [...]

18. El origen etimológico del término "edredón"

El término "edredón" proviene del francés *édredon*, que tiene el mismo significado. A su vez, el francés lo tomó del alemán *eiderdaun*, el cual fue adaptado del vocablo islandés *æðardún*.

Este término islandés hace referencia al "plumón de *eider*", en alusión al "*eider* común" (*somateria mollissima*), una especie de ave anseriforme de la que se obtienen las plumas utilizadas originalmente para rellenar los cobertores.

El uso de los edredones es típico en los países del norte y centro de Europa, donde son originarios, y en las últimas décadas ha ganado popularidad en muchos hogares y establecimientos de hospedaje, como hoteles y apartamentos, como una alternativa a las mantas tradicionales. Estos cobertores rellenos, generalmente de plumón de aves o de otros materiales como el algodón, son utilizados para abrigarse durante las noches de invierno.

19. ¿De dónde proviene la expresión "Estar de cháchara"?

El término "cháchara" se utiliza para describir una conversación frívola, trivial y sin importancia. La expresión "estar de cháchara" hace referencia a participar en una charla que tiene como objetivo principal pasar el rato hablando de temas superficiales.

Etimológicamente, "cháchara" fue adoptado en el castellano desde el italiano medieval *chiacchiera*, que tenía el mismo significado. A su vez, esta palabra italiana derivaba de *ciarlare*, que significa "conversar", "parlotear" o "hablar". En español, también tenemos el término "charla" o "charlar", que tiene un origen similar.

No se conoce exactamente el origen de la expresión "estar de cháchara" ni cuándo comenzó a utilizarse. Sin embargo, es posible que tenga sus raíces en el italiano, donde existe la locución *"essere in chiacchiera"* que se emplea para referirse a una conversación insustancial o cuando alguien habla de manera vana e inconclusa.

20. El curioso origen del término "tirabuzón"

El término "tirabuzón" se utilizaba originalmente para referirse al sacacorchos, no al rizo de cabello en forma de espiral.

Etimológicamente, proviene del francés *tire-bouchon*, que significa literalmente "sacacorchos" (*tire*: tirar, sacar; *bouchon*: corcho, tapón).

En la edición de 1739 del *Diccionario de Autoridades*, se define "tirabuzón" como "una especie de sacatrapos que sirve para quitar los tapones a los frascos o botellas", sin hacer mención al rizo de cabello largo.

No fue hasta la edición de 1884 del diccionario que se añadió una segunda acepción para tirabuzón: "rizo del cabello en forma de espiral".

El uso del término "tirabuzón" para referirse al rizo de cabello en forma de espiral se debe a la similitud visual entre el rizo y la forma del sacacorchos. Aunque en francés no se utiliza la misma denominación para el rizo del cabello, sino *"boucle de cheveux"* (rizo de cabello).

La expresión *tire-bouchon* en francés apareció por primera vez en un diccionario en 1718 con la definición de *"vis employée pour tirer les bouchons des bouteilles"* (tornillo empleado para sacar los corchos de las botellas).

Cabe destacar que en aeronáutica un tirabuzón es una peligrosa maniobra de pérdida de control donde la aeronave gira en espiral descendente debido a la alta velocidad y ángulo de ataque excesivo (recordando los giros a la forma de un sacacorchos).

21. Ilustre, ilustrado e ilustración: cuando el conocimiento es luz

Los términos "ilustre", "ilustrado" e "ilustración" comparten una raíz etimológica en el latín *lustrāre*, que significa "iluminar", "dar luz" o "alumbrar". Se les añade el prefijo intensivo *in-* para reforzar su significado.

El término "ilustrado" se utiliza para describir a alguien que es culto e instruido. Por otro lado, el uso de "ilustre" se refiere a alguien que brilla o irradia luz debido a su posición o estatus, a menudo utilizado como un título honorífico (como "el ilustre caballero" o "la ilustre dama").

La palabra "ilustración" tiene múltiples significados. Puede referirse a la educación, a dibujos y grabados, y también es utilizada para describir un período histórico conocido como el Siglo de la Ilustración o el Siglo de las Luces.

A partir de la raíz latina *lustrāre* se han derivado otras palabras como "ilustrativo" (que ilustra), "lustre" (brillo o luz de las cosas) y "lustrar" (dar brillo o luz).

Es importante tener en cuenta que estos términos no deben confundirse con la palabra "lustro", que se refiere a un periodo de cinco años y tiene una raíz etimológica diferente.

22. ¿De dónde surge llamar "lustro" a los periodos de cinco años?

El término "lustro" para referirse a un periodo de cinco años tiene su origen en la Antigua Roma donde se llevaba a cabo una ceremonia llamada *lustratio* que se celebraba cada cinco años.

La lustratio era un acto de purificación en el cual se realizaba un ritual de lanzar agua sobre la cabeza de cada ciudadano romano utilizando una rama de laurel e incluso de olivo. Esta ceremonia también servía para realizar el censo de la población, registrando oficialmente el número de habitantes, nacimientos y defunciones ocurridos en los últimos cinco años.

Con el tiempo, el período que transcurría entre una *lustratio* y otra (cinco años) se asoció con el término *lustrum*. Así, se adoptó el uso de "lustro" para referirse a un quinquenio, es decir, un periodo de cinco años.

Aunque el término "quinquenio" podría parecer más lógico para denotar un periodo de cinco años, debido a su relación directa con el número cinco, el uso de "lustro" prevaleció y se convirtió en la forma más común para referirse a dicho período.

23. ¿Cuál es el origen del término "boicot"?

Conocemos como "boicot" a la acción no violenta y de presión que se realiza contra una persona, entidad, empresa o Gobierno (normalmente con un fin reivindicativo) en el que se dificulta el normal desempeño de alguna actividad y convivencia.

Se denomina así por el apellido de Charles Cunningham Boycott, administrador de unas fincas en un condado irlandés, en la segunda mitad del siglo XIX, que, ante su negativa a mejorar las condiciones de los granjeros, se vio sometido a una serie de presiones y obstrucciones que hicieron perder una gran suma de dinero al propietario de los mencionados terrenos.

24. ¿Cuál es el origen del término "oligarca"?

Según la definición del *Diccionario de la RAE*, "oligarca" se refiere a cada uno de los individuos que forman parte de una "oligarquía", que es una forma de gobierno en la cual el poder político es ejercido por un grupo minoritario, generalmente compuesto por personas de gran influencia económica y social.

Por ejemplo, cuando se menciona a un "oligarca ruso" en un artículo, se está haciendo referencia a un poderoso individuo millonario que tiene estrechos vínculos con el presidente de Rusia y ha influido en la toma de decisiones políticas, económicas e incluso en el conflicto bélico liderado por Putin sobre la invasión por parte de Rusia de Ucrania.

Tanto el término "oligarca" como "oligarquía" tienen su origen en el griego, donde *oligárchēs* (ὀλιγάρχης) significa "pocos" y *arkho* (ἄρχω) significa "mandar" o "ser el primero".

La oligarquía como estructura política y de poder tiene una larga historia que se remonta a civilizaciones antiguas, ya que este tipo de control ejercido por unos pocos sobre el poder existía desde hace miles de años. El uso de los términos "oligarca" y "oligarquía" puede rastrearse hasta aproximadamente hace unos veinticinco siglos.

En el diccionario español, el término "oligarquía" apareció por primera vez en la edición de 1780, con la definición de "gobierno de pocos", donde algunos poderosos se unen para que todas las cosas dependan de su arbitrio, lo cual es considerado un vicio en la aristocracia. El término "oligarca" fue recogido en 1869 con la definición de "cualquiera de los individuos que componen el gobierno llamado oligarquía".

25. ¿Sabías que la palabra "cuchufleta" está recogida en el *Diccionario de la RAE*?

En los últimos años la palabra "cuchufleta" se ha hecho enormemente popular gracias a la serie *La que se avecina*, en la que el personaje de

Enrique Pastor "papuchi" (interpretado por José Luis Gil) llama de ese modo a su segunda esposa, Judith Bécker (Cristina Castaño).

Pero éste no es un término que se haya originado a raíz de la mencionada ficción televisiva, sino que tiene una antigüedad de varios siglos.

La palabra "cuchufleta" aparece por primera vez en el *Diccionario de Autoridades* de 1780, donde se define como "dicho o palabras de zumba y chanza". Originalmente, no era un apodo afectuoso para referirse a una persona, sino que se utilizaba para describir bromas, chistes o comentarios graciosos que se contaban con el propósito de divertir y hacer reír.

En la actual edición del *Diccionario de la Real Academia Española* (RAE), la definición de "cuchufleta" se limita a "broma o chanza". Etimológicamente, proviene de una derivación del término "chufleta" (con el mismo significado), el cual es un diminutivo de "chufla" y "chufa", también utilizados para referirse a una broma jocosa. Existe también el verbo "chuflar", que significa hacer burla o bromear.

26. ¿Cuál es el origen del término "repostar"?

El término "repostar" se utiliza para referirse a la acción de reponer provisiones, pertrechos y combustible. Su origen etimológico se encuentra en el vocablo latino *repostus*, que proviene de *reposĭtu*, que significa "repuesto" o "reponer". Esta raíz también dio origen a otros términos como "repostero" o "repostería".

En cuanto al origen del término "repostar", se puede rastrear su aparición en los diccionarios académicos, encontrando que la primera vez que fue incluido en el *Diccionario de la Real Academia Española* fue en la edición de 1956, donde se le dio la misma acepción que se utiliza actualmente.

En sus orígenes, el término "repostería" no solo se refería al lugar donde se elaboraban o vendían postres, sino que también hacía alusión a la despensa de algunos hogares donde se almacenaban provisiones y se debían reponer a medida que se iban utilizando o gastando. Del mismo modo, un "repostero" no solo era aquel que se dedicaba a elaborar postres, sino que también era el encargado de velar para que no faltaran los productos necesarios en la despensa y reponerlos según fuera necesario.

Como nota curiosa, cabe indicar que en el pasado existía la figura del "repostero de camas", que era un criado encargado de cuidar la puerta de la antecámara de la reina y de preparar los colchones de la cama.

27. ¿Qué diferencia hay entre una roca y un mineral?

La diferencia entre una roca y un mineral radica en su composición y formación.

Una roca es un conjunto natural de minerales, ya sea una combinación de diferentes minerales o una única especie. Las rocas se forman a través de procesos geológicos, como la solidificación del magma, la deposición de sedimentos o la metamorfosis de otras rocas. Ejemplos comunes de rocas son el granito, el mármol y el basalto.

Por otro lado, un mineral es una sustancia sólida e inorgánica que se encuentra de forma natural en la Tierra. Los minerales están compuestos por elementos químicos específicos y tienen una estructura interna ordenada y repetitiva llamada estructura cristalina. Cada mineral tiene una composición química única y propiedades físicas características, como el color, la dureza, el brillo y la fractura. Algunos ejemplos de minerales son el cuarzo, el feldespato y la calcita.

Es importante tener en cuenta que el término "piedra" se utiliza de manera más amplia y general para referirse a cualquier material sólido y duro de origen natural, que puede incluir tanto rocas como minerales. Sin embargo, en el ámbito geológico, se prefiere utilizar los términos "roca" y "mineral" de manera más precisa para describir la composición y características de los materiales geológicos.

28. ¿De dónde surge el término "garrulo"?

El término "garrulo" tiene una curiosa e interesante evolución en su significado a lo largo del tiempo. Inicialmente, en el latín, *garrŭlus* se refería a alguien que habla mucho o es parlanchín, y también se aplicaba a aves que cantaban, gorjeaban o charlaban de manera continuada.

En el *Diccionario de Autoridades* de 1734, se aplica a aves que cantan mucho, así como a personas que hablan mucho, en consonancia con su origen latino. En la edición del diccionario de 1780, el término aparece como "gárrulo" (con tilde) y con la misma acepción. No fue hasta la edición de 2001 cuando se le atribuyó el sentido despectivo de una persona rústica o zafia.

La evolución del término en su significado despectivo posiblemente se haya dado a través del habla popular y la utilización del vocablo como sinónimo de otras palabras que denotan rusticidad o torpeza, como "paleto", "palurdo", "cateto" o "tosco". Esto podría haber ocurrido en la segunda mitad del siglo XX.

Es importante tener en cuenta que los significados de las palabras pueden cambiar y evolucionar a lo largo del tiempo, influenciados por el uso y el contexto cultural. En el caso de "garrulo", ha experimentado un cambio semántico que lo ha llevado a adquirir connotaciones negativas, alejadas de su significado original relacionado con la parlanchinería o el canto de las aves.

29. ¿Conoces el "Día Mundial de las Enfermedades Raras"?

El último día del mes de febrero se celebra el "Día Mundial de las Enfermedades Raras". En 2024, al ser año bisiesto, esta jornada de concienciación ha caído en el 29 de febrero.

En España, se estima que alrededor de tres millones de personas padecen alguna de las más de 7000 enfermedades raras identificadas.

Es preocupante que la mayoría de los afectados sean niños, representando aproximadamente el 75% de los casos.

Lamentablemente, muchas de estas enfermedades son graves y limitan la calidad de vida de quienes las padecen. Como resultado, un porcentaje significativo de los niños afectados fallecen antes de llegar a la edad adulta, siendo el 30% quienes no llegan a cumplir los 5 años de edad.

Las asociaciones y fundaciones vinculadas a las enfermedades raras realizan numerosas campañas de sensibilización para aumentar la conciencia sobre estas enfermedades y promover la investigación para encontrar tratamientos y posibles curas. Sin embargo, a pesar de los esfuerzos realizados, todavía se considera que estas campañas son insuficientes para abordar las necesidades y desafíos que enfrentan las personas con enfermedades raras y sus familias.

El Día Mundial de las Enfermedades Raras proporciona una plataforma importante para destacar la importancia de apoyar a las personas afectadas, promover la investigación y mejorar la calidad de vida de quienes conviven con estas enfermedades poco frecuentes.

Más información en la web "Raras pero no invisibles" (https://rarasperonoinvisibles.com) y en las redes sociales bajo la etiqueta #DiaMundialEnfermedadesRaras y #HazlasVisibles.

MARZO

1. ¿Sabías que originalmente el término "satélite" hacía referencia a la guardia personal de un rey?

El término "satélite" tiene un origen curioso e interesante, debido a que originalmente se refería a la guardia personal de un rey.

Etimológicamente proviene del vocablo latino *satelles*, que significa "corte" o "acompañante", y hacía referencia al séquito de guardias personales que protegían a un monarca. En el siglo VI a.C., Lucio Tarquinio "el Soberbio" (último rey de Roma) creó un cuerpo de escolta para su protección, y ese fue el primer uso registrado del término para referirse a la guardia personal de un monarca.

Con el tiempo, el término *satelles* también se utilizó para referirse a los cuerpos celestes. Algunos expertos sugieren que fue Marco Tulio Cicerón, filósofo, escritor y pensador romano, quien utilizó por primera vez este término para referirse a Venus y llamarlo *"satelles nocti"* (acompañante nocturno).

La razón detrás de esta asociación puede estar en el hecho de que la guardia personal siempre rodeaba al monarca, al igual que los cuerpos celestes parecen acompañar y orbitar alrededor de los planetas.

El término "satélite" fue registrado por primera vez en el *Diccionario de Autoridades* de 1739, con la acepción de "lo mismo que Alguacil o Corchete". En otra entrada, se mencionaba en plural como "satélites" y se refería a las cuatro estrellas pequeñas que siempre acompañan a Júpiter y a las cinco que orbitan alrededor de Saturno. No fue hasta la edición de 1992 del *Diccionario de la Real Academia Española* (RAE) cuando se hizo referencia por primera vez al "satélite artificial" como vehículo espacial no tripulado utilizado para diversas funciones. Desde entonces, el término "satélite" se ha utilizado ampliamente en el contexto de la exploración espacial y las telecomunicaciones.

2. ¿Es correcto decir "aruñar" en lugar de "arañar" para indicar que se ha rasgado con las uñas?

Según la Real Academia Española (RAE), la variante "aruñar" es "propia del habla coloquial y popular de algunas zonas", mientras que la forma "arañar" es considerada "propia de la lengua estándar".

La primera acepción de "arañar" según el *Diccionario de la RAE* es "raspar, rasgar, herir ligeramente la piel con las uñas o con un objeto cortante o punzante". Respecto a la etimología, se menciona que es discutida, y se sugiere la posibilidad de que provenga de los términos "araña" y "arar". Algunos expertos y lingüistas defienden la idea de que "arañar" se forma a partir de la unión de los vocablos "arar" y "uña", debido a que la marca que queda tras hacer una herida con las uñas recuerda a los surcos en la tierra después de arar.

Si bien en el pasado la forma "aruñar" ya aparecía recogida en el *Diccionario de Autoridades*, actualmente se considera una variante coloquial y no es la forma estándar aceptada. Aunque algunos lingüistas y fuentes pueden considerar ambas formas como sinónimas y válidas en ciertos contextos, es importante tener en cuenta que, desde el punto de vista de la norma lingüística establecida, se prefiere el uso de "arañar" como la forma estándar.

3. ¿De dónde surge el refrán "Cree el ladrón que todos son de su condición"?

El refrán "Cree el ladrón que todos son de su condición" es una expresión popular que hace alusión al comportamiento humano en el que tendemos a creer que los demás actúan de la misma manera que nosotros o que actuamos de acuerdo a lo que percibimos en los demás. Es decir, si una persona tiene ciertas conductas o comportamientos negativos, tiende a pensar que todos los demás también los tienen.

La procedencia exacta del refrán no se conoce con certeza, pero es posible que se haya originado a partir de un aforismo jurídico en latín utilizado en la Antigua Roma: *"Malus est qui praesumitur sibi malos esse alios"* (Malo es aquel que presume que los demás son malos). Esta idea de proyectar nuestras propias acciones o características en los demás es común en la psicología y la sociología, y el refrán refleja ese aspecto de la naturaleza humana.

El refrán puede ser utilizado tanto para justificar comportamientos negativos, como en los ejemplos que mencionamos de robo, evasión de responsabilidades o corrupción, como también para resaltar comportamientos positivos, como imitar buenas acciones o mostrar solidaridad.

4. ¿De dónde proviene la expresión "Pasar las de san Amaro"?

La expresión "Pasar las de san Amaro" se utiliza para describir una situación en la que una persona atraviesa una serie de desgracias o sufre una secuencia de eventos desafortunados. El origen de esta expresión se remonta a una leyenda medieval que se transmitía oralmente y se popularizó a partir del siglo XIV.

Según la leyenda, San Amaro era un personaje que se embarcó en una búsqueda interminable del "Paraíso terrenal" y vagó por el mundo durante trescientos años enfrentando numerosos contratiempos y adversidades. Esta historia de su peregrinación se transmitía de generación en generación de forma oral.

Debido a la fama de la leyenda de San Amaro, la expresión "Pasar las de san Amaro" surgió para describir a alguien que experimenta una serie continua de desgracias o infortunios en su vida. Se utiliza para enfatizar las dificultades o los momentos difíciles que una persona está atravesando.

5. ¿De dónde proviene llamar "papirotazo" o "capirotazo" al golpe que se da con el dedo corazón?

El término "papirotazo" o "papirote" para referirse al golpe dado con el dedo corazón tiene su origen en la práctica de golpear la papada o papo, que es la parte que se encuentra entre la barbilla y el cuello. En el pasado, era común golpear esa zona como una forma de afrenta hacia alguien o como parte de un juego infantil.

Cuando se daba un golpe con el dedo, soltándolo violentamente debajo de la barbilla, se denominaba "papirote" o "papirotazo". Por otro lado, si se golpeaba otra parte de la cabeza, como la frente, también con el dedo, se utilizaba el término "capirotazo" (derivado del latín *caput*, que significa cabeza, y que también dio origen al término "capirote").

Es importante destacar que cuando el golpe dado en la papada no era con el dedo, sino con la mano en forma de bofetada, se conocía como "sopapo".

6. ¿De dónde proviene la expresión "pasarse de la raya"?

La expresión "pasarse de la raya" se utiliza para referirse a excederse, propasarse o cometer una infracción. El origen de esta expresión no está completamente claro y existen diversas teorías al respecto.

Una de las teorías más populares indica que la expresión proviene del boxeo en sus primeras etapas de regulación. En aquel tiempo, los boxeadores debían situarse a cada lado de una línea dibujada en el suelo. Debían tener un pie casi pisando la línea, pero sin sobrepasarla. Traspasar la línea era considerado una falta y se sancionaba.

Con el tiempo, esta regla cambió y se utilizó un círculo en el suelo, donde los boxeadores debían permanecer durante el combate. Quien se salía del círculo, generalmente debido a los golpes recibidos, perdía el combate. Así, la idea de "pasarse de la raya" adquirió un sentido negativo y se asoció con exceder los límites o cometer una falta.

Otra teoría sugiere que la expresión puede tener su origen en el marcado de una línea roja en los aparatos medidores de algunas máquinas, indicando que si se traspasaba esa línea, se alcanzaría una temperatura o revoluciones superiores a lo recomendado, lo cual podría ocasionar daños o una explosión. En este caso, "pasarse de la raya" también adquiriría una connotación negativa.

Además, se plantea la posibilidad de que la expresión tenga un origen en algún juego infantil, como el de las canicas, donde se penalizaba a quien se pasaba de la raya, o en juegos en los que se debía lanzar algún objeto desde una línea o raya, sin poder sobrepasarla.

7. ¿Por qué el término "untar" es sinónimo de sobornar a alguien?

El término "untar" se utiliza para describir el acto de aplicar y extender un elemento pringoso sobre una superficie. En el contexto del soborno o la corrupción, el vocablo hace referencia a la acción de comprar el favor o la complicidad de alguien a través de regalos materiales o económicos.

La analogía entre "untar" en el sentido de engrasar una máquina para suavizar su funcionamiento y "untar" en el sentido de sobornar a alguien se debe a la idea de facilitar el proceso o hacer que las cosas funcionen sin problemas. Al igual que engrasar una máquina con aceite para que funcione sin resistencia, el untar a alguien con sobornos implica suavizar o facilitar el curso de un asunto en beneficio del que soborna.

Es importante destacar que esta analogía entre el mencionado término y el soborno no es de origen reciente. Ya se encontraba en el *Diccionario de Autoridades* de 1739, donde se definía "untar" como corromper o sobornar a ministros y jueces con regalos o dinero. La expresión "untar las manos" era frecuentemente utilizada con este significado.

Incluso en la novela *El Quijote* de Miguel de Cervantes, específicamente en el capítulo 22 de la primera parte (1605), se menciona la
frase:

Aquí se alude al acto de sobornar a un escribano con dinero para
obtener un favor o una ventaja.

8. El origen del icónico cartel *"We can do it!"*

El cartel *"We can do it!"* se ha convertido en un símbolo icónico del
poder de las mujeres y ha sido utilizado como un emblema en la lucha
feminista en los últimos años. Su origen se remonta a la entrada de
Estados Unidos en la Segunda Guerra Mundial, cuando muchas
mujeres tuvieron que ocupar puestos de trabajo en fábricas debido al
alistamiento masivo de hombres.

En marzo de 1942, el diseñador gráfico J. Howard Miller realizó algunas
fotografías en la compañía Westinghouse Electric para inspirarse en la
creación de carteles publicitarios. Entre las fotografías se encontraban
algunas de Naomi Parker Fraley, una joven de 21 años que trabajaba
como remachadora. En una de las fotos, Naomi aparecía accionando
una palanca de la máquina de remachar y mostraba orgullosa al fotó-
grafo la musculatura que había desarrollado en su brazo derecho.

Fue precisamente este gesto de Naomi, mostrando su fuerte brazo a
Miller, lo que inspiró al diseñador gráfico a crear el cartel más icónico
de su carrera. En él se representaba a una mujer trabajadora, vestida
con un mono azul y con un pañuelo rojo con topos blancos en la cabeza. Este cartel se hizo extremadamente popular y era conocido como
"Rosie, la remachadora".

Sin embargo, durante mucho tiempo la verdadera identidad de la
mujer retratada en el cartel se desconocía. No fue hasta 2015 que se

descubrió que se trataba de Naomi Parker Fraley, quien lamentablemente falleció en 2018 a los 98 años de edad.

Su imagen se ha convertido en un símbolo de empoderamiento femenino y ha sido utilizada para representar la fuerza y determinación de las mujeres en la lucha por la igualdad de género en los carteles para conmemorar el 8 de marzo, "Día Internacional de la Mujer".

9. ¿Es realmente la "Tortilla de patatas" un invento español?

El 9 de marzo se celebra el "Día Mundial de la Tortilla de Patatas", una fecha dedicada a rendir homenaje a uno de los platos más icónicos y populares de la gastronomía española y que también es consumida en otros países del mundo.

La "Tortilla de patatas" también es conocida como "Tortilla española", una denominación que ha marcado universalmente el origen de este riquísimo plato, siendo numerosísimos los expertos gastrónomos e historiadores que señalan que se originó en el siglo XVIII en España, más concretamente en Villanueva de la Serena, en la provincia de Badajoz (Extremadura).

Estas afirmaciones chocan con otros estudios que sugieren que la tortilla de patatas fue realmente inventada por un cocinero belga llamado Lancelot de Casteau.

Lancelot de Casteau fue cocinero de tres importantes obispos de Lieja (Monseñor Robert Berghes, el cardenal Gerard de Groesboeck y del príncipe Ernesto de Baviera, quien también era arzobispo de Colonia) y su receta aparece en su libro *Ouverture de Cuisine* (escrito en 1585 y publicado en 1604).

La receta original del cocinero belga era muy diferente a tal y como la conocemos actualmente y consistía en cortar las patatas en rodajas y freírlas en mantequilla con hierbas, luego agregar yemas de huevo batidas con vino y servir caliente.

Es importante señalar que la receta original no incluía la técnica de darle la vuelta a la tortilla y también que la mantequilla solía ser salada en esa época.

Pero muchos historiadores gastronómicos aseguran que la receta del cocinero belga no hacía referencia específicamente a una tortilla de patatas, debido a que el nombre que Lancelot de Casteau le daba al tubérculo era *"tartoufle"*, un término que guarda similitud con la palabra *tartufo* (trufa en italiano).

10. ¿Sabes a qué hace referencia el término "heredípeta"?

El término "heredípeta" hace referencia a una persona que, a través de la astucia, el engaño u otras artimañas, busca conseguir herencias y legados de otras personas. En el pasado, este término se usaba comúnmente para referirse a los sobrinos, quienes eran vistos como individuos interesados en heredar las posesiones de sus tíos ancianos y sin descendencia (en la entrada de mañana encontrarás la explicación sobre el refrán "A quien Dios no le da hijos, el diablo le da sobrinos").

En la actualidad, a esta figura se le conoce comúnmente como "cazaherencias". Sin embargo, es importante mencionar que el término "cazaherencias" no aparece en el *Diccionario de la Real Academia Española* (RAE), mientras que "heredípeta" sí está registrado en dicha obra desde su edición de 1884.

Etimológicamente, el término "heredípeta" proviene del latín *heredipĕta*, que se traduce literalmente como "cazador de herencias". Está compuesto por las palabras en latín *haeres* (heredero) y *petĕre* (pedir).

11. ¿Cuál es el significado del refrán "A quien Dios no le da hijos, el diablo le da sobrinos"?

Muchas son las personas que creen (erróneamente) que el refrán "A quien Dios no le da hijos, el diablo le da sobrinos" viene a señalar que los hijos ajenos se sienten como propios cuando se pertenece a una misma familia o, también, a que la falta de hijos está compensada con la presencia de sobrinos, que al tratarse de niños de corta edad son traviesos como pequeños diablillos. Pero no, nada tiene que ver con esa teoría, todo lo contrario ya que el refrán (cuyo verdadero propósito viene a dar a entender los problemas por los que en alguna ocasión hay que pasar por causas ajenas a uno mismo) pretende dejar malparados a los sobrinos y lo que representaban antiguamente.

Siglos atrás se tenía la firme convicción de que, así como los hijos solían ser una bendición de Dios, los sobrinos eran el prototipo de herederos indeseados, estando muchos de ellos solo cerca de sus tíos (ancianos y sin descendencia) en sus últimos años de vida, por el simple interés de heredar todas las posesiones tras el fallecimiento.

12. ¿Sabes a qué hace referencia el término "descalandrajar"?

El término "descalandrajar" se utiliza para referirse a la acción de romper o hacer jirones una tela. Su origen está relacionado con el concepto de "calandrajo", que era un pedazo de tela grande que estaba rota o desgarrada de un vestido u otra prenda de vestir.

A su vez, "calandrajo" se deriva de "andrajo", que se utilizaba para describir la ropa sucia o deteriorada.

Así, "descalandrajar" implica desgarrar o romper una tela, dejándola en un estado similar al de un calandrajo o una prenda andrajosa.

13. ¿Cuál es el origen de la expresión "Meterse en camisa de once varas"?

El origen preciso de la expresión "meterse en camisa de once varas" no está completamente claro y existen varias teorías al respecto:

Según una teoría popularizada en blogs y redes sociales, la expresión se originaría en una ceremonia de adopción en la Edad Media. Se dice que el padre adoptivo debía meter al niño por la manga de una camisa muy grande hecha para la ocasión, que medía "once varas" (una vara equivale a aproximadamente 84 centímetros). Luego, el padre sacaba al niño por la cabeza de la prenda y le daba un beso en la frente para simbolizar la aceptación de la paternidad.

Otra hipótesis sugiere que la expresión podría ser una variante de la antigua locución "Meterse en cañiza de once varas" (aunque no hay demasiada constancia de la misma). Una "cañiza" era una cabaña hecha de cañas utilizada para encerrar a las ovejas en el campo y proteger a los pastores de las inclemencias del tiempo. Meterse en una cañiza de once varas implicaría una situación incómoda y complicada.

Algunas fuentes indican que una "camisa de once varas" podría referirse a una prenda de vestir muy holgada y amplia. En este sentido, "meterse en camisa de once varas" se utilizaría para expresar la idea de involucrarse en una situación complicada o enredada.

Otra explicación (y quizás la más lógica y documentada) sugiere que el término "camisa" de la locución puede hacer referencia a la parte exterior de la muralla de un castillo. En este contexto, "meterse en camisa de once varas" se asociaría con la dificultad de asaltar una fortaleza, ya que las murallas solían tener una altura de entre ocho y diez metros.

Cabe mencionar que ninguna de estas teorías ha sido ampliamente respaldada o confirmada, por lo que el origen preciso de la expresión sigue siendo motivo de debate e incertidumbre.

14. "Caricia" y "caridad", dos términos con una misma raíz etimológica

Conocemos como "caricia" a la demostración afectuosa de cariño, normalmente en forma de rozar suavemente la mano sobre alguna parte del cuerpo (ya sea de un humano o un animal). El término proviene del italiano *carezza* y que está formado por *caro* ("querido" y proveniente del vocablo latino *carus*, de exacto significado) y el sufijo -*ezza* (utilizado para indicar cualidad).

Por su parte, el término "caridad" hace referencia al acto solidario y altruista de ayudar al prójimo (ya sea económicamente o auxiliándole en persona). Etimológicamente proviene del latín *carĭtātis* formado por el mencionado vocablo *carus* (querido) y el sufijo -*tas* (cualidad), siendo originalmente su significado "Virtud o cualidad de amar".

Cabe destacar que es frecuente creer que el término "cariño" también tiene la misma procedencia etimológica, pero, en este caso, su raíz proviene del latín *carere* (carecer) y originalmente hacía referencia al sentimiento o nostalgia que se sentía hacia alguien o algo de lo que se estaba privado.

15. ¿De dónde surge que en algunos lugares se le llame "cuzo" (o cuza) a una persona fisgona?

El término "cuzo" o "cuza" es utilizado en algunas zonas de Asturias, Galicia, León y otros lugares de Castilla para referirse a una persona indiscreta y fisgona. Su etimología se remonta al término "cuz", que a su vez proviene de la interjección "¡cuz, cuz!" utilizada para llamar a los perros.

Cabe destacar que también existe la palabra "cuzco" (no confundir con la población peruana, ya que nada tienen que ver entre sí los vocablos) y también en la forma "cuzo", que en algunos contextos se utiliza para referirse a un perro pequeño. En algunos diccionarios del siglo XVIII, como el de Esteban de Terreros y Pando de 1788, se hace referencia a la llamada de los perros o a la denominación de aquellos de tamaño o edad reducidos de esos dos modos.

En el continente americano, particularmente en México, también se utiliza el término "cuzo" para referirse a una persona entrometida. Además, en Argentina y Uruguay, la interjección "cusco" (con seseo) se utiliza para llamar a un perro.

El hecho de que en algunos lugares se les llame cuzo o cuza a las personas fisgonas o entrometidas, surge del carácter curioso y fisgón que tienen los perros, sobre todo cuando son cachorros y de corta edad.

16. ¿De dónde surge llamar "leoninas" a unas condiciones injustas o abusivas?

El término "contrato leonino" se utiliza para referirse a un acuerdo o contrato en el que una de las partes obtiene ventajas desproporcionadas o abusivas en comparación con las demás. El origen de esta expresión se encuentra en la fábula de Esopo titulada *La parte del león*.

En la fábula, el león se une a otros animales para cazar un ciervo. Sin embargo, cuando llega el momento de repartir la presa, el león se queda con todas las partes del ciervo, argumentando que le corresponden por ser el león, el más fuerte y merecerlo más que los demás. Incluso afirma que se queda con la última parte simplemente porque le apetece. Esta historia ilustra la idea de alguien que abusa de su posición de poder para obtener una ventaja desproporcionada.

A partir de esta fábula, el término "leonino" se utiliza para describir situaciones en las que una parte se aprovecha injustamente de un acuerdo en perjuicio de las demás. Se refiere a cláusulas o condiciones que son excesivamente favorables para una de las partes y perjudiciales para las otras.

17. ¿Por qué el color verde está asociado a la celebración de la festividad del Día de San Patricio?

El verde se asocia tradicionalmente con el Día de San Patricio (*Saint Patrick's Day*, 17 de marzo) al tratarse del color ligado históricamente con Irlanda y su herencia cultural.

La historia detrás del uso del verde como símbolo de Irlanda se remonta al siglo XVIII, en el que comenzaron a usar este color como emblema de su identidad nacional y de su lucha por la independencia, cuando, en 1798, los rebeldes irlandeses vistieron uniformes verdes durante la rebelión contra el dominio británico de la isla.

No existe constancia de que San Patricio (evangelizador de la isla durante el siglo V y fallecido el 17 de marzo del 461) vistiese de verde, pero, según indican algunas crónicas y escritos, durante su evangelización, este religioso utilizó tréboles de tres hojas para explicar el misterio de la Santísima Trinidad (Padre, Hijo y Espíritu Santo) a los irlandeses mientras trataba de convertirlos al cristianismo. Eso provocó que dicha planta se convirtiera en uno de los símbolos más reconocidos de la cultura irlandesa y quedase asociada tanto a la posterior celebración del día dedicado a este santo como al propio país, representándose con la misma tonalidad de verde que el color que caracterizaba a Irlanda.

Ese es el motivo por el que el verde es el color asociado y representativo en las celebraciones del Día de San Patricio, encontrándolo en la ropa, decoraciones y alimentos de esta festividad, la cual se celebra no solo en Irlanda sino en un gran número de lugares del planeta hasta donde llegó un gran flujo de migrantes irlandeses (sobre todo a finales del siglo XIX, tras una gran hambruna que padeció Irlanda), llevando consigo sus fiestas y tradiciones.

Como nota curiosa, añadir que la canción *The wearing of the Green* (El uso del verde) es una balada cantada en múltiples celebraciones irlandesas (incluido en el Día de San Patricio) siendo un himno no oficial y en cuya letra se lamenta la represión de los partidarios de la "Rebelión irlandesa de 1798" (quienes vestían uniformados de verde) y en la que, entre otras cosas, dice: «[...] están colgando hombres y mujeres por el uso del verde [...]». Existen numerosas versiones de la letra, siendo la más conocida la de Dion Boucicault.

18. ¿De dónde proviene la expresión "Hacer algo a mansalva"?

La locución "a mansalva" tiene dos acepciones distintas pero relacionadas entre sí. Una de las posibles explicaciones de su origen es que proviene de la expresión militar "disparar a mano salva", que se utilizaba para indicar que un soldado tenía suficientes municiones y podía disparar sin peligro, sintiéndose seguro y sin correr riesgos frente al enemigo. Con el tiempo, esta expresión se contrajo y se transformó en "a mansalva".

La forma original "a mano salva" aparece en textos del siglo XVI y XVII, incluyendo obras como *El Quijote*, donde se utiliza para indicar que algo se hace sin peligro. En el *Diccionario de la Academia Usual* de 1884, la expresión se registra por primera vez con el significado de "sin ningún peligro; con toda seguridad".

Posteriormente, a través del uso popular, se ha incorporado una segunda acepción de "a mansalva", que se refiere a hacer algo en gran cantidad o abundancia. Esta ampliación de significado se ha popularizado en tiempos más recientes y no está registrada en las primeras ediciones de los diccionarios.

19. "Insigne" e "insignificante", dos términos con la misma raíz etimológica y que significan cosas contrarias

Los términos "insignificante" e "insigne" comparten una raíz etimológica en el vocablo latino *signum* o *signus*, que se refería a una señal o carácter que distinguía algo o alguien.

La diferencia entre ambos términos radica en el prefijo latino *in-*, que puede tener dos significados distintos. Por un lado, puede indicar intensificación, lo que le confiere a "insigne" el sentido de ser célebre, importante, distinguido o notable. Por ejemplo, cuando se habla de un "insigne científico" se hace referencia a un científico de renombre y prestigio.

Por otro lado, también puede indicar negación o ausencia, lo que le otorga a "insignificante" el sentido de carecer de relevancia o importancia. En este caso, el prefijo *in-* se combina con el verbo *facere* (hacer) y el sufijo *-nte* (que indica acción), dando como resultado el significado literal de "insignificante" como "el que no significa" o "el que no hace algo significativo".

Así, a partir de la misma raíz etimológica, los prefijos *in-* con sus diferentes connotaciones dan lugar a términos opuestos en cuanto a su significado, reflejando la diferencia entre algo o alguien que carece de importancia (insignificante) y algo o alguien que es destacado o distinguido (insigne).

20. ¿Qué es la "astenia primaveral"?

Se utiliza el término "astenia primaveral" para describir una serie de síntomas físicos y psicológicos que pueden afectar a algunas personas durante el cambio de estación, especialmente en la transición del invierno a la primavera.

Esta condición es causada por una combinación de factores, como los cambios en la luz y la temperatura, el aumento de las horas de luz solar y la alteración de los ritmos circadianos. Incluso algunos expertos apuntan que podría influir en ello el cambio de hora realizado el último fin de semana de marzo, tras la entrada de la primavera (en el que se adelanta el reloj sesenta minutos).

Los síntomas de la astenia primaveral pueden incluir fatiga, cansancio, falta de energía, somnolencia, irritabilidad, ansiedad, tristeza, apatía, dificultad para concentrarse y dolores musculares, los cuales pueden interferir en la capacidad de una persona para realizar sus actividades cotidianas de manera efectiva.

Etimológicamente la palabra "astenia" proviene del griego antiguo *asthéneia*, la cual se compone del prefijo *a-* (sin) y el vocablo *sthén* (fuerza, vigor), junto al sufijo *-ia* (cualidad de), siendo su significado literal "sin fuerza", "sin vigorosidad", haciendo una directa alusión a la disminución y falta de fuerza física o energía que padecen algunas personas tras la llegada de la primavera.

21. ¿Sabes qué es el *"Lorem Ipsum"* (o texto de relleno)?

El *"Lorem Ipsum"* es un texto de relleno utilizado en diseño gráfico, tipografía y maquetación. Se utiliza para ocupar espacios en páginas web, impresiones y otros diseños visuales antes de que se disponga del contenido definitivo. El texto está escrito en latín y tiene como objetivo principal no distraer al lector con un contenido significativo mientras se evalúa el diseño visual.

El texto del *"Lorem Ipsum"* no tiene un significado coherente ni tiene una traducción precisa. Aunque se asemeja a fragmentos del texto del libro *Finnibus Bonorum et Malorum* escrito por Cicerón en el año 45 a.C., no tiene una conexión directa con él. El origen exacto del *"Lorem Ipsum"* es incierto, pero se cree que se ha utilizado en la industria de la impresión desde el siglo XVI.

La elección del latín como idioma se debe a que es una lengua que ya no se utiliza en la vida cotidiana, lo que evita que los lectores se distraigan intentando comprender el contenido. El uso del *"Lorem Ipsum"* permite evaluar el diseño y la legibilidad de la tipografía y los elementos visuales sin verse influenciado por el significado del texto.

Este es el texto habitual que nos podemos encontrar:

> *«Lorem ipsum dolor sit amet, consectetur adipiscing elit, sed do eiusmod tempor incididunt ut labore et dolore magna aliqua. Ut enim ad minim veniam, quis nostrud exercitation ullamco laboris nisi ut aliquip ex ea commodo consequat. Duis aute irure dolor in reprehenderit in voluptate velit esse cillum dolore eu fugiat nulla pariatur. Excepteur sint occaecat cupidatat non proident, sunt in culpa qui officia deserunt mollit anim id est laborum»*

22. ¿Cuál es el origen de la expresión "Ser un aguantavelas"?

La expresión "ser un aguantavelas" se utiliza para describir a una persona que se encuentra en una situación incómoda, especialmente cuando acompaña a una pareja que desea estar a solas y tener un momento romántico. El origen exacto de la expresión no está claro, pero existen algunas teorías sobre su procedencia.

Una posible explicación es que el término "aguantavelas" se refiere a la persona que sujetaba una vela para iluminar a alguien en un cortejo o encuentro romántico. Esta persona cumplía un papel accesorio y su presencia era secundaria en la situación.

Otra teoría sugiere que la expresión podría estar relacionada con la ceremonia de la luz en una boda, donde los novios encienden dos velas individuales que representan a cada uno de ellos. En esta ceremonia, los amigos o familiares podrían ser responsables de sujetar o guardar las velas hasta el momento en que se unen para encender la vela común que simboliza su unión. En este contexto, el "aguantavelas" sería aquel que sostiene las velas durante la ceremonia.

Es importante destacar que existen expresiones similares en otros idiomas y culturas. En inglés, se utiliza la expresión *"third-wheel"* (tercera rueda) para describir la misma situación. En países como Chile o Argentina, se dice "tocar el violín" o "ser el violinista", mientras que en italiano se utiliza la expresión *"reggere il moccolo"* para referirse a ser el tercero en discordia. Estas expresiones hacen alusión a la sensación de ser una presencia innecesaria o incómoda en un encuentro romántico.

23. ¿Cuál es el origen de la expresión "Estar a partir un piñón"?

La expresión "estar a partir un piñón con alguien" se utiliza para describir una relación estrecha y armoniosa en la que las personas comparten intereses y afectos. Según la definición del *Diccionario de la Real Academia Española* (RAE), esta expresión implica la disposición de compartir incluso las cosas más pequeñas o insignificantes, simbolizadas por el piñón, que es la semilla del pino de tamaño reducido.

Sin embargo, muchos expertos argumentan que la expresión originalmente era "estar a partir un quiñón" y que con el tiempo se reemplazó el término "quiñón" por "piñón". La palabra "quiñón" se refiere a una porción de tierra de cultivo que era compartida por varias personas, quienes trabajaban en ella, sembraban y compartían los frutos obtenidos de manera equitativa entre los copropietarios.

Por ejemplo, un quiñón podría ser una parcela heredada que se dividía entre los hijos de un progenitor o un terreno adquirido conjuntamente por varios vecinos que preferían no dividirlo en parcelas individuales.

Las personas que compartían un quiñón mantenían una relación cordial y fraternal en el momento de realizar los repartos y tomar decisiones en común.

Etimológicamente, el término "quiñón" proviene del latín *quinio*, que significa "grupo de cinco". También es la raíz de otras palabras como "quintana", "quintar" o "quinto".

24. ¿Sabes qué es el "efecto *bandwagon*"?

El "efecto *bandwagon*" se refiere a cuando una persona adopta comportamientos, elecciones o decisiones basándose en lo que hace todo el mundo, es decir, se "sube al carro" de la mayoría. En este sentido, se tiende a seguir las tendencias de la multitud, confiando en que la opinión o elección de la mayoría es la correcta, sin analizar o evaluar si es lo que realmente conviene o se ajusta a la personalidad de uno mismo.

El término *"bandwagon"* se traduce literalmente como "carro de la banda" y tiene su origen en los carros que transportaban a las bandas en desfiles, circos y otros espectáculos. La expresión *"to jump on the bandwagon"* (subirse al carro) se utilizó por primera vez en el ámbito de la política estadounidense por Dan Rice, un reconocido artista multidisciplinario y payaso en la historia del circo.

Dan Rice, también interesado en la política, ofreció el carro que usaba en los desfiles para ser utilizado en la campaña de Zachary Taylor en las elecciones presidenciales de 1848 en Estados Unidos, con el objetivo de obtener más relevancia en sus apariciones públicas.

El éxito de Zachary en las elecciones y su victoria como duodécimo presidente de Estados Unidos hizo que otros políticos tomaran nota de esta estrategia. Desde entonces, se hizo común el uso de *bandwagons* en las campañas políticas y se popularizó el lema "subirse al carro de los ganadores".

En la actualidad, el efecto *bandwagon* tiene una amplia influencia en diversos campos como la política, la economía o la moda, y especialmente debido al arrastre generado por los *influencers* a través de las redes sociales.

El éxito de aplicar esta técnica en el *marketing* se debe a varios factores:

1. La necesidad de pertenecer a un grupo con los mismos valores y comportamientos.

2. La predisposición a considerar correcto lo que hace la mayoría.

3. La preferencia por dejar que la mayoría decida en lugar de invertir tiempo y esfuerzo en evaluar las situaciones por uno mismo.

4. El hecho de pertenecer al grupo "ganador" refuerza la seguridad del individuo.

25. El curioso motivo por el que las islas Canarias se llaman de ese modo

El nombre de las Islas Canarias tiene su origen en el latín *"Insula Canaria"*, que significa "isla de los perros" o "isla de los canes". Este nombre fue dado por el rey Juba II de Mauritania, quien visitó las islas en el año 40 a.C. y quedó impresionado por la cantidad de perros que allí encontró. Según la descripción de Cayo Plinio Segundo, conocido como Plinio el Viejo, Juba II llevó consigo dos mastines de las islas a su reino.

Es importante mencionar que originalmente el nombre *Insula Canaria* se aplicaba específicamente a la isla que hoy conocemos como Gran Canaria. Sin embargo, con el tiempo, este nombre se extendió a todo el archipiélago.

También cabe señalar que el ave conocida como "canario" (*Serinus canaria domestica*) no recibe su nombre por las Islas Canarias, sino que es al contrario. El ave canario fue llevada desde las Islas Canarias hacia Europa y otras partes del mundo, y su nombre se asoció con el origen geográfico de la especie.

En cuanto a la teoría de que el nombre de las Islas Canarias proviene de la tribu de los *Canarii*, un grupo étnico bereber que se estableció en el archipiélago, cabe destacar que hay pocos historiadores que respalden esta hipótesis. Aunque existen diversas teorías y pocas evidencias históricas y documentales que respalden este posible origen, la versión más aceptada es la del nombre derivado de la ya mencionada *Insula Canaria* debido a los perros encontrados en las islas por Juba II.

26. El curioso origen etimológico del término "recalcitrante"

El término "recalcitrante" se utiliza para describir a una persona terca, reacia, obstinada o aferrada a una opinión o conducta, según la definición del *Diccionario de la RAE*. Su origen etimológico se remonta al latín *recalcitrantis*, el cual se formó a partir de la unión del prefijo *re-* que denota repetición o reiteración, y la palabra *calcitrum* que significa "golpe de talón". De esta manera, "recalcitrante" hacía referencia originalmente al acto de dar coces o patadas con las pezuñas, especialmente por parte de los equinos como caballos, burros o mulas.

Estas coces no solo se dirigían hacia alguien, sino que también podían ser dirigidas hacia el suelo después de que el animal fuera atado a un poste o un árbol y se le pidiera que permaneciera quieto. La persistencia y terquedad demostrada por los equinos, junto con el gesto reiterado de dar coces, dieron origen al término "recalcitrante" que utilizamos hoy en día para describir a una persona obstinada o terca.

Posteriormente, el término se amplió en su significado para abarcar comportamientos humanos y se utiliza para describir a alguien que se muestra inflexible, reacio a cambiar de opinión o actitud, y que persiste en su postura a pesar de las circunstancias o los argumentos en su contra.

27. ¿Cuál es el origen del término "cuatrero"?

El término "cuatrero" se utiliza para referirse a los individuos dedicados a robar ganado u otros animales, especialmente de cuatro patas, como caballos. El origen del término está relacionado con la palabra "cuadrúpedo", que proviene del latín tardío *quadrupĕdus*, que significa literalmente "de cuatro patas".

Históricamente, se utilizaba el término cuadrúpedo para referirse a los animales que caminan sobre cuatro patas. Esta palabra se asoció con el ganado y los animales de carga, como caballos, vacas, ovejas, entre otros. A partir de esta asociación, surgió el término cuatrero para designar a los ladrones de este tipo de animales.

La primera aparición del término "cuatrero" en un diccionario español se registró en el *Diccionario castellano con las voces de ciencias y artes y sus correspondientes en las tres lenguas francesa, latina e italiana* de Esteban Terreros y Pando en 1786, donde se define como "ladrón de bestias". Desde entonces, el término se ha utilizado para describir a aquellos que se dedican al robo de animales de cuatro patas, especialmente ganado.

28. Origen de la tradición del conejo y el huevo de Pascua

La tradición del conejo y el huevo de Pascua tiene sus raíces en antiguas celebraciones paganas relacionadas con la fertilidad y el comienzo de la primavera. A lo largo de la historia, diferentes culturas han utilizado los huevos como símbolos de renovación y vida nueva.

La costumbre de decorar huevos y regalarlos durante la Pascua se hizo popular en Europa en el siglo XVIII, especialmente en Alemania. La tradición se extendió con la migración de alemanes a Estados Unidos a finales del siglo XIX, y desde allí se difundió a otros países.

La asociación del conejo con la Pascua proviene de la mitología germánica y su diosa de la primavera, Ostara. Estos animales eran considerados símbolos de fertilidad y abundancia, lo que los vinculó con la celebración de la Pascua.

A lo largo del tiempo, la tradición ha evolucionado y ahora es común que los huevos de Pascua sean de chocolate en lugar de huevos reales. Esto se debe a que el chocolate es más duradero y permite una mayor variedad de diseños y sabores. Los huevos de chocolate se esconden en la casa o el jardín para que los niños los busquen y disfruten de la emoción de encontrarlos.

La tradición del conejo y el huevo de Pascua se ha convertido en una forma divertida de celebrar la llegada de la primavera, la renovación de la vida y un momento de reunión familiar. Aunque sus orígenes están en antiguas creencias paganas, en la actualidad se ha integrado en las festividades de la Semana Santa y es una tradición muy arraigada en muchas culturas alrededor del mundo.

29. ¿Cuándo se originó el cambio de hora de verano?

El cambio de hora de verano es una medida que consiste en adelantar una hora los relojes en primavera, con el objetivo de aprovechar mejor la luz del día y ahorrar energía. Se lleva a cabo la madrugada del último fin de semana de marzo (a las 2 del recién inaugurado domingo pasan a ser las 3), y, posteriormente en el último fin de semana de octubre se hace a la inversa, retrasando los relojes una hora en otoño para acomodar al horario de invierno.

La idea fue sugerida por primera vez por el científico y diplomático estadounidense Benjamín Franklin en el siglo XVIII, pero no fue hasta la Primera Guerra Mundial cuando se implementó por primera vez.

En 1916, el káiser Guillermo II decretó el horario de verano en Alemania para ahorrar combustible durante la guerra, y esta medida se extendió a otros países europeos. A principios del siglo XX, el constructor inglés William Willett también propuso la idea de adelantar los relojes en verano para que los londinenses disfrutaran de más horas de luz diurna, pero su propuesta no fue adoptada en ese momento.

Actualmente, la mayoría de los países europeos aplican el cambio de hora de verano, pero algunos se proponen eliminarlo en breve.

Aunque el objetivo inicial del cambio de hora de verano era ahorrar energía, hoy en día hay diferentes opiniones sobre su efectividad y beneficios. Algunos argumentan que el cambio de hora puede tener efectos negativos en la salud y el bienestar de las personas, mientras que otros defienden que permite disfrutar de más tiempo al aire libre y reducir el consumo energético.

30. ¿Sabes a qué hace referencia el término "onicofagia"?

El término "onicofagia" significa literalmente "comerse las uñas", un vocablo utilizado sobre todo en medicina para hacer referencia al acto compulsivo e incontrolado de andar mordisqueándose las cutículas.

Etimológicamente el término proviene del griego, uniendo los vocablos *onyx* (uña) y *phagein* (comer).

La mayoría de expertos indican que la onicofagia se trata de un trastorno que se encuentra dentro del espectro obsesivo-compulsivo que ayuda al individuo que lo realiza a canalizar un estado de ansiedad o nervios y, de ese modo y sin ser consciente, poder reducir la inquietud o malestar psíquico mordisqueándose las uñas.

Cabe destacar que hay quien indica que, en algunos casos determinados, también puede tratarse de un hábito adquirido, sin existir un componente de desorden que pueda preocupar o necesite tratamiento alguno.

31. ¿Es posible desarrollar un artefacto similar al microondas que pueda enfriar rápidamente?

La respuesta corta es que no, al menos no de la misma manera que un microondas calienta.

Para entender por qué, primero debemos comprender cómo funciona el microondas. El magnetrón dentro del microondas produce una radiación que excita ciertas moléculas, como el agua en los alimentos, haciendo que vibren y generen calor. Es la agitación molecular lo que produce la elevación de temperatura. La temperatura es una medida del movimiento a escala atómica, y si se detiene completamente el movimiento, la temperatura alcanzaría el cero absoluto. Sin embargo, la onda electromagnética siempre provoca esta vibración, y no hay forma de que la materia emita radiación para enfriarse sin más. La disminución del movimiento atómico, y por tanto del calor, es un proceso natural que ocurre cuando se enfría un objeto.

Por lo tanto, para enfriar algo en un corto periodo de tiempo, debemos encontrar un método diferente. La tecnología de enfriamiento rápido existe y se utiliza en la industria alimentaria, farmacéutica y de transporte para enfriar productos frescos, medicamentos y componentes electrónicos. Pero estas técnicas son diferentes a las del microondas.

Uno de los métodos más utilizados es el enfriamiento por compresión de gas. Este proceso implica comprimir un gas, lo que aumenta su temperatura, y luego expandirlo rápidamente, lo que la reduce. El proceso se repite varias veces hasta que se alcanza la temperatura deseada. Otro método es el enfriamiento por evaporación. Consiste en exponer el objeto a un líquido refrigerante que se evapora rápidamente, eliminando el calor del objeto en el proceso.

Aunque estos métodos son efectivos para enfriar productos en la industria, no son prácticos para uso doméstico debido a su complejidad y costo. Además, la mayoría de los productos no necesitan enfriamiento rápido, por lo que no hay una gran demanda para un artefacto de enfriamiento de alta velocidad en el hogar.

ABRIL

1. ¿Cuál es el origen de la expresión "Llevar al huerto"?

La expresión "llevar al huerto" tiene su origen en la obra del siglo XVI *Tragicomedia de Calisto y Melibea*, más conocida como *La Celestina*, atribuida a Fernando de Rojas. En la misma, uno de los personajes principales, Calisto, utiliza a la Celestina para persuadir a Melibea y lograr que ésta acceda a encontrarse con él en el huerto con fines sexuales.

Es en este contexto literario que se encuentra el origen de la expresión "llevar al huerto", utilizada para describir la táctica de convencer, engatusar o engañar a alguien para que haga algo, aunque en algunos casos se le atribuye una connotación sexual.

Si bien algunas fuentes mencionan su posible origen en hechos trágicos ocurridos en Peñaflor, una localidad sevillana, a principios del siglo XX, donde se cometieron crímenes y se enterraron los cuerpos en un huerto (conocido como "el huerto del francés"), la evidencia histórica respalda principalmente su relación con la obra *La Celestina*.

2. ¿Qué significa y de dónde surge la locución "A carta cabal"?

El origen exacto de la locución "a carta cabal" no está claramente establecido y existen diferentes teorías al respecto. Una de las teorías propuestas sugiere que la expresión pudo haber surgido a partir del cruce de dos locuciones distintas: "carta de crédito" y "crédito cabal", que tenían connotaciones similares.

La "carta de crédito" era un salvoconducto o documento expedido en el pasado por monarcas u otras autoridades, que certificaba la honradez, integridad o reputación de una persona. Este documento le permitía a la persona ser recibida por otras autoridades o moverse con libertad entre distintos lugares.

Por otro lado, el "crédito cabal" era una expresión utilizada en el siglo XVII para indicar la reputación o fama que una persona tenía a través de sus acciones y obras.

La combinación de estas dos locuciones, "carta de crédito" y "crédito cabal", pudo haber dado origen a la expresión "a carta cabal" para referirse a una persona íntegra, honesta y de buenas cualidades.

También se ha sugerido una posible conexión con un juego de naipes conocido como "juego cabal" o "cartas cabales", que fue muy popular en el siglo XVI. Sin embargo, la relación precisa entre este juego y la locución no está claramente establecida.

3. ¿Por qué la rendición en una guerra y los convenios matrimoniales se conocen como "capitulación"?

El término "capítulo" tiene diversas acepciones y su origen se encuentra en el ámbito eclesiástico y militar. Proviene del latín *capitŭlum*, que originalmente significaba "encabezamiento" o "título de encabezamiento".

En el contexto eclesiástico, un capítulo se refería a la reunión de religiosos en la que se trataban asuntos importantes para la comunidad a la que pertenecían. En estas juntas se seleccionaba a los representantes y se discutían temas relevantes. Además, el capítulo también se utilizaba para hacer referencia al preámbulo o título de encabezamiento en los escritos eclesiásticos.

La expresión "llamar a capítulo" se utilizaba para convocar una reunión extraordinaria en la que se reprendía a alguien y se decidía el castigo que se le imponía.

En el ámbito militar, una "capitulación" o "capitulaciones" se refiere al convenio en el que se establecen los términos de rendición de un ejército o lugar. El término hace alusión a los diferentes encabezamientos o títulos de cada punto en el documento en el que se detalla cómo se llevará a cabo la entrega, la rendición de las armas y la subordinación hacia el bando contrario. Ambas partes firman este acuerdo y se comprometen a cumplirlo rigurosamente.

Además, el término *capitŭlum* también se utilizaba para referirse a los acuerdos que debían firmar las parejas antes o durante el matrimonio, conocidos como "capitulaciones matrimoniales". Estos pactos ordenaban el régimen económico matrimonial y, en ocasiones, establecían convenios sucesorios.

4. ¿De dónde surge la expresión "Ser más majo (o maja) que las pesetas"?

La expresión "ser más majo (o maja) que las pesetas" tiene su origen en el siglo XIX en España. En aquel entonces, este término era utilizado para referirse a una persona de las clases populares de Madrid que destacaba por su estilo, actitud y vestimenta, mostrando una aparente libertad y valentía.

En 1836, durante la Primera Guerra Carlista, la regente María Cristina de Borbón tomó la decisión de acuñar una nueva moneda denominada peseta (cuyo significado era pieza pequeña debido a su tamaño), con la cual se pagaban los servicios de las tropas que combatían a los carlistas. Esta moneda tuvo una buena acogida entre la población, especialmente las clases populares, quienes veían en ella un símbolo de apoyo a la regente y su hija, la futura reina Isabel II.

Dado el aprecio y la popularidad que la peseta adquirió entre la gente, se estableció una asociación entre la moneda y los "majos", aquellos personajes con gracia y estilo. Surgieron entonces expresiones como "ser más majo/a que las pesetas" para describir a alguien especialmente encantador, elegante o agradable.

Aunque la peseta dejó de ser la moneda oficial de España hace dos décadas, con la adopción del euro, esta expresión ha perdurado en el lenguaje cotidiano a lo largo del tiempo, incluso después de su desaparición como moneda en circulación.

Y quien es más majo que las pesetas es Sergio Pazos, actor, cómico y presentador todoterreno de origen gallego que nació un 4 de abril de 1965 y ha tenido a bien prologar este libro.

5. Tropel, tropa, tropelía y atropellar, cuatro términos con un mismo origen etimológico

Los términos "tropel", "tropa", "tropelía" y "atropellar" comparten un origen etimológico común relacionado con el ganado.

El término raíz es el vocablo francés *troupe*, que en el siglo XII se usaba para referirse a un gran grupo de animales. Con el tiempo, también se empleó para describir una reunión de muchas personas y, posteriormente, pasó a significar "grupo o muchedumbre reunida con un fin específico".

Además, en una de las acepciones del *Diccionario de la RAE*, "tropa" se refiere al "conjunto de soldados, cabos, cabos primeros y cabos mayores".

El término "tropel" derivó de *troupe* y se utiliza para referirse tanto a un grupo de soldados (tropa) como a una aglomeración de personas.

De la misma raíz proviene "tropelía", que designa un acto ilícito cometido por la tropa.

Por otro lado, "atropellar" inicialmente hacía referencia a la acción de una muchedumbre de personas pasando por encima de algo o alguien.

Curiosamente, el término francés *troupe* también llegó a nosotros y lo conservamos para designar a un grupo o compañía de artistas que se desplazan de un lugar a otro.

6. ¿Conoces las leyes fundamentales de la estupidez humana?

En 1988, el renombrado historiador económico italiano Carlo M. Cipolla publicó un libro titulado *Allegro ma non troppo*. Esta obra era una combinación de dos ensayos satíricos escritos por él mismo en 1973 y 1976. El primer ensayo abordaba la historia social y económica de la Edad Media, mientras que el segundo trataba sobre la estupidez humana. Ambos textos presentaban una perspectiva jocosa y mordaz.

En su ensayo, Cipolla definió lo que él consideraba las cinco leyes fundamentales de la estupidez humana. Estas leyes son las siguientes:

I. Siempre e inevitablemente subestimamos el número de personas estúpidas que nos rodean.

II. La probabilidad de que una persona sea estúpida es independiente de cualquier otra característica propia de esa persona.

III. Una persona es estúpida si causa daño a otros sin obtener ninguna ventaja personal, e incluso peor, si se perjudica a sí misma en el proceso.

IV. Las personas no estúpidas tienden a subestimar constantemente el potencial dañino de las personas estúpidas. Olvidan que tratar o asociarse con personas estúpidas resulta ser un error costoso en cualquier momento, lugar o circunstancia.

V. El estúpido es el tipo de persona más peligrosa que existe.

7. ¿De dónde proviene el término "presidio"?

El término "presidio" es uno de los sinónimos utilizados para referirse al lugar donde se envía a un reo (preso) para cumplir una condena.

Etimológicamente, proviene del latín *praesidium*, formado por el prefijo *pre* (delante, en frente) y el verbo *sedere* (sentarse, asentarse). Inicialmente, no se refería a una institución penitenciaria, sino a una guarnición o fortaleza militar.

Este término se utilizaba para describir la fortaleza debido a que "presidía" (dominaba) el territorio circundante.

Desde la antigüedad, se levantaron numerosas guarniciones en diversas plazas con el propósito de defender esos lugares. Estas guarniciones eran conocidas, entre otros nombres, como "presidio". Además de albergar a los militares y guardar las armas, también se habilitaban celdas para encerrar a los soldados enemigos capturados.

Con el tiempo, la palabra "presidio" comenzó a ser utilizada para hacer referencia al lugar de reclusión en lugar de la guarnición militar.

8. ¿Cuál es el origen del término "ungüento"?

El término "ungüento" se refiere a un medicamento en forma de aceite o crema que se aplica sobre la piel o una parte específica del cuerpo, generalmente elaborado con productos naturales.

Su origen proviene del latín *unguentum*, cuyo significado literal es "lo que se unge" o "se aplica". Este término tiene una antigüedad considerable y podemos encontrar referencias a él en escritos que datan de hace más de dos mil años.

La palabra "ungüento" ya fue registrada en la obra *Gramática de la Lengua Castellana*, escrita por Antonio de Nebrija en 1492, que fue el primer libro sobre gramática en nuestra lengua.

A lo largo de los siguientes siglos, fue incorporada en otras obras enciclopédicas de diversos autores y en 1739, en el *Diccionario de Autoridades*, el primer gran diccionario oficial realizado por la RAE, se le dieron las siguientes cuatro acepciones:

1. "Todo aquello que sirve para ungir o untar."

2. "Particularmente se toma por la confección crasa y blanda, compuesta de varios simples medicinales, tomando el nombre del simple más especial o del inventor. Lat. Unguentum."

3. "Significa también una confección de simples olorosos y fragantes,

que se usaba mucho en la antigüedad y se sigue usando para embalsamar cadáveres."

4. "Metafóricamente se utiliza para referirse a cualquier cosa que suaviza y ablanda el ánimo o la voluntad, y atrae hacia lo que se desea conseguir. Se aplica frecuentemente al dinero, que en estilo festivo llaman ungüento de México, y también a la plata ungüento Blanco, y al oro ungüento Amarillo. Lat. Unguentum. Linimentum."

9. El origen etimológico del término "locutor"

Conocemos como locutor (o locutora) a aquella persona que tiene por oficio hablar por radio o televisión para dar noticias, presentar programas, etc. (tal y como define la palabra el *Diccionario de la RAE*).

Etimológicamente proviene del latín *locūtōris*, cuyo significado literal era "el que habla" y que está formado por el verbo *loqui* (hablar) más el sufijo *-tor* utilizado para señalar profesión u oficio.

El verbo latino *loqui* también nos ha dado otros muchos términos relacionados. A continuación tenéis una lista de unos cuantos:

Locutorio: Lugar habilitado para hablar, ya sea en una prisión, una cabina telefónica o un habitáculo en una emisora de radio.

Locución: Acto de hablar.

Locuaz: que habla mucho o demasiado.

Elocuente: El que habla de modo eficaz, deleitando, conmoviendo o persuadiendo.

Locuela: Modo y tono particular de hablar de cada uno.

Circunloquio: Utilización de muchas palabras para decir algo que podría haberse expresado más brevemente.

Alocución: Discurso breve.

Interlocutor: Cada una de las personas que toman parte en un diálogo.

Coloquio: Conversación entre dos o más personas.

Soliloquio: Reflexión interior o en voz alta y a solas.

Ventrílocuo: Persona que tiene el arte o don de hablar sin que parezca que es ella quien pronuncia las palabras.

10. El curioso origen del término "huraño"

El término "huraño" se utiliza para describir a una persona que es esquiva, huidiza y muestra poco interés en relacionarse con los demás, a menudo teniendo un carácter algo antipático.

Originalmente, el término llegó al castellano como "furaño" con el mismo significado, y ya aparece en escritos anteriores al siglo XVII. La primera vez que se recogió el vocablo "huraño" en un diccionario fue en 1610, en el libro *Origen y etimología de todos los vocablos originales de la lengua castellana* de Francisco del Rosal. En 1734, ya se incluyó en el *Diccionario de Autoridades* con la siguiente definición: "Esquivo, recatado, que se recela de todos; se aplica no solo a los humanos, sino también a los animales que no están acostumbrados a la presencia de personas. Covarrubias ofrece diversas etimologías para esta palabra, pero la más probable parece ser que proviene de 'furaño', término que se usaba en tiempos antiguos".

Sin embargo, el término "huraño" (o "furaño") tiene un origen etimológico que proviene del latín *foraneus*, que se refería a un "forastero" o alguien que no era de ese lugar (y que también dio origen a "foráneo"). Además, también influyó la palabra furo (hurón). La combinación de ambos términos dio lugar al uso del término "huraño".

11. ¿De dónde proviene el término "seudónimo"?

El término "seudónimo" (también utilizado como "pseudónimo") se refiere al nombre inventado que una persona utiliza para ocultar su verdadera identidad. Se suele emplear, desde la antigüedad, por escritores y artistas que desean mantener en secreto quiénes son. Es importante distinguirlo del apodo o nombre artístico, ya que son conceptos diferentes.

Etimológicamente, el término proviene del griego *pseudónymos*, formado por *pseudo* (falso, mentira) y *onoma* (nombre), y su significado literal es "nombre falso" o "nombre inventado".

A lo largo de la historia, en la civilización grecolatina, el Renacimiento y muchas otras culturas, se encuentran numerosos artistas famosos (pintores, escultores, escritores) que utilizaron seudónimos para ocultar su identidad en obras consideradas menores. Incluso había quienes realizaban encargos para ganar un sobresueldo y preferían firmarlos con identidades falsas para no interferir en su reputación ya establecida.

En la actualidad, los alias o *nicks* utilizados por algunos usuarios en las redes sociales también pueden considerarse seudónimos, ya que buscan mantener su identidad en el anonimato.

12. El curioso origen del término "afiliación"

Conocemos como "afiliación" al acto de inscribirse o unirse a determinado grupo u organización (afiliarse a un sindicato, estar afiliado a la Seguridad Social...). A su vez, también se denomina "filiación" al hecho de estar inscrito en algún tipo de documento, normalmente oficial (como el Libro de Familia, el DNI...).

Ambos términos provienen etimológicamente de una misma raíz y proceden del vocablo latino *filius*, cuyo significado era "hijo". Y es que durante la mayor parte de la historia, estos términos hacían referencia a la procedencia que tenía cualquier persona respecto a sus progenitores.

13. ¿De dónde proviene el término "presbicia"?

Es común que las personas, generalmente entre los 40 y 50 años de edad (aunque puede variar en casos excepcionales), comiencen a experimentar una curiosa anomalía ocular que asociamos con la vista cansada. Cada vez resulta más difícil leer textos cercanos, como libros o las letras de instrucciones en productos, mientras que la visión de lejos generalmente no se ve afectada (a menos que ya se tuviera alguna miopía). Para contrarrestar esto, se necesitan gafas para leer sin dificultad o ajustar la graduación de las que ya se usaban. Algunas personas optan por gafas específicas para cerca, mientras que otras necesitan gafas progresivas o bifocales, dependiendo de sus necesidades y preferencias.

Esta anomalía visual se conoce como "presbicia", término que proviene del francés *presbytie* con el mismo significado. El francés adoptó el término del vocablo griego *présbys*, que se utilizaba para referirse a una persona anciana o de edad avanzada.

El término francés *presbytie* (referente al defecto óptico causado por la edad) fue acuñado en la primera mitad del siglo XVII, con la primera constancia escrita datando del año 1626. Un siglo y medio después, ya se encontraba mencionado en algunos tratados oftalmológicos.

La Real Academia Española (RAE) registró el término por primera vez en su diccionario en la edición de 1884, con la breve definición de "Defecto o imperfección del présbite", y para el término "présbite" se le atribuía el significado de "Que ve mejor de lejos que de cerca".

Como dato curioso, también existe una condición relacionada con la pérdida de audición a medida que se envejece, llamada "presbiacusia". Se describe como la "incapacidad para oír altas frecuencias, generalmente causada por el envejecimiento". Este término está compuesto por los vocablos griegos *présbys* (anciano) y *ákousis* (audición).

14. ¿De dónde proviene llamar "adulterio" a un acto de infidelidad conyugal?

El término "adulterio" se utiliza para referirse al acto de tener una relación amorosa o sexual con otra persona fuera de la pareja formal, especialmente en el contexto de personas casadas.

Etimológicamente, proviene del latín *adulterium*, que tenía el mismo sentido y significado. Este término se deriva del verbo *adulterare*, que significaba alterar o falsificar algo. En particular, se aplicaba a cosas que eran modificadas fraudulentamente, como el vino, el aceite o la leche a los que se les añadía agua o se mezclaban con ingredientes de menor calidad.

La incorporación de un elemento ajeno a un producto (adulterar) fue lo que llevó a que surgiera el término "adulterio" para describir la acción de involucrarse con una tercera persona en una relación de pareja. Además, las personas que cometían este acto se conocían como "adúlteros" o "adúlteras".

Es importante destacar que existe una falsa etimología popular que sugiere que el término "adúltero/a" proviene de la combinación del prefijo latino *ad-* (hacia, cerca, junto) y el término *alter* (otro), lo cual daría el significado de "estar cerca de otro" o "estar junto a otro". Sin embargo, esta explicación no es correcta y se debe aplicar al verbo adulterare en lugar de "adúltero".

También es relevante mencionar que los términos "adulterio, adúltero y adulterar" no tienen ninguna relación etimológica con el término "adulto" (persona que ha alcanzado la edad de madurez), ya que este último proviene de una raíz completamente diferente.

15. ¿Cuál es el origen del término "potaje"?

Desde la antigüedad una de las bases de alimentación de muchas culturas (especialmente las mediterráneas) fue mediante guisos elaborados con legumbres.

El término potaje llegó al castellano desde el francés *potage* (de exacto significado) y éste lo tomó del latín *pot* que a su vez derivaba del vulgarismo latino *potus* (también en la forma *pottus*), el cual hacía referencia a un tipo de vasija o vaso con el que se bebía el caldo de un guiso (que normalmente servía de reconstituyente o tentempié).

Podría decirse que, inicialmente, el término que derivó en el vocablo francés *potage* hacía referencia al caldo que se bebía, para luego pasar a designar a la vasija u olla en la que se cocinaba y, finalmente, denominar al guiso o cocido realizado con legumbres, verduras y otros ingredientes.

16. El curioso origen etimológico del término "guapo"

El término "guapo" o "guapa" en la actualidad se utiliza para describir a una persona que se percibe como físicamente atractiva o bien parecida. Sin embargo, su origen etimológico es curioso y ha experimentado una evolución a lo largo del tiempo.

Proviene del vocablo latino *vappa*, que originalmente tenía un significado diferente y se refería a alguien granuja, bribón y pendenciero, así como al vino que se había echado a perder. Inicialmente, el término "guapo" hacía referencia a personas de mal comportamiento y no tenía connotaciones positivas en cuanto a la apariencia física.

Es probable que la atracción que algunas personas sienten hacia aquellos individuos considerados como "malotes" haya sido lo que llevó a que el término, que originalmente definía a un canalla o pillo, se fuera amoldando hacia un significado más relacionado con el atractivo físico de la persona, más allá de su carácter o forma de actuar.

Por tanto, del significado original de granuja, bribón y pendenciero, el término "guapo" pasó a referirse a un hombre animoso, bizarro y resuelto, que desprecia los peligros y los acomete. Posteriormente, fue utilizado en el sentido de "galán" que festeja y galantea a alguna mujer, y más adelante también adquirió el significado de "hombre pendenciero y perdonavidas".

Con el paso del tiempo, el término "guapo" ha evolucionado hasta su significado actual de "bien parecido" y "acicalado, bien vestido". Aunque aún se mantiene una connotación negativa en algunas ocasiones al referirse a alguien pendenciero, en el uso común prevalece el sentido positivo de belleza física.

17. ¿De dónde proviene la expresión "Irse de pingo"?

La expresión "irse de pingo" o "irse de pingos" se utiliza para indicar que alguien se va de fiesta, se divierte o incluso se desmadra.

El término "pingo" tiene varias acepciones en el *Diccionario de la RAE*, y una de ellas es coloquialmente aplicada a una persona casquivana o promiscua, especialmente una mujer.

El origen de este uso coloquial del término "pingo" proviene del verbo "pingar", que significa apartar algo de su posición vertical o perpendicular, inclinar. En este contexto, alguien que es un "pingo" se aparta de la rectitud que marcan las reglas de buena conducta.

Así, aquellos a quienes les gusta salir a divertirse y desmadrarse se les empezó a llamar "pingo" o utilizar la expresión "irse de pingo" para referirse a su actitud de alejarse de las normas convencionales y disfrutar de la fiesta.

Curiosamente, en algunos lugares también se utiliza el término "pingo" para referirse a los niños traviesos.

18. ¿Desde cuándo se utiliza el término "supermán" para hacer referencia a un "superhombre"?

El término *"superman"* se utiliza para referirse al protagonista de un famoso cómic y saga de películas y series de televisión, conocido por sus habilidades y cualidades sobrehumanas. Según el *Diccionario de la RAE*, se recomienda la forma castellanizada "supermán", con tilde.

El personaje de *Superman* hizo su primera aparición en un cómic en 1938, creado por el guionista Jerry Siegel y el dibujante Joe Shuster. Sin embargo, este término no fue exclusivo ni original de la historia ilustrada del superhéroe, ya que podemos encontrar su uso en el título de la obra de teatro *Man and Superman* del dramaturgo irlandés George Bernard Shaw en 1903, que giraba en torno al personaje de "Don Juan".

Bernard Shaw tampoco fue el primero en utilizar el término *superman* en inglés. En 1896, Alexander Tille tradujo al inglés la obra *Así habló Zaratustra* escrita en 1883 por el filósofo alemán Friedrich Nietzsche. Nietzsche es considerado el creador del término y del concepto del hombre superior a los demás, utilizando la forma alemana *Übermensch* (literalmente "superhombre" en español).

El primer cómic incluyendo el personaje de *Superman* fue publicado el 18 de abril de 1938.

19. Ese incómodo momento en el que una respuesta u ocurrencia nos llega demasiado tarde: "el espíritu de la escalera"

El término "El espíritu de la escalera" (*L'esprit de l'escalier* en francés) hace referencia a ese momento en el que nos viene a la mente la respuesta ingeniosa o la ocurrencia perfecta, pero ya es demasiado tarde para compartirla.

El escritor y filósofo francés, Denis Diderot, introdujo esta expresión en su obra *Paradoxe sur le comedien* en la década de 1770. Diderot describió cómo muchas veces las personas no son capaces de responder de manera oportuna y acertada durante una conversación, pero cuando están bajando las escaleras después de haber dejado el lugar, les llega la inspiración y encuentran la respuesta perfecta.

La expresión se utiliza para ilustrar esa sensación incómoda de haber perdido la oportunidad de responder de manera brillante en el momento preciso. Es como si nuestra mente se despertara tarde y nos brindara la respuesta que hubiéramos deseado tener en el momento adecuado.

20. ¿De dónde proviene el término "lacónico"?

El término "lacónico" proviene de la región de Laconia, ubicada en el sureste de la península del Peloponeso en la Antigua Grecia. La ciudad más importante de Laconia era Esparta, conocida por su estilo de vida austero y su ejército disciplinado.

Los espartanos se caracterizaban por su economía de palabras y su forma concisa de comunicarse. Se les atribuye la práctica del laconismo, que consiste en expresarse de manera breve y directa, utilizando pocas palabras o incluso monosílabos.

Existen diversas anécdotas y relatos que ilustran esta característica espartana de hablar de forma lacónica. Uno de los ejemplos más famosos es la respuesta que supuestamente dieron los espartanos al rey Filipo II de Macedonia cuando les anunció su intención de invadir Laconia. Según la historia, los espartanos respondieron con un simple "sí" (αἴκα), demostrando su concisión y su disposición a enfrentar la situación.

Con el tiempo, el término "lacónico" pasó a utilizarse para describir a aquellos que se expresan de manera breve y concisa, sin perder claridad en su mensaje.

21. ¿Cuál es el origen del término "funesto"?

El término "funesto" aparece en el *Diccionario de la RAE* con las siguientes acepciones: "Aciago, que es origen de pesares o de ruina", "Triste y desgraciado". Fue recogido por primera vez en la publicación académica en el *Diccionario de Autoridades* de 1732 con el significado: "Triste, deplorable, infeliz y desgraciado".

Etimológicamente proviene del latín *funestus*, de idéntico significado, y éste a su vez derivaba de *funus*, un vocablo utilizado para hacer referencia a aquello relativo a la muerte y que dio origen a otros términos como funeral, funeraria, fúnebre.

22. ¿Cuál es el origen del característico símbolo del reciclaje ♻?

El símbolo del reciclaje ♻ es uno de los distintivos más utilizados en los últimos años y que podemos encontrar en un mayor número de cosas y lugares.

Tiene algo más de medio siglo de vida y su creación se la debemos al estadounidense Gary Anderson, diseñador gráfico que en 1970 (cuando todavía era un estudiante de arquitectura en la Universidad del Sur de California) presentó su diseño al concurso convocado por la Container Corporation of America. Esta compañia, una de las mayores y más importantes empresas de embalajes y cajas de cartón reciclado, buscaba un distintivo para añadir a sus productos, con el fin de especificar su origen gracias a la reutilización y el aprovechamiento.

Dicha convocatoria coincidía con el primer "Día de la Tierra", convocado y puesto en marcha por el activista medioambiental y senador por el Partido Demócrata, Gaylord Nelson, y que, desde 1970, se celebra cada 22 de abril.

Diversos son los diseños que se presentaron al concurso, ganando el creado por Gary Anderson (que contaba con 23 años de edad en aquel momento). El artista realizó un sencillo distintivo que representaba tres flechas en forma piramidal y que recordaba a la "cinta de Möbius".

Desde entonces se ha mantenido este diseño, aunque ha sufrido varias modificaciones e incluso clones para ser adaptado a diferentes clases de reciclaje.

Cabe destacar que, debido a su universalización, el símbolo del reciclaje acabó siendo de dominio público y uso totalmente libre (siempre y cuando esté vinculado a la reutilización de residuos y el medioambiente), no permitiéndose que se convirtiera en una marca registrada, tal y como pretendían los responsables de la compañía Container Corporation of America que convocaron el concurso para encontrar dicho diseño. A pesar de ello, algunos países limitan su uso e incluso obligan a pagar algún tipo de canon por su utilización.

23. ¿Qué diferencia hay entre la "reedición" y la "reimpresión" de un libro?

En el mundo editorial existe cierta confusión en la forma en que se utiliza el término "nueva edición" para referirse a las reimpresiones de un libro. En teoría, una nueva edición implica cambios significativos en el contenido o en el formato del libro, como una nueva portada, correcciones de errores o actualizaciones del texto, por lo que debería tener un número de ISBN diferente para distinguirla de las ediciones anteriores.

Sin embargo, en la práctica, es común que las editoriales (y también en el ámbito de la autopublicación) utilicen el término "nueva edición" de manera más generalizada, incluso cuando no se ha realizado cambio alguno en el libro. Esto puede deberse simplemente a razones comerciales, ya que el indicar que es una nueva edición (o adjudicar un número a ésta) puede generar un mayor interés en los lectores y promover las ventas. Al presentar una reimpresión como una "nueva edición", se busca crear la sensación de que el libro ha sido actualizado o mejorado de alguna manera.

En el caso de las reimpresiones sin cambios en el contenido o formato, lo más adecuado sería indicar que se trata de una "reimpresión" y, sin embargo, es común encontrar libros etiquetados como "nueva edición" incluso cuando solo se ha realizado una reimpresión idéntica.

24. ¿De dónde proviene el término "bobalicón"?

El término "bobalicón" es un aumentativo coloquial de "bobo", según la actual edición del *Diccionario de la Real Academia Española* (RAE). Sin embargo, este término no es de reciente incorporación, ya que aparece registrado en las primeras publicaciones de la academia, como el *Diccionario de Autoridades* de 1726. En este diccionario, se indica que "bobalicón" es un aumentativo o una voz vulgar, y se equipara con los términos "bobazo" o "bobalías", utilizados siglos atrás para referirse a personas necias, de poco entendimiento y capacidad.

Por su parte, el término "bobo" proviene del latín *balbus*, que se utilizaba para describir a personas con problemas en el habla (que balbucea, de ahí el significado y origen de balbucear) y también a los tartamudos.

Antiguamente, se creía erróneamente que la tartamudez estaba relacionada con la falta de intelecto, la ingenuidad o algún tipo de retraso mental.

Cabe destacar que algunas publicaciones erróneamente atribuyen el origen del término "bobo" al vocablo "baba", debido a que una de las características asociadas a estas personas era la tendencia a babear o expeler saliva continuamente.

25. El origen etimológico del término "clínica"

El término "clínica" se refiere a un establecimiento en el que se brindan servicios sanitarios, generalmente de carácter privado. También puede denominarse "policlínica" cuando ofrece una variedad de servicios y pruebas médicas, o "clínica dental" si se especializa en odontología. En algunos casos, las instituciones sanitarias pueden ser llamadas "hospital clínico", especialmente si son centros universitarios.

El origen etimológico de la palabra "clínica" se remonta al griego *kliniké*, que hacía referencia a la atención de personas enfermas en la cama (*kliné* significa cama o lecho). Este término pasó al latín como *clinĭce* manteniendo el mismo significado, y llegó hasta nosotros como "clínica", adquiriendo el sentido de establecimiento sanitario.

Es importante tener en cuenta que originalmente el término "hospital" no se utilizaba para referirse a este tipo de establecimiento sanitario, sino al lugar donde se acogía a personas con necesidades, especialmente económicas. De ahí derivan términos como "hospitalidad", "hospitalario" y "hospicio". Como muchas de las personas que acudían a estos lugares también requerían cuidados médicos debido a su precaria salud, se comenzó a utilizar el término "hospital" para referirse a un centro sanitario.

La palabra "clínica" apareció por primera vez en el *Diccionario de la Real Academia Española* en 1822, con la acepción de "parte de la medicina que enseña a observar y curar las enfermedades junto a la cama de los enfermos". A partir de la edición de 1925, se le otorgó el significado de "hospital privado". Por su parte, el término "clínico" se añadió al diccionario en 1869 con la acepción de "perteneciente a la clínica". Actualmente, en el *Diccionario de la RAE*, la entrada para "clínica" no presenta ninguna acepción específica y remite a la entrada de "clínico", donde se le dan ocho acepciones, incluyendo "establecimiento sanitario, generalmente privado, donde se diagnostica y trata la enfermedad de un paciente, que puede estar ingresado o ser atendido en forma ambulatoria".

26. ¿De dónde proviene la expresión "A lo hecho, pecho"?

La expresión "A lo hecho, pecho" se utiliza para aceptar las consecuencias de una acción realizada y asumir la responsabilidad sin lamentaciones ni arrepentimientos, ya que lo sucedido no se puede cambiar o corregir.

No se sabe con certeza cuándo se acuñó exactamente esta locución, pero se tiene constancia de su uso desde hace varios siglos. El lexicógrafo Gonzalo Correas la incluyó en su obra *Vocabulario de refranes y frases proverbiales* en 1627.

En esta expresión, la palabra "pecho" hace referencia al corazón. En épocas pasadas, se creía que la fuerza y el valor de una persona provenían del corazón. De hecho, la palabra "coraje" tiene su origen en el francés antiguo *corage*, que a su vez deriva del latín *cor* (corazón).

Por lo tanto, cuando alguien comete un error y ya no hay posibilidad de arrepentimiento, se le insta a tener coraje, es decir, valor y fortaleza emocional para aceptar las consecuencias. Otras expresiones relacionadas, como "sacar pecho", también aluden a mostrar valentía.

27. ¿Cuál es el origen del término "vecino"?

El término "vecino" proviene del latín *vicīnus*, que hacía referencia a aquel que habitaba en una aldea, pueblo, población o barrio. El origen etimológico de *vicīnus* se encuentra en el vocablo *vicus*, que se utilizaba para designar una aldea, pueblo o población.

En este sentido, las personas que residían en el mismo lugar, pero no en la misma vivienda, es decir, en un *vicus*, eran denominadas *vicīnus* (vecinos).

Por esta razón, es común encontrar documentos antiguos en los que se indica el lugar de residencia de una persona como "vecino de...".

Con el tiempo, el término "vecino" también se extendió para referirse a cualquier lugar colindante o próximo, como un país vecino o una población vecina.

28. ¿De dónde surge la expresión "A buen entendedor, pocas palabras bastan"?

La expresión "A buen entendedor, pocas palabras bastan" tiene sus raíces en la antigüedad y ha sido recogida en numerosas obras literarias a lo largo de los siglos. Aunque no existe un origen preciso y definitivo, se ha asociado con una locución latina equivalente que decía *"Intelligenti pauca"*, que se traduce como "Al inteligente poco" o "Al inteligente pocas cosas".

También se ha mencionado otra posible influencia de la locución latina *"Dictum sapienti sat est"*, que significa "Lo dicho al sabio le basta". Estas expresiones latinas comparten la idea de que las personas inteligentes o sabias no requieren de muchas palabras para comprender un mensaje.

La expresión ha sido utilizada en diferentes variantes a lo largo de la historia, como "Al buen entendedor, pocas palabras", "A buen entendedor, breve hablador" o "A buen entendedor, con media palabra basta". Podemos encontrar ejemplos de su uso en obras literarias como el *Libro de Buen Amor* de Arcipreste de Hita (siglo XIV), *La Celestina* de Fernando de Rojas (1500), *Don Quijote de la Mancha* de Miguel de Cervantes (1615) y *La Regenta* de Leopoldo Alas "Clarín" (1884).

Además, la expresión ha sido traducida y utilizada en otros idiomas, como el italiano (*"A buon intenditore, poche parole"*), francés (*"À bon entendeur il ne fault que demi mot"* o *"À bon entendeur, salut!"*), alemán (*"Dem klugen Kopf genügt ein Wort"*), inglés (*"A word to the wise is enough"*) y portugués (*"Para bom entendedor, meia palavra basta"*), entre otros.

29. El curioso origen etimológico del término "amígdala"

El término "amígdala" tiene un curioso origen etimológico relacionado con su forma, que se asemeja a una almendra. En el cuerpo humano, existen diferentes tipos de amígdalas, como las amígdalas cerebrales (ubicadas en los lóbulos temporales del cerebro), las amígdalas faríngeas (cerca del orificio interno de las fosas nasales), las amígdalas palatinas (en la parte posterior de la cavidad bucal, a ambos lados de la faringe, también conocidas como "anginas" cuando se inflaman) y las amígdalas linguales (en la base de la lengua).

El término "amígdala" llegó al castellano desde el latín *amygdăla*, y éste a su vez proviene del griego *amygdálē*, que originalmente se refería al fruto del almendro. Antes de esta denominación, en latín se utilizaba el término *tonsillae* (o "tonsila" en castellano) para referirse a lo que ahora conocemos como amígdala. Sin embargo, cuando los textos árabes de Avicena, el sabio persa del siglo XI, fueron traducidos al latín medieval, los escribanos adoptaron la referencia que hizo Avicena al comparar esa parte de la anatomía con la forma del fruto de almendra.

De esta manera, el término "amígdala" se popularizó y se ha utilizado desde entonces para designar esa estructura anatómica en el cuerpo humano. Es un ejemplo de cómo en la antigüedad se solían dar nombres a las cosas basados en su apariencia o similitud con otros objetos.

30. Franelógrafo, el eficaz método de divulgar cuando no existía el PowerPoint

El franelógrafo fue un método eficaz de divulgación utilizado en el pasado, especialmente antes de la existencia de presentaciones digitales como PowerPoint, Canva o Prezi. Consistía en un lienzo recubierto de franela (una tela afelpada) que servía como una especie de pizarra. El conferenciante o maestro colocaba piezas también recubiertas de franela en el lienzo para representar visualmente lo que quería explicar, y estas piezas se adherían al lienzo.

Aunque no se conoce con exactitud quién inventó el franelógrafo ni cuándo, se tiene constancia de su uso en los siglos XVIII y XIX. Inicialmente, fue utilizado por evangelizadores que deseaban enseñar las escrituras y sus pasajes a una población mayoritariamente analfabeta. Al ser un método visual, facilitaba el aprendizaje y la comprensión del mensaje religioso.

Además, el franelógrafo ha sido y sigue siendo utilizado en las escuelas para enseñar a los niños de manera visual, ya que se ha demostrado que el aprendizaje visual es más efectivo en muchos casos. A través de las piezas colocadas en el lienzo, se pueden representar conceptos, historias o cualquier tipo de contenido de forma más tangible y comprensible para los estudiantes.

1. ¿De dónde surge el término "epopeya"?

El término "epopeya" se utiliza para referirse a una gesta o hazaña heroica, especialmente de carácter bélico. Esta palabra proviene del griego *epopoiía*, que designa un poema largo que narra las acciones más importantes de un héroe, un ejército o una nación. Al castellano llegó desde el latín medieval *epopoeia* de exacto significado.

Inicialmente, el término "epopeya" se utilizaba para denominar el conjunto de poemas épicos, pero con el tiempo su significado se extendió abarcando cualquier proeza u odisea digna de ser narrada.

2. ¿Cuál es el origen de las contraseñas?

El uso de contraseñas es antiguo, y aunque no se puede determinar el momento exacto en que aparecieron por primera vez, se sabe que desde la antigüedad se han utilizado palabras clave, dibujos o sonidos como "santo y seña" para acceder a lugares o ser reconocidos como parte de un grupo. En la Antigua Roma, por ejemplo, era común escribir una consigna en una tablilla cuando un soldado debía reemplazar a otro en la guardia. Otras culturas también han utilizado métodos de identificación a lo largo de la historia.

El origen de las contraseñas informáticas se remonta al año 1961, cuando informáticos del MIT desarrollaron un sistema de acceso seguro llamado *"Compatible Time-Sharing System"*. Este sistema permitía que varias personas del departamento pudieran conectarse y utilizar el mismo sistema informático al mismo tiempo.

Hoy en día, estamos acostumbrados a utilizar contraseñas para casi todas nuestras actividades diarias, como retirar dinero de un cajero automático, desbloquear nuestros teléfonos móviles o acceder a aplicaciones. Es importante elegir contraseñas diferentes y seguras para salvaguardar nuestra privacidad y seguridad. Se recomienda utilizar combinaciones alfanuméricas complicadas, con letras, números, signos y mayúsculas y minúsculas.

Sin embargo, muchas personas prefieren contraseñas fáciles de recordar y así habilitan un nivel de seguridad bajo, lo que las hace más vulnerables a ser descubiertas o hackeadas.

El primer jueves de mayo se celebra el "Día Mundial de la Contraseña", una iniciativa que comenzó en 2013 para concienciar a los usuarios sobre la importancia de proteger su información personal y su actividad en línea.

3. Esbirro, birrete y barretina, tres términos con un mismo origen etimológico

Los términos "esbirro", "birrete" y "barretina" comparten un origen etimológico común en el latín tardío *birrus*, el cual hacía referencia a una prenda con forma de capa, aunque algo más corta, y con capucha, que solía ser de color encarnado. Durante el periodo final del Imperio romano e inicios de la Edad Media fue usado por ciertos aguaciles o agentes de autoridad de menor categoría.

En el caso de "esbirro", proviene del mencionado *birrus*, pasando por el italiano *sbirro*, que originalmente se refería a los guardias encargados de ejecutar órdenes superiores, a menudo con violencia, incluyendo la captura de delincuentes y quienes solían portar una capa con capucha como parte de su uniforme. Con el tiempo, el término se amplió para incluir a aquellos que realizaban trabajos violentos por encargo y a cambio de una compensación económica.

Por otro lado, el término "birrete" hace referencia a un gorro prismático con una borla que se utiliza en ocasiones solemnes por profesores, magistrados, jueces y abogados. Su conexión con *birrus* se debe a que este último término en latín se refería a una prenda similar a una capa, pero más corta y con capucha, que también era usada por algunos agentes de autoridad de menor categoría.

Finalmente, la "barretina" es un gorro tradicional catalán de lana con forma de manga cerrada por un extremo, generalmente en colores rojo y negro. Su nombre también deriva del término occitano antiguo *birret*, que se utilizaba para referirse a tocados en la cabeza. Tanto "birrete" como "barretina" tienen sus raíces en este origen común.

4. ¿Cuál es el origen del término "elixir"?

El término "elixir" tiene sus raíces en el latín medieval, donde se escribía del mismo modo y a su vez éste lo tomó del árabe *al-iksir*, que hacía referencia a la "piedra filosofal" de la alquimia.

La piedra filosofal era una supuesta y mítica materia alquímica de la que se creía que tenía el poder de convertir metales en oro, además de servir para elaborar compuestos milagrosos que ayudaban a prolongar la vida humana.

Los alquimistas medievales creían que el elixir era una forma líquida de la piedra filosofal, y que podía curar todas las enfermedades y prolongar la vida eternamente.

A lo largo de la historia, el término elixir ha sido utilizado para referirse a cualquier sustancia milagrosa o curativa, especialmente aquellas que se vendían como remedios médicos o tónicos. En la actualidad, se usa comúnmente para referirse a una solución líquida que se toma por vía oral.

El término elixir fue recogido en el *Diccionario de Autoridades* de 1732, dándole la siguiente acepción:

"La sustancia más sutil, interna y específica de cada cuerpo: que es como la esencia de él".

5. ¿De dónde proviene la expresión "Ver la paja en el ojo ajeno, y no la viga en el propio"?

La expresión "Ver la paja en el ojo ajeno, y no la viga en el propio" es ampliamente utilizada para señalar la actitud de algunas personas que son rápidas en señalar los errores o defectos de los demás, pero son incapaces de reconocer los propios.

Son numerosas las variantes que existen de esta locución, la cual es antiquísima y ya encontramos sus primeras referencias en textos de la Biblia, concretamente en el Nuevo Testamento (pasajes de Lucas 6:41 y Mateo 7:3). También en numerosas obras de gran relevancia de nuestra literatura, como *Diálogo espiritual* de Jorge de Montemayor (1548), *Política para corregidores y señores de vasallos en tiempo de paz* de Jerónimo Castillo de Bobadilla (1597), *Segunda parte de Guzmán de Alfarache* de Mateo Alemán (1604) o *Segunda parte del ingenioso caballero Don Quijote de la Mancha* de Miguel de Cervantes (1615).

Algunas variantes de la expresión son: "Vemos la paja en el ojo ajeno, y no vemos la viga en el nuestro", "Ve la mota en el ojo ajeno y no ve la viga en el suyo", "Nadie ve en su ojo la paja, sino en el ajeno", "La paja en el ojo ajeno es más visible que la viga en el propio", "En el ojo del vecino ven la paja, y en el suyo no ven la tranca". Incluso en las formas libres de: "Quien a otro quiere juzgar, en sí debe comenzar" o "Todos tenemos pelitos en el culo y no nos los vemos".

6. ¿Sabías que el himno de la Champions fue compuesto para celebrar la coronación de reyes y está basado en textos bíblicos?

Poco después de trasladarse a vivir a Inglaterra en 1710, el compositor alemán Georg Friedrich Händel se convirtió en director y responsable de la música sacra de su nuevo país de acogida (cargo conocido como "maestro de capilla"), codeándose con la flor y nata británica y sobre todo con la realeza (le unió una estrecha amistad con Jorge I de Gran Bretaña, coronado en 1714 y oriundo de Alemania igual que él).

La fulgurante carrera musical de Händel lo llevó a dirigir la prestigiosa *Royal Academy of Music* y recibir múltiples encargos por parte de la monarquía inglesa, entre ellos el componer un himno que sería utilizado en los actos de coronación del rey que relevara a Jorge I.

Dicha composición musical estaba compuesta por cuatro himnos (*Zadok, the Priest, My heart is inditing, The king shall rejoice* y *Let thy hand be strengthened*) basados en textos bíblicos utilizados por la Iglesia anglicana (Biblia del Rey Jacobo de 1611) y llevaba por título genérico *"Coronation Anthems"*.

Tras el fallecimiento de Jorge I, el 11 de junio de 1727, le sucedió su primogénito, siendo coronado como Jorge II de Gran Bretaña e Irlanda en una fastuosa ceremonia celebrada en la abadía de Westminster el 4 de octubre de aquel mismo año.

En dicha coronación se interpretó la composición de Händel *"Coronation Anthems"*, siendo el primer himno (*Zadok, the Priest*) uno de los que más admiración causó. Y por tanto, a partir de aquel momento se decidió que en las sucesivas coronaciones de reyes británicos fuese interpretado dicho himno.

Así ha sucedido en todas y cada una de las nueve ocasiones en las que se ha coronado un nuevo rey o reina: Jorge III, Jorge IV, Guillermo IV, Victoria I, Eduardo VII, Jorge V, Jorge VI e Isabel II (hay que tener en cuenta que Eduardo VIII no llegó a ser coronado), siendo la última vez que ese himno fue utilizado oficialmente para una coronación, el 6 de mayo de 2023, en la de Carlos III de Inglaterra.

En 1992 la Unión de Asociaciones Europeas de Fútbol (UEFA) quiso realizar algunas modificaciones en su competición más famosa: la "Copa de Europa" (entre las que se encontraba el cambio de denominación a "Liga de Campeones" o, como es más habitual llamarla, *"UEFA Champions League"*).

Para ello encargó al compositor británico Tony Britten un himno para la competición y éste, en lugar de realizar una composición original, presentó una versión modificada y con varios arreglos del *"Zadok, the Priest"* de Händel, el cual desde entonces se ha convertido en el emblema musical de la Champions League, sonando al inicio de cada encuentro y en los *spots* publicitarios que anuncian cada partido.

Cabe destacar que, a pesar de tratarse de una composición sacra y dedicada a la coronación de reyes, fue el propio Händel, en el siglo XVIII, quien permitió que su famosa obra *Coronation Anthems* fuese utilizada y tocada en cualquier tipo de evento o ceremonia, de ahí que no se pusiera ningún impedimento para poner en marcha la versión realizada por Tony Britten.

7. ¿De dónde proviene la expresión "Rectificar es de sabios"?

Se utiliza la expresión "Rectificar es de sabios" para indicar que tras haber cometido algún tipo de error, dicho alguna cosa indebida o haber realizado un acto incorrecto, lo más apropiado es corregir lo hecho o dicho, pidiendo perdón (si es necesario) y dando las oportunas explicaciones.

La locución ya aparece recogida en textos en español del siglo XIX, pero la mayoría de fuentes apuntan que fue acuñada un siglo antes por el célebre poeta inglés, Alexander Pope, y que formaba parte de una frase más larga que decía: "Errar es humano, perdonar es divino, rectificar es de sabios".

En ocasiones también podemos encontrar la expresión en la forma "Errar es de humanos y rectificar de sabios".

8. ¿De dónde surge la expresión "Bicho malo nunca muere"?

La expresión "Bicho malo nunca muere" es ampliamente utilizada en el idioma español para transmitir la idea de que el mal persiste y es difícil de eliminar. También existe una variante de la expresión que dice "Mala hierba nunca muere" o "Hierba mala nunca muere", manteniendo el mismo sentido.

Aunque no se sabe con certeza cuándo surgió esta expresión, se tiene constancia de su uso oral desde hace varios siglos. Parece haberse originado en ambientes rurales, donde se hacía referencia a las plagas y plantas invasivas que afectaban los cultivos agrícolas. Estas plagas y plantas eran difíciles de controlar y erradicar, lo que llevó a la creación de esta expresión para transmitir la persistencia del mal.

Cabe destacar que dicha expresión tiene variantes en otros idiomas: en inglés, se dice *"A bad thing never dies"* o *"A bad penny always comes back"*; en francés, *"Mauvaise herbe croît toujours"*; en italiano, *"Mala erba non muore mai"* o *"L'erba cattiva non muore mai"*. Estas locuciones en diferentes idiomas reflejan la idea común de que el mal o las cosas indeseables tienden a persistir.

9. ¿Cuál es el origen de la expresión "Lo comido por lo servido"?

La expresión "Lo comido por lo servido" se utiliza para indicar situaciones en las que, tras realizar algún trabajo o cerrar un trato comercial, el beneficio es tan mínimo que prácticamente no percibimos nada, solo para cubrir los gastos.

Por poner un ejemplo práctico: un divulgador es contratado para ir a dar una conferencia a una universidad que está en otra población de donde reside. Para ello le pagan 300 euros, pero el traslado y comidas deben correr de su bolsillo. En el viaje (ida y vuelta) y el almuerzo se gasta 290 euros, por lo que, a pesar de haber cobrado por dar la ponencia, debido al gasto que le ha generado el desplazamiento, no ha obtenido un claro beneficio económico con ese trabajo.

No se conoce a ciencia cierta el momento en el que se originó, pero sí que existe constancia de su uso hace varios siglos atrás; de hecho, el lexicógrafo Gonzalo Correas lo incluyó en su obra *Vocabulario de refranes y frases proverbiales*, publicado en 1627.

Algunas fuentes indican que podría haberse originado en la antigua costumbre de retribuir al servicio doméstico (criados, sirvientes...) ofreciéndoles manutención y un lugar donde dormir, sin percibir éstos compensación económica alguna por los trabajos desempeñados. También hay quien señala que, posiblemente, provenga de dejarles comer los restos que quedaban en la mesa tras un banquete en el que hubieran servido.

10. El curioso origen del término "cultura"

Es correcto que el término "cultura" proviene del latín *cultūra*, que originalmente significaba "cultivo" en el sentido agrícola. Esta asociación entre el trabajo de cultivar la tierra y el desarrollo intelectual de las personas se remonta a la antigüedad.

En la agricultura, es necesario sembrar la tierra y cuidarla para que produzca frutos. De manera similar, se entendía que para formar y educar a una persona era necesario "cultivarla", es decir, proporcionarle conocimientos y enseñanzas que le permitieran desarrollarse intelectualmente.

Esta analogía entre el cultivo de la tierra y la formación de las personas llevó a que se utilizara el término "cultura" para referirse al conjunto de conocimientos, disciplinas y expresiones artísticas que enriquecen y desarrollan a una sociedad. Así, la cultura se convierte en un campo fértil donde se siembran las semillas del arte, la sabiduría y la educación.

11. ¿De dónde proviene la expresión "Quien tiene un tío en Alcalá, ni tiene tío ni tiene na"?

La expresión "Quien tiene un tío en Alcalá, ni tiene tío ni tiene na" (también en la forma "El que tiene un tío en Alcalá, ni tiene tío ni tiene na") señala que jactarse de tener un pariente o conocido adinerado o de buena posición, que vive en otra localidad, a menudo no ofrece ningún beneficio. A pesar de hacer referencia a esa relación no se obtendrán favores ni beneficios debido a la falta de contacto entre ambas partes.

El origen preciso de esta locución no se conoce con certeza, aunque muchos expertos sugieren que podría haber surgido en el siglo XVI después de la fundación de la Universidad de Alcalá de Henares. Estudiantes de diferentes regiones de la península ibérica, en su mayoría provenientes de familias acomodadas, fueron enviados a estudiar allí. Algunos de ellos tenían lazos familiares con miembros del claustro, pero la escasa o inexistente relación impedía que se beneficiaran de algún favor.

Es importante destacar que algunos historiadores mencionan que la expresión no se refiere exclusivamente a Alcalá de Henares (Madrid), sino que puede atribuirse a otras localidades como: Alcalá de Xivert (Castellón), Alcalá de Ebro (Zaragoza), Alcalá de Gurrea (Huesca), Alcalá de los Gazules (Cádiz) o Alcalá la Real (Jaén).

Incluso existe una variante popularizada que dice: "Quien tiene un tío en Graná, ni tiene tío ni tiene na" (Quien tiene un tío en Granada, ni tiene tío ni tiene nada), y muchos habitantes de Granada atribuyen el origen de la expresión a su ciudad o provincia.

Hay quien señala que la popularización de la expresión puede deberse a una obra teatral famosa titulada *El tío de Alcalá*, escrita por Carlos Arniches y estrenada en 1901.

También cabe destacar que el filólogo y sacerdote español José María Sbarbi y Osuna recopiló diferentes variantes de esta expresión en su *Diccionario de refranes, adagios, proverbios, modismos, locuciones y frases proverbiales de la lengua española*. Algunas de ellas son: "Eso es como quien tiene un tío en Alcalá, que ni tiene tío ni tiene na", "Eso es como el que tiene un tío en las Indias", "Como el que tiene un tío en Granada, que ni tiene tío ni tiene nada" o "Como el que tiene un tío en Alcalá, que ni es tío ni es na".

12. El curioso origen del término "jefe"

El término "jefe" se utiliza para referirse a la persona que ocupa un cargo superior en una corporación o empresa, con autoridad para dar órdenes y tomar decisiones. La palabra tiene un origen curioso.

La primera vez que se registró el término en una publicación académica con la grafía actual fue en el *Diccionario de la Academia Usual* de 1837, definiéndolo como "el superior o cabeza de algún cuerpo u oficio". Sin embargo, antes de eso, se escribía con una equis inicial en lugar de una jota, "xefe". El *Diccionario de Autoridades* de 1739 lo mencionaba con la acepción de "el primero, principal, superior y cabeza que manda, rige y gobierna en algún ejercicio o empleo, sobre todos los individuos".

Este primer diccionario oficial de la Real Academia de la Lengua ya nos daba una pista sobre su origen etimológico, indicando que había llegado al castellano desde el francés *chef*. En aquel entonces, este vocablo hacía referencia a cualquier persona con autoridad, incluyendo quienes mandaban en la cocina, y actualmente lo usamos para referirnos a un cocinero (o jefe de cocina).

El término francés *chef* ya tenía el significado de "mando o líder de un grupo" desde unos siglos antes, derivando del francés antiguo (utilizado en el siglo XIV) *chief*, con el mismo significado y a su vez, proviene del latín *caput* (cabeza), que ha dado origen a numerosas palabras como "capitán", "cabo", "capataz", "caporal"...

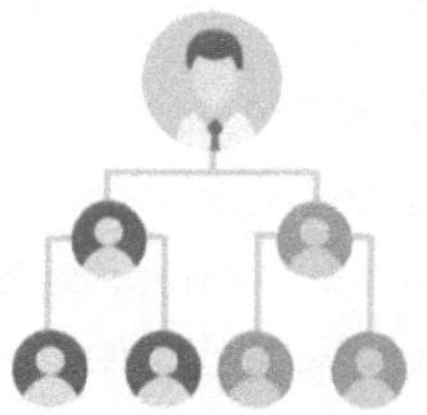

13. ¿Cuál fue el primer chiste de la Historia?

Es difícil determinar cuál fue el primer chiste de la Historia, ya que el humor es una forma de expresión que ha existido en muchas culturas durante largo tiempo, siendo una forma de comunicación que se ha utilizado para hacer reír y entretener a las personas desde hace cientos de siglos.

Sin embargo, algunos de los primeros ejemplos de chistes se han encontrado en textos antiguos como los chistes del faraón egipcio (de la dinastía IV y perteneciente al Imperio Antiguo de Egipto) Snefru (también escrito Seneferu, Sneferut o Snofru), que datan del 2500 a.C. y se han conservado en tablillas de arcilla.

También hay chistes escritos en papiro (como el "Papiro de Westcar" que se encuentra en el Museo Egipcio de Berlín) y en tablillas cuneiformes que datan del 2000 a.C. en Mesopotamia. Estos chistes antiguos a menudo consistían en juegos de palabras y bromas simples, y se cree que se contaban para entretener y divertir a las personas.

Los chistes atribuidos a Snefru conforman un conjunto que ha sido traducido de manera dispar por diversos eruditos.

Aquí tenéis un par de ejemplos atribuidos al mencionado faraón egipcio:

> ¿Cómo entretienes a un faraón aburrido? Haces navegar sobre el Nilo una barca cargada de mujeres jóvenes vestidas solo con redes de pesca y le pides al faraón que vaya a atrapar un pescado.

> ¿Por qué el cocodrilo no puede contar hasta tres? Porque se come la lengua después de dos.

Por su parte, el primer "chiste escatológico" de la Historia data del año 1900 a.C.y es atribuido a la cultura sumeria (pueblo que habitó en lo que hoy es el sur de Irak).

El chiste dice así:

> Algo que nunca ha ocurrido desde tiempos inmemorables; una mujer joven no se tiró un pedo sobre las rodillas de su marido.

14. ¿De dónde proviene el término "talante"?

La Real Academia Española (RAE) ofrece cuatro definiciones para el término "talante": "modo o manera de ejecutar algo", "semblante o disposición personal", "estado o calidad de algo" y "voluntad, deseo, gusto". Estos diferentes significados se relacionan con el carácter o actitud de una persona, más que con su aptitud, que se define con el término "talento".

Ambas palabras se escriben de manera similar, lo que lleva a algunas personas a utilizar una para referirse a la otra y viceversa. Sin embargo, deberían usarse para hablar de cosas o estados diferentes.

Existen discrepancias entre los etimólogos sobre el origen del término "talante". Algunos sugieren que comparte una raíz etimológica con "talento", derivando del latín *talentum*, que era una moneda de cuenta y una unidad de peso, que a su vez provenía del griego *tálanton*, referido al plato de la balanza utilizado para pesar mercancías en los mercados.

No obstante, a diferencia de "talento", el término "talante" llegó al español a través del francés (escrito del mismo modo), manteniendo su misma acepción de "carácter, manera de ser o ejecutar algo".

Por otro lado, hay quienes respaldan la etimología propuesta por el fallecido académico, lexicógrafo y destacado arabista Federico Corriente Córdoba, quien afirmaba que el origen de "talante" no proviene ni del francés ni del latín, sino del árabe *tál`ha*, que significa "semblante".

15. ¿Conoces el refrán "Olivo y aceituno, todo es uno"?

"Olivo y aceituno, todo es uno" es un antiquísimo refrán que ya aparece recogido en escritos del siglo XVII y que era utilizado para señalar a aquel que malgasta inútilmente el tiempo intentando averiguar cosas de poca importancia, utilidad o valor. También se aplicó para referirse a quien con impertinencia repite algo insistentemente, pero con distinto nombre, cuando en realidad se está refiriendo todo el tiempo a la misma cosa.

Y es que viene de muy lejos la eterna y repetitiva discusión entre quienes dicen "aceituna" u "oliva", debido a que ambas cosas son lo mismo: el fruto del olivo. La diferencia radica en sus nombres: "aceituna" viene del árabe hispánico *azzaytúna*, y "oliva" del latín *olīva*. No hay distinción en el uso. Ambos términos se usan en diferentes regiones de España. Algunas fuentes sugieren que son diferentes, pero es incorrecto, solo varía su origen lingüístico.

A lo largo de los siglos han sido tantos los debates y discusiones respecto a ese tema que llegó a acuñarse el mencionado refrán para hacer referencia a la inutilidad de discutir por cosas superfluas y de poca importancia cuando te refieres a lo mismo.

En algunos escritos y diccionarios antiguos ya aparece recogido (como en el *Diccionario de Autoridades* de 1726) en la forma "Olivo y azeitúno todo es uno" e incluso en la obra *Aventuras de don Fruela*, de Francisco Bernardo de Quirós (del año 1656), donde aparece de la siguiente manera: [...] más oliva, olivo y aceituno, todo es uno [...].

16. ¿Cuál es el origen del término "franela"?

La Real Academia Española (RAE) define "franela" como un tejido fino de lana o algodón, ligeramente cardado en una de sus caras.

Este tipo de tela se utiliza comúnmente para confeccionar prendas como camisas, chaquetas, pantalones, camisetas interiores y otras prendas de abrigo, así como sábanas, debido a su capacidad para retener el calor y mantener el cuerpo caliente en climas y lugares especialmente fríos.

Se tiene constancia del uso de este tejido en el siglo XVI en Gales, y de hecho, en algunos lugares se le conoce como *"Welsh cotton"* (algodón galés).

El término "franela" llegó al español en el siglo XVIII desde el francés *flanelle*, que a su vez lo tomó de los anglosajones que lo llamaban *flannel*, y estos últimos lo obtuvieron del galés *gwlanen*, que literalmente significa "paño de lana".

La primera aparición del término en un diccionario español fue en 1787 en el *Diccionario castellano con las voces de ciencias y artes y sus correspondientes en las tres lenguas francesa, latina e italiana* de Esteban Terreros y Pando, donde se registró como "flanela" con la acepción de "tela de lana muy fina utilizada para hacer mantillas y otras cosas. También hay franela de algodón y seda, de algodón y lana, de pelo de cabra, de lana y de pelo de camello".

Cuatro años después, en 1791, ya se encontraba registrado en el *Diccionario de Autoridades* editado por la RAE, pero esta vez como "franela", con una breve definición: "tejido fino de lana".

Es curioso ver cómo, con el paso del tiempo, el término en castellano pasó de escribirse con ele a llevar una erre (de flanela a franela), posiblemente por una más fácil pronunciación para los hablantes (un fenómeno conocido como rotacismo).

17. ¿De dónde proviene el refrán "Quien mucho abarca poco aprieta"?

El refrán popular "Quien mucho abarca poco aprieta" ha sido recogido en diversas obras de varios siglos atrás, como en el acto duodécimo de *La Celestina* (publicada en 1499 y atribuida a Fernando de Rojas), donde Sempronio le dice a Celestina:

> "Contentémonos con lo razonable, no lo perdamos todo por querer más de la razón, que quien mucho abarca poco suele apretar".

Este refrán se utiliza para transmitir la idea de que intentar abarcar demasiadas cosas a la vez suele conducir a resultados negativos o desastrosos.

Aunque no se conoce con certeza el origen de este refrán, se han encontrado versiones similares en otras lenguas y países. Muchos expertos sugieren que es probablemente una transformación de una antigua máxima en latín que decía *"Duos insequens lepores neutrum capit"* (El que persigue a dos liebres no atrapa ninguna). A su vez, esta frase era una traducción literal del proverbio griego *"ὁ δύο πτῶκας διώκων οὐδέτερον καταλαμβάνει"* (El que persigue dos liebres no atrapa ninguna).

En Portugal, se solía utilizar una variante de este refrán que decía *"Quem muito abarca pouco abraça"* (Quien mucho abarca, poco abraza), aunque su uso en la actualidad es escaso. Los franceses dicen *"Qui trop embrasse, mal étreint"* (Quien abarca demasiado, poco aprieta), los italianos *"Chi troppo vuole nulla stringe"* (Quien mucho quiere, nada aprieta), los alemanes *"Wer zu viel fasst, lässt viel fallen"* (El que agarra demasiado, deja caer mucho) y, curiosamente, los ingleses utilizan una frase muy similar a las versiones en latín y griego: *"If you run after two hares you will catch neither"* (Si persigues dos liebres, no atraparás ninguna).

18. ¿Qué diferencia hay entre un "museo" y una "pinacoteca"?

Es habitual utilizar los términos "museo" y "pinacoteca" como sinónimos de un lugar donde se guardan y exhiben obras (que también puede ser denominado como "Galería de arte").

El término pinacoteca hace referencia única y exclusivamente a las obras pictóricas (cuadros, pinturas, lienzos...). Etimológicamente proviene del latín *pinacothēca* y éste del griego *pinakothḗkē*, formado por *pinakos*, genitivo de *pinax* (tabla pintada) y *thêke* (depósito), siendo su significado literal "depósito de tablas pintadas" (teniendo en cuenta que en la Antigua Grecia se pintaba sobre tablas y no lienzos).

Por su parte, un museo es el lugar destinado a conservar y exhibir cualquier tipo de objeto, ya sea de carácter artístico, científico, cotidiano, social... Todo aquello que se puede reunir y mostrar es susceptible de formar parte de la colección de un museo. La etimología del término la encontramos en el latín *musēum* y a su vez éste proviene del griego *mouseîon,* siendo su significado "casa o templo de las musas". En la antigüedad se tenía el convencimiento de que toda obra artística (escultura, pintura, danza, música, poesía…) había sido realizada gracias a la influencia que las musas ejercían sobre el correspondiente creador (artista) y, por tanto, donde posteriormente se guardarían y/o expondrían debía ser un lugar dedicado a esas deidades.

El 18 de mayo se celebra el Día Internacional de los Museos, una fecha dedicada a resaltar su importancia en la preservación y difusión del patrimonio cultural.

19. ¿Cuál es el origen del término "mártir"?

Es cierto que el término "mártir" se utiliza para referirse a una persona que muere o sufre grandes padecimientos en defensa de sus creencias o convicciones. La palabra tiene su origen en el latín tardío *martyr* y a su vez proviene del griego *mártys*, que originalmente significaba "testigo". Esta acepción se refiere a aquellos que, a pesar de sufrir torturas y persecuciones, seguían dando testimonio de su fe y creencias.

Inicialmente, el término "mártir" se aplicaba específicamente a aquellos que habían sido perseguidos, torturados e incluso habían perdido la vida debido a su fe en la religión católica. La Iglesia

Católica comenzó a utilizar el término para designar a aquellos que se mantuvieron fieles a su confesión religiosa y sufrieron tormentos y martirios.

En la primera edición del *Diccionario de la Real Academia Española* (RAE) en 1780, el término "mártir" aparece con las acepciones de aquel que muere por amor y en defensa de la verdadera religión, fe o doctrina católica, así como aquel que padece grandes trabajos, aflicciones y calamidades.

Con el tiempo, el término "mártir" ha ampliado su significado y se utiliza para referirse a cualquier persona que es castigada o sufre persecución debido a sus creencias, ya sean religiosas, sociales o políticas. Se reconoce el sacrificio y el sufrimiento de aquellos que defienden sus ideales y convicciones incluso en circunstancias adversas.

20. ¿De dónde proviene la expresión "Que tu mano izquierda no sepa lo que hace la mano derecha"?

Se trata de una frase proverbial, muy utilizada y que podemos encontrar que se dice o escribe de diversos modos e incluso cambiando el orden de las manos, entre ellos: "Que no vea tu mano derecha lo que hace tu mano izquierda", "Que no vea tu mano izquierda lo que hace tu mano derecha", "Que tu mano derecha no vea lo que hace tu mano izquierda", "Que no sepa tu mano izquierda lo que hace la diestra", "Que tu diestra no sepa lo que hace la siniestra"…

Su origen lo encontramos en un pasaje bíblico, concretamente en el capítulo 6 del Evangelio de San Mateo titulado "Jesús y la limosna", en el que el versículo 6:3 dice: "Mas cuando tú des limosna, no sepa tu izquierda lo que hace tu derecha".

El capítulo completo es el siguiente:

Guardaos de hacer vuestra justicia delante de los hombres, para ser vistos de ellos; de otra manera no tendréis recompensa de vuestro Padre que está en los cielos.

Cuando, pues, des limosna, no hagas tocar trompeta delante de ti, como hacen los hipócritas en las sinagogas y en las calles, para ser alabados por los hombres; de cierto os digo que ya tienen su recompensa. Mas cuando tú des limosna, no sepa tu izquierda lo que hace tu derecha, para que sea tu limosna en secreto; y tu Padre que ve en lo secreto te recompensará en público.

21. ¿Cuál es el origen del término "chisme"?

El término "chisme" tiene su origen en el latín *schisma*, que significa "división" o "escisión", y a su vez proviene del griego *schísma* con el mismo significado.

En español, el término "chisme" se utiliza para referirse a una información o rumor que se comparte de manera confidencial o secreta, especialmente si es de naturaleza negativa o desagradable. También puede referirse a la acción de compartir este tipo de información o rumor, conocido como "chismorreo".

El uso de la palabra "chisme" en español se remonta al siglo XV, y fue registrado por primera vez en el *Diccionario de Autoridades* de 1729. En esta obra, se define como "murmuración o cuento con el que alguien intenta descomponer a una persona con otra, sembrando discordia y refiriendo cosas innecesarias de ser conocidas".

22. ¿Cuál es el origen del nombre de los días de la semana?

Los días de la semana en español tienen su origen en la mitología y la cultura de la Antigua Roma (a excepción del sábado y domingo).

A continuación, os presento el origen etimológico de cada uno de ellos:

Lunes: proviene del latín *lunae dies*, que significa día de la Luna. La Luna era considerada un objeto divino en la mitología romana, y se le atribuían poderes mágicos y una influencia importante en la vida cotidiana.

Martes: proviene del latín *Martis dies* (día de Marte). Marte era el dios romano de la guerra.

Miércoles: proviene del latín *Mercurii dies* (día de Mercurio). Mercurio era el dios romano del comercio y los viajeros.

Jueves: proviene del latín *Jovis dies* (día de Júpiter). Júpiter era el dios romano del cielo y el trueno, y era considerado el dios principal en la mitología romana.

Viernes: proviene del latín *Veneris dies* (día de Venus). Venus era la diosa romana del amor, la belleza y la fertilidad.

Sábado: proviene del hebreo *Shabat* y viene a significar "día de descanso" (aunque al castellano llegó desde el latín tardío *sabbătum* y a éste, a su vez, del griego *sábbaton*, con idéntico significado). En el judaísmo, el sábado es el día de descanso semanal en honor a Dios y en la cultura anglosajona este día está dedicado a Saturno, dios romano de la agricultura y las cosechas (*Saturday*).

Domingo: proviene del latín *dies Dominicus* y su significado es "día del Señor". En la cultura cristiana, el domingo es el día de la semana en el que se celebra la resurrección de Jesucristo. Sin embargo, en la cultura anglosajona el domingo está dedicado al astro rey, el Sol, siendo considerado como un objeto divino en la mitología romana (*Sunday*).

23. ¿De dónde proviene el término "cómplice"?

El término "cómplice" se utiliza para referirse a una persona que, por afinidad o relación cercana, ayuda o colabora con otra en algún tipo de asunto, ya sea lícito o ilícito. En el ámbito jurídico y policial, se utiliza para señalar a aquel que es conocedor o colaborador de un delito y/o delincuente.

También se puede utilizar para describir una relación de cercanía y amistad entre dos o más personas, indicando que tienen complicidad.

Etimológicamente, el término proviene del latín tardío *complex*, que significa "compañero" o "partícipe". A su vez, este término latino deriva del verbo *complecti*, cuyo significado era "abrazar", "rodear", "unir" o "conectar", y está relacionado con la idea de estar juntos o estar involucrados en algo.

La afinidad y camaradería entre personas propició que en el ámbito jurídico se utilizara el término "cómplice" para designar a aquel que colabora o es conocedor de un acto ilícito, aunque no sea el autor material del mismo.

El término "cómplice" fue recogido en el *Diccionario de Autoridades* de 1729 con la definición de "el compañero en el delito". Además, también se incluyó la forma "complicidad", que se define como "compañía en el delito" y se señala como una voz del ámbito forense, es decir, relacionada con el ámbito judicial.

24. ¿De dónde surge llamar "judías" a las alubias?

El término "judía" se utiliza en algunos lugares para referirse a las alubias. La etimología de esta palabra es incierta y no hay una explicación clara sobre su origen en relación a esas legumbres, por lo que es probable que se deba a una combinación de factores culturales, lingüísticos y simbólicos.

Existen varias hipótesis y a continuación os presento las tres que son más respaldadas por los expertos y etimólogos:

Hay quien sugiere que el término "judía" se refiere a las juderías o barrios judíos en España, donde se consumían legumbres, incluyendo las alubias, con asiduidad. En este sentido, tal denominación podría haberse utilizado simplemente para indicar que estas legumbres eran comunes en las comunidades judías.

Por otro lado hay quien indica que proviene del árabe *lūbiyā*, cuyo significado literal es "alubia". El pueblo árabe influyó significativamente en la cultura y la lengua españolas durante ocho siglos de presencia en la Península Ibérica, por lo que es posible que la palabra *lúbiyā* hubiese evolucionado a judía por influencia lingüística.

Una tercera teoría (especulativa) señala que la palabra judía podría haber surgido debido a la asociación simbólica entre las alubias y los judíos. Algunos historiadores sugieren que los hebreos se identificaban con las alubias debido a su forma ovalada, que recordaba al ojo humano y aludía al hecho de que Dios siempre estaba vigilándolos. También se cree que esas legumbres podrían haber sido un alimento común durante las celebraciones del judaísmo, como la Pascua.

25. ¿Cuál es el origen de la expresión "La supervivencia del más apto"?

La expresión "la supervivencia del más apto" es una síntesis de la teoría de Herbert Spencer y su concepto de "darwinismo social". Aunque Spencer popularizó la frase, el término originalmente fue acuñado por el filósofo inglés Herbert Taylor en 1852, y Spencer lo adoptó posteriormente en sus escritos.

El origen de la expresión se encuentra en la influencia que Charles Darwin y su teoría de la evolución tuvieron en las ideas de Spencer. Darwin propuso que las especies evolucionan a través de un proceso de selección natural, en el que aquellos individuos mejor adaptados a su entorno tienen más probabilidades de sobrevivir y reproducirse, transmitiendo sus características a las siguientes generaciones. Spencer aplicó este concepto a la sociedad humana, argumentando que las leyes de la evolución también se aplicaban a las interacciones sociales y que los individuos o grupos más aptos para adaptarse y competir en su entorno serían los que prevalecerían.

Es importante destacar que la interpretación de Spencer y su concepto de "la supervivencia del más apto" ha sido objeto de críticas y controversias. La simplificación de la teoría evolutiva a una lucha constante y competitiva por la supervivencia ha sido cuestionada por ignorar otros factores importantes, como la cooperación y la ayuda mutua, así como las influencias culturales, históricas y ambientales que también moldean la evolución humana.

Además, la teoría de Spencer ha sido malinterpretada y utilizada de manera equivocada para justificar la desigualdad social, el racismo y el supremacismo.

26. ¿Cuál es el origen de la expresión "Pasar una noche toledana"?

La expresión "Pasar una noche toledana" (también en la forma "Tener una noche toledana") se utiliza para describir una noche desapacible en la que no se puede conciliar el sueño debido a un acontecimiento negativo, problema o preocupación. El origen de esta expresión se relaciona con un sangriento suceso histórico que ocurrió a finales del siglo VIII en Toledo, España.

En el año 797, Amrus Ben Yusuf, un nuevo gobernador musulmán, organizó una cena a la que invitó a cientos de nobles toledanos. Sin embargo, su verdadera intención era acabar con la vida de los invitados. Amrus ordenó que se cortaran las cabezas de los nobles y se lanzaran al foso. Este trágico evento se conoce también como la "Jornada del foso de Toledo".

El motivo exacto que llevó a Amrus Ben Yusuf a ordenar esta masacre no está completamente claro. Algunos historiadores sugieren que fue para someter a la población toledana a la autoridad musulmana del Emirato de Córdoba. Otros argumentan que fue un acto de venganza por la muerte de su hijo a manos de los toledanos.

Aunque esta explicación histórica es la más respaldada por expertos como origen de la expresión "pasar/tener una noche toledana", es importante mencionar que existen otras explicaciones. Por ejemplo, el lexicógrafo Sebastián de Covarrubias en su obra *Tesoro de la lengua castellana o española* (1611) sugiere que la expresión se refiere a una noche en la que no se puede dormir debido a los mosquitos que atormentan a los forasteros desprevenidos.

Otra explicación se encuentra en el *Vocabulario de refranes y frases proverbiales* (1627) de Gonzalo Correas, quien sugiere que las jóvenes toledanas permanecían despiertas en la noche de San Juan a la espera de la primera palabra que escucharan en la calle después de la medianoche, ya que creían que esa persona sería con la que se casarían.

27. ¿Cuál es la diferencia entre bruto y neto?

La diferencia entre bruto y neto se refiere a la cantidad de dinero antes y después de deducir impuestos, contribuciones u otros descuentos.

El ingreso bruto se refiere a la cantidad total de dinero que una persona recibe antes de deducir cualquier tipo de impuesto o contribución. Por ejemplo, si un trabajador gana un salario bruto de 1000 euros al mes, eso significa que ese es el monto total que recibe antes de cualquier deducción.

Por otro lado, el ingreso neto es la cantidad de dinero que una persona recibe después de aplicarle las correspondientes deducciones. Por lo tanto, si el trabajador del ejemplo anterior tiene una deducción de impuestos y contribuciones de 200 euros, su salario neto sería de 800€.

En la nómina de un trabajador el salario bruto es el que aparece como el importe total que se le paga antes de deducciones y la cantidad de dinero que realmente recibe se llama salario neto. Los impuestos sobre la renta (IRPF), la seguridad social o cuotas a mutualidades de un seguro privado de salud (entre otros), son deducidos del salario bruto y se le ingresa (paga) el salario neto.

28. El curioso origen del término "granuja"

El término "granuja" se utiliza para describir a individuos canallas o bribones que se dedican a cometer pequeños engaños o delitos, y suele tener un matiz amable en su uso.

Su origen etimológico se remonta al latín *granŭlum*, que era el diminutivo de *granum*, que significa "grano". Curiosamente, en su origen, el término se refería a la uva que quedaba separada del racimo. Con el tiempo, por analogía, se empezó a utilizar esta denominación para aquellos jóvenes que se apartaban del camino correcto y las normas de la comunidad para llevar una vida de picaresca.

El término "granuja" fue registrado por primera vez en el *Diccionario de Autoridades* de 1734, donde se le daba dos acepciones relacionadas con el grano de las frutas: "la uva desgranada y dividida de los racimos" y "el granillo interior de la uva y otras frutas, que es como su simiente".

No fue hasta la edición del diccionario académico de 1884 cuando se añadió la nueva acepción de "conjunto de chiquillos vagabundos" y "muchacho vagabundo, pilluelo". En la edición de 1925 se agregó la descripción de "bribón, pícaro", que es la acepción que aún se utiliza en la actualidad.

29. El origen del poste de bombero

Una de las imágenes más icónicas asociadas con los bomberos es un poste (barra) en medio de un agujero que permite bajar rápidamente de un piso a otro en la estación donde hacen guardia, siendo un método cómodo y útil para evitar tener que bajar por las escaleras y ahorrar tiempo en caso de emergencia.

Su origen se remonta a 1878, en la estación de bomberos de Chicago. En aquella época no existían los camiones (tal y como los conocemos en la actualidad) y se utilizaban carros tirados por caballos para transportar a los bomberos, la cisterna de agua y las mangueras.

Para evitar que los caballos subieran a la planta superior, donde descansaban y esperaban los bomberos, la mayoría de las estaciones tenían una escalera de caracol, lo que retardaba el tiempo de bajada entre un piso al otro y, además, causaba percances.

Fue entonces cuando David Kenyon, capitán de la Compañía 21 de bomberos de Chicago, ideó y propuso utilizar una barra que conectaba ambas plantas. Al bajar por ella se evitaban caídas, además de acelerar el tiempo de acceso al carro.

Evidentemente, también había escaleras (por las que subían), pero el bajar por el poste facilitaba el acceso a la planta inferior de una forma más rápida.

30. ¿De dónde provienen las expresiones "Ponerse en guardia" y "Bajar la guardia"?

El término "guardia" tiene varias acepciones en el diccionario, incluyendo aquellas relacionadas con la vigilancia y protección en el ámbito militar y de seguridad, así como su uso en el contexto deportivo para referirse a posturas defensivas en el boxeo y la esgrima.

Las expresiones "ponerse en guardia" y "bajar la guardia" tienen su origen en estos deportes de combate, donde la postura y posición defensiva son fundamentales para protegerse de los ataques del oponente. Estas expresiones se han extendido más allá del ámbito deportivo y se utilizan de manera figurada en otros contextos para indicar actitudes de precaución o descuido.

En el lenguaje cotidiano, "ponerse en guardia" se utiliza para expresar que alguien se prepara o adopta una actitud preventiva frente a posibles problemas o situaciones desfavorables.

Por otro lado, "bajar la guardia" se utiliza para indicar que alguien ha descuidado su vigilancia o atención, volviéndose vulnerable a posibles ataques o contratiempos.

Estas expresiones se han popularizado y son utilizadas tanto en el ámbito deportivo como en situaciones cotidianas para transmitir la idea de estar alerta y ser consciente de los posibles riesgos o amenazas que puedan surgir.

31. ¿Qué es un "anacronismo"?

Se conoce como "anacronismo" a una inconsistencia temporal en la que algo perteneciente a una época posterior se presenta en una época anterior, ya sea en una obra de arte, una película, un libro o en cualquier otro contexto histórico. Por ejemplo, en una película que se desarrolla en la Edad Media, si un personaje aparece con un reloj de pulsera, eso sería un anacronismo.

El término anacronismo proviene del griego *anachronismos* y significa literalmente "contra el tiempo". El origen del vocablo se remonta a la época de los historiadores antiguos, quienes lo utilizaron para referirse a errores en la cronología de los hechos históricos relatados.

Numerosos son los anacronismos que podemos encontrarnos en cualquier campo; algunos hechos a propósito, unos por despiste y otros por puro desconocimiento.

Aquí os traigo cuatro ejemplos:

La Catedral de Salamanca, construida en los siglos XVI y XVII, presenta algunos anacronismos notables. Uno de ellos es la presencia de un astronauta esculpido en la fachada de la catedral, a pesar de que la obra se completó siglos antes de que se realizara el primer viaje espacial en 1961. Fue colocado durante la restauración de la Catedral, llevada a cabo en 1992, debido al deterioro de la piedra de la portalada. El cantero Miguel Romero propuso dejar constancia de que esa parte era nueva mediante una firma propia del tiempo, eligiendo la figura de un astronauta como símbolo de la era espacial, lo que dio origen a la presencia de esta figura anacrónica en el insigne templo religioso.

En la literatura, el anacronismo se ha utilizado a menudo como una técnica narrativa para crear efectos cómicos o irónicos. Un ejemplo de esto es la obra de Mark Twain *Un yanqui en la corte del rey Arturo*, en la que un hombre del siglo XIX es transportado mágicamente a la Edad Media y utiliza sus conocimientos modernos para intentar cambiar el curso de la historia. En este caso se trata de un anacronismo hecho a propósito por el autor.

Tanto la película *La milla verde* como la novela homónima escrita por Stephen King, presentan un anacronismo al incluir la silla eléctrica como elemento fundamental en la trama, a pesar de que transcurre en 1935, cuando aún se ahorcaba a los presos en Luisiana, y la silla eléctrica no se empezó a utilizar hasta 1940.

La serie *Juego de Tronos* tampoco se libró de tener algún que otro anacronismo y fue ampliamente comentado (y criticado) el fallo en el que aparece, en una escena del capítulo 4 de la octava temporada, un vaso de la franquicia de cafeterías Starbucks.

JUNIO

1. ¿Cuál es el origen de la expresión "Hacer la 13-14"?

La expresión "Hacer la 13-14" se refiere a una broma o novatada que solía gastarse a los aprendices en los talleres mecánicos. En estos lugares, se utilizan llaves fijas para manipular tuercas, las cuales están numeradas según su tamaño en milímetros. Las más comunes son la 10-11, la 12-13, la 14-15, la 16-17, etcétera, y, sin embargo, no existe una llave con el número 13-14.

Por lo tanto, la broma consistía en pedirle al nuevo trabajador que buscara una llave 13-14, sabiendo que la misma no existía. La víctima de la novatada se daba cuenta de su error al cabo de un rato (después de una búsqueda infructuosa por todo el taller y de consultar en vano a sus compañeros de trabajo), acabando la situación en risas por parte de todos los presentes y un poco de vergüenza para el novato.

Con el tiempo, la expresión "hacer la 13-14" se popularizó para referirse a cualquier tipo de broma o novatada que se le infringe a alguien, especialmente a una persona inexperta o novata en cierto contexto.

Cabe destacar que algunos blogs y perfiles de redes sociales comparten una explicación errónea sobre el origen de esta expresión indicando que la misma proviene de un juego de naipes llamado "Truco", donde el valor de las cartas era 1-2-3-4-5-6-7-10-11-12 y la carta número 13 se consideraba de poco valor, siendo la carta número 14 el comodín o figura, pudiendo tener diferentes valores según el jugador que la tuviese. Así que, según estas explicaciones, "hacer la 13-14" significaba jugar sin importar el valor de las cartas, incluso si se tenía una carta de poco valor o un comodín.

2. Origen de la expresión "Discusión bizantina"

La expresión "discusión bizantina" hace referencia a un intercambio de ideas que resulta excesivamente complicado, detallado, minucioso y a menudo inútil. Este término tiene sus raices en la ciudad de Bizancio (hoy Estambul), capital del Imperio Bizantino, que fue conocida por su intrincada burocracia y su sofisticado sistema legal.

Durante el periodo bizantino, los debates legales y teológicos eran muy elaborados y se centraban en cuestiones menores y detalles nimios. Estos debates a menudo eran interminables y no llegaban a ninguna conclusión definitiva.

Por lo tanto, con el tiempo, la expresión "discusión bizantina" comenzó a emplearse para describir cualquier discusión o debate que fuera inusualmente complicado o minucioso y que no lograba alcanzar una conclusión clara o práctica.

3. ¿Cuál es el origen de la interjección "ojalá"?

El término "ojalá" tiene su origen en el árabe hispánico *law šá lláh* que significa "si Dios quiere" o "quiera Dios". Con el tiempo y su trasformación al castellano, la expresión "ojalá" ha sido utilizada para manifestar un vivo deseo de que algo suceda o se cumpla, sin necesariamente mantener la connotación religiosa original hacia Alá, el Dios de los musulmanes.

En sus primeras apariciones en el idioma castellano, la expresión se escribía como "oxalá", y posteriormente, en la edición de 1817 del *Diccionario de la RAE*, se estableció su grafía actual "ojalá", con la letra 'j' en lugar de la 'x'.

Desde entonces, "ojalá" ha sido utilizada para expresar anhelos o deseos fervientes en la lengua española y es una interjección comúnmente empleada en la actualidad.

4. ¿De dónde proviene el término "mestizaje"?

El término "mestizaje" se utiliza para describir el cruce de razas diferentes, la mezcla de culturas distintas que da origen a una nueva, o el conjunto de individuos que resultan de este cruzamiento. El origen del término "mestizaje" se remonta al siglo XIX.

Aunque el término "mestizo" apareció en escritos antiguos y se registró en el *Diccionario de Autoridades* de 1734, se utilizaba en referencia al cruce o mezcla entre diferentes especies de animales, no para referirse a la unión o descendencia entre personas de razas diferentes. "Mestizo" provenía del latín tardío *mixticius*, que significa "mezclado".

El término "mestizaje" en el contexto de la mezcla de razas humanas surgió en 1864, creado por el periodista y editor del periódico *New York News* en su forma anglosajona *miscegenation*. Este término estaba compuesto por el verbo latino *miscere* que significa "mezclar" y el sustantivo *genus* significando "género" o "raza". Así, *miscegenation* se traduce literalmente como "mezcla de razas".

Cabe destacar que el término mestizaje no fue recogido por la Real Academia Española (RAE) hasta su edición de 1970, a pesar de que el concepto de mezcla de razas ha existido durante siglos. Sin embargo, la palabra en sí misma es de origen más reciente y se ha utilizado para abordar el tema del cruce y la mezcla entre razas humanas.

5. ¿Cuál es el origen del término "tiquismiquis"?

Conocemos como "tiquismiquis" la persona que es muy exigente, quisquillosa, escrupulosa y minuciosa en detalles y que a menudo se queja de cosas triviales.

El término proviene de la locución del latín tardío *"tichi michi"*, la cual era una alteración de la expresión en latín clásico *"tibi, mihi"* que significaba "para ti, para mí". En el siglo XVII encontramos que evolucionó a "tiquis miquis" y dos siglos después adoptó la forma actual "tiquismiquis".

La palabra aparece registrada en un texto de Cervantes de 1615 y fue recogida por primera vez en el *Diccionario de Autoridades* de 1739 en la forma "Tiquis miquis" (separado) con la acepción: "Voces bárbaras, con que el estilo familiar se notan algunas expresiones afectadas, y con singularidad cuando se dicen mutuamente entre dos o más personas".

No fue hasta la edición de 1899 del diccionario académico cuando ya encontramos el término en la forma "tiquismiquis" (todo junto) dándole la acepción: "Escrúpulos o reparos vanos o de poquísima importancia. Expresiones o dichos ridículamente corteses o afectados".

6. ¿De dónde surge decir "Quedarse sopa" al acto de dormirse?

La expresión "quedarse sopa" para indicar que alguien se ha dormido no tiene relación directa con el plato de caldo caliente que se consume como alimento. A pesar de tener la misma escritura, ambas palabras (sopa) en el sentido de comida y en el sentido de sueño o adormecimiento, tienen orígenes etimológicos diferentes y son homógrafas (que se escribe igual que otra palabra, pero tienen significados diferentes).

El término "sopa" utilizado para referirse al plato de caldo proviene del germánico *sŭppa*, que tiene el mismo significado. Por otro lado, la palabra "sopa" relacionada con el sueño es una derivación de "sopor", que proviene del latín *sopōris* y significa "adormecimiento" o "somnolencia". Incluso encontramos la forma "soporífero" para indicar algo que nos provoca sueño o aburrimiento hasta el punto de adormecer.

Por lo tanto, la expresión "quedarse sopa" se originó en el sentido de que a alguien le entra el sopor o somnolencia, pero sin tener relación directa con el acto de haber consumido un plato de caldo.

7. ¿Por qué en algunas casas se escucha un sonido que recuerda a unas canicas rodando en el piso de arriba?

Qué molesto resulta estar tan tranquilos por la noche en el sofá de casa viendo nuestra serie favorita y de repente comenzar a escuchar un extraño ruido que proviene del piso de arriba y que nos recuerda a unas canicas rodando. Los hijos del vecino ya se han puesto a jugar otra vez (pensamos), pero ¿a esas horas? ¡Si ya es medianoche! De repente recordamos que los vecinos no tienen hijos y además están pasando unos días fuera de casa, ¿cómo es posible? Incluso, en otras ocasiones, los ruidos que provienen del piso superior son de pasos rápidos o de muebles que son arrastrados.

Las personas más sensibles a los temas paranormales comienzan a pensar en extraños fantasmas y, sobre todo, si el edificio o casa tiene muchos años, hay quien cree que allí puede residir algún espíritu.

Pero no, todos estos extraños sonidos que escuchamos nada tienen que ver con fenómenos paranormales, sino que hay una respuesta mucho más lógica y científica. El responsable es un fenómeno conocido como "golpe de ariete".

El golpe de ariete es un fenómeno hidráulico que se produce cuando una corriente de agua que se encuentra en movimiento por las tuberías se detiene abruptamente. Este cambio brusco en la velocidad y dirección del fluido puede generar una serie de ondas de presión que viajan a través de las tuberías y provocan vibraciones y ruidos en las instalaciones hidráulicas.

Uno de los sonidos más comunes que se asocian con el golpe de ariete es el ruido de canicas rodando por las tuberías, el cual se produce cuando las ondas de presión generadas por el golpe de ariete chocan contra las paredes de las tuberías y provocan vibraciones que se transmiten a través del agua.

El ruido de canicas rodando por las tuberías es especialmente común en edificios de varias plantas, donde las instalaciones hidráulicas están interconectadas y el golpe de ariete puede propagarse a través de todo el sistema. En estos casos, el sonido puede ser particularmente molesto para los vecinos que viven en las plantas inferiores, ya que el ruido tiende a ser especialmente fuerte en sus pisos.

Además del ruido, el golpe de ariete también puede provocar otros problemas en las instalaciones hidráulicas, como la rotura de tuberías o un fallo en las válvulas y otros componentes. Por esta razón, es importante que los propietarios y administradores de edificios presten atención a este fenómeno y tomen medidas para prevenirlo.

Una de las formas más efectivas de prevenir el golpe de ariete es instalar dispositivos especiales llamados amortiguadores de pulsaciones. Estos dispositivos actúan como cojines de aire que absorben las ondas de presión generadas por el golpe de ariete y reducen la intensidad de las vibraciones y el ruido asociado. Los amortiguadores de pulsaciones pueden instalarse en diferentes puntos del sistema hidráulico, como en las bombas, las válvulas y las tuberías de mayor diámetro.

El golpe de ariete no ocurre exclusivamente por la noche, puede suceder en cualquier momento en que se produzca una interrupción brusca del flujo de agua en las tuberías. Sin embargo, el ruido producido por el golpe de ariete es más perceptible por la noche debido a que hay menos ruido ambiental en general. Además, las tuberías pueden expandirse y contraerse ligeramente a medida que se calientan y se enfrían, lo que aumentaría la probabilidad de que ocurra durante las horas nocturnas cuando la temperatura del agua está más fría.

Otro factor que contribuye a que el golpe de ariete se produzca más comúnmente por la noche está relacionado con el uso de los sistemas de agua en los edificios. Por ejemplo, durante el día, el uso frecuente de grifos y duchas puede reducir la presión en las tuberías, evitando así la aparición de este fenómeno. En cambio, durante la noche, cuando la mayoría de las personas duermen y el consumo de agua es mínimo, la presión en las tuberías puede aumentar, lo que acrecienta la probabilidad de que se produzca el golpe de ariete y por tanto escuchemos extraños ruidos que nos recuerdan a unas canicas rodando por el piso de arriba.

8. ¿Cuál es la flor más grande del mundo?

La *Rafflesia arnoldii* es una especie de planta parásita que se encuentra en los bosques tropicales de Sumatra y Borneo (Indonesia) y está considerada como la flor más grande del mundo, debido a su enorme tamaño y peso.

Esta flor puede crecer hasta un metro de diámetro y alcanzar los 11 kilogramos de peso. La *Rafflesia arnoldii* tiene pétalos de color rojo oscuro, con manchas blancas en el centro, y un gran cáliz que se parece a una taza. Además de su gran tamaño, también es conocida por su fuerte y fétido olor a carne podrida, con el que atrae a los insectos polinizadores.

La *Rafflesia arnoldii* no produce raíces, tallos ni hojas, y solo se puede detectar cuando está en floración. Una vez que la flor muere, no deja rastro, ya que su estructura se desintegra rápidamente. A pesar de su gran tamaño, no produce su propio alimento. En su lugar, obtiene todos los nutrientes que necesita de una planta huésped en la que se parasita. Además, tiene una duración de solo unos pocos días, lo que la convierte en una de las flores más efímeras del mundo.

Aunque la *Rafflesia arnoldii* destaca por su tamaño y belleza, se encuentra amenazada como especie debido a la deforestación y la degradación de su hábitat natural. En ciertas regiones, la recolección de esta flor constituye un problema adicional, ya que se la considera una atracción turística y se emplea en la medicina tradicional.

9. Sobre dichos, dicha, dicharachos y dicheros

La base etimológica de estos términos es la palabra en latín *dictus*, cuyo significado literal es "decir" y que dio origen a "dicho", el cual puede hacer referencia a diferentes cosas pero, sobre todo, se vinculó a consejos populares, chascarrillos, ocurrencias o chistes, además de ser participio del mencionado verbo "decir".

Aquello que se decía en un tono bajo, casi susurrando (para que no fuese escuchado por otras personas) debido a su caracter vulgar o poco decente (como un chiste verde o un chismorreo), era conocido como "dicharacho", apareciendo en el *Diccionario de Autoridades* de 1732 con la acepción: "Dicho baxo, soez, o menos decente. Es voz formada del nombre Dicho y inventada para desprécio".

El "dichero" era aquel que se dedicaba a explicar (decir) cosas ingeniosas, ocurrentes y graciosas. En el *Diccionario de lengua castellana* de Vicente Salvá (de 1846) se describe como "Decidor de chistes" y el *Diccionario de la RAE* lo recoge por primera vez en su edición de 1884 con la acepción "Que ameniza la conversación con dichos oportunos".

Un término que está totalmente en desuso pero fue usado siglos atrás era "dichido", el cual hacía referencia a una expresión aguda o picante. La última aparición de este vocablo en el diccionario oficial fue en la edición de 1780.

Pero también encontramos que del término latino *dictus* (decir) surgió el vocablo *dicta*. Su significado literal era "palabras pronunciadas" (cosas dichas) y llegó a nosotros como "dicha", convirtiéndose en sinónimo de suerte o fortuna. Y es que en la antigüedad se tenía el convencimiento de que cada vez que venía al mundo un recién nacido las deidades paganas pronunciaban unas palabras por las que aventuraban cómo sería la futura vida de ese nuevo ser humano. Dependiendo de sí los dioses pronunciaban unas palabras al recién llegado éste sería feliz ("dichoso") a lo largo de su vida y si no lo hacían sería infeliz ("desdichado"… "no dicho"), siendo conocida como "desdicha" una desgracia.

10. ¿Cómo funciona un código QR y cuál es su origen?

El Código QR (cuyas siglas significan *"Quick Response"*, "Respuesta rápida" en español) es una tecnología de almacenamiento y lectura de información que se ha vuelto cada vez más popular en todo el mundo durante la última década y es utilizado para almacenar y transferir información.

Fue inventado en 1994 por la compañía japonesa Denso Wave, una subsidiaria de Toyota, y su objetivo inicial era rastrear vehículos y piezas en la línea de producción de la compañía. El diseño del código QR se basó en un código de barras bidimensional anterior llamado *MaxiCode*, que se usaba para clasificar y rastrear paquetes en envíos de UPS. El equipo de Denso Wave mejoró el diseño de *MaxiCode* para permitir que el código QR almacenara más información y fuera más fácil de leer.

El código QR utiliza una matriz de puntos o cuadros pequeños organizados en un patrón cuadrado sobre un fondo blanco para almacenar información codificada. La información se codifica en el patrón de los cuadros negros y blancos, que se puede leer con la ayuda de un escáner QR.

La lectura de un código QR es muy fácil y tan solo se necesita un dispositivo móvil con cámara y escáner QR (*Smartphone* o teléfono inteligente). Cuando se lee un código QR con el escáner, la información se traduce en texto o en una acción específica, como abrir el enlace que conduce a una página web, mostrar información de contacto, enviar un mensaje de texto o correo electrónico o realizar una acción determinada en una aplicación.

La tecnología de código QR ha sido adoptada por numerosas empresas y organizaciones en todo el planeta, convirtiéndose en una útil herramienta para transmitir información de manera rápida y sencilla. Otra de sus ventajas es que pueden imprimirse en diferentes materiales, como carteles, etiquetas, tarjetas de visita o envases, lo que los hace útiles en una amplia variedad de situaciones y aplicaciones.

11. ¿De dónde surge la expresión "Quemarse a lo bonzo"?

El término "quemarse a lo bonzo" o "inmolarse a lo bonzo" se utiliza para referirse a la acción de autosabotaje que una persona realiza como acto de protesta, generalmente ante una reivindicación no atendida. La expresión "a lo bonzo" proviene del término "bonzo", que significa "monje budista" y tiene su origen en el japonés *"bonsa"* y el sánscrito *"budba"*, que se traducen como "sabio" o "iluminado".

La primera referencia escrita del término "bonzo" se encuentra en una carta de 1549 enviada por el misionero Francisco de Jaso y Azpilicueta, conocido como san Francisco Javier, durante su viaje de evangelización por el Lejano Oriente.

La expresión "a lo bonzo" y sus variantes surgieron en 1963, cuando un monje budista llamado Thich Quang Duc se prendió fuego en una calle de Saigón como acto de protesta contra la persecución de los budistas por parte del gobierno dictatorial de Ngô Đình Diệm en Vietnam del Sur.

Thich Quang Duc había enviado cartas a periodistas internacionales días antes del acto, informándoles sobre lo que iba a suceder frente a la embajada de Camboya el 11 de junio. Solo unos pocos periodistas presenciaron el evento, entre ellos Malcolm Browne, de Associated Press, quien capturó una impactante fotografía del momento.

La fotografía de Malcolm Browne se hizo famosa mundialmente y desde entonces se utiliza la expresión "quemarse a lo bonzo" para referirse a este tipo de actos de protesta.

12. ¿De dónde surge la expresión "Sin cuerpo no hay delito"?

La expresión "Sin cuerpo no hay delito" (también en la forma "Sin cadáver no hay delito") se utiliza comúnmente en referencia a los casos de homicidio y se refiere a la necesidad de contar con pruebas físicas o evidencia material para demostrar que se ha cometido un delito.

En el contexto de un caso de homicidio, el cuerpo de la víctima es una de las pruebas más importantes para demostrar que se ha cometido el delito. La presencia del cuerpo y las pruebas que se obtengan del mismo pueden proporcionar información crucial sobre cómo se cometió el delito y quién lo cometió.

La frase suele utilizarse en referencia a los casos de homicidio o desaparición de personas, en los cuales es imprescindible contar con pruebas físicas para demostrar la existencia del delito y la culpabilidad del acusado. En ausencia de pruebas físicas, puede ser difícil o imposible demostrar que se ha cometido un delito, lo que podría llevar a la absolución del acusado.

Sin embargo, es importante destacar que la ausencia del cuerpo no impide necesariamente la investigación y el enjuiciamiento de un posible homicidio. En algunos casos, pueden existir otras pruebas o evidencias que permitan demostrar la comisión del delito, como declaraciones de testigos, pruebas forenses, análisis de ADN, entre otras.

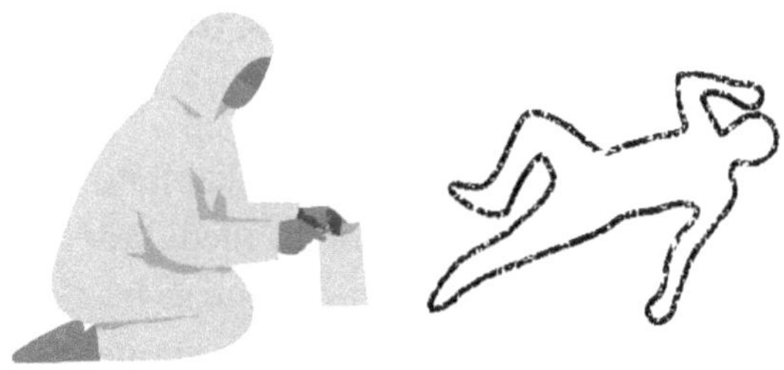

13. ¿Qué diferencia hay entre "ironía" y "sarcasmo"?

La ironía y el sarcasmo son dos formas de lenguaje figurado que se utilizan para expresar un significado opuesto al literal. Aunque a menudo se emplean de manera intercambiable, ambas cosas presentan diferencias sutiles en su significado y su uso, no siendo siempre sinónimas.

La ironía es una figura retórica en la que se dice una cosa pero se entiende otra. Por ejemplo, si alguien afirma: "¡Qué calorcito hace hoy!" en medio de una nevada, está siendo irónico, ya que lo que realmente quiere transmitir es lo contrario, es decir, que hace un día de mucho frío.

La ironía se utiliza para expresar una opinión contraria a la declarada, para mostrar una situación cómica o para exponer una verdad a través de una mentira. Un ejemplo de ironía en literatura es en la obra *La importancia de llamarse Ernesto* de Oscar Wilde, el personaje principal cambia su nombre por el de Ernesto para causar una impresión favorable, pero en realidad se llama Jack.

Por su parte, el sarcasmo es una forma de ironía que se utiliza para criticar o ridiculizar a alguien o algo mediante la exageración. El sarcasmo implica un tono de burla o desdén hacia el objeto o persona a la que se refiere. Por ejemplo, si alguien te dice: "¡Qué bien lo has hecho!" después de que hayas cometido un error, está siendo sarcástico, ya que lo que realmente pretende decir es que lo hiciste mal.

El sarcasmo se utiliza a menudo para criticar de manera divertida, mordaz (a veces despiadada) y para mostrar una actitud cínica hacia la vida.

14. ¿De dónde proviene la expresión "A todo trapo"?

La expresión "a todo trapo" tiene su origen en el ámbito marítimo. En las embarcaciones que utilizaban velas como medio de propulsión, se llamaba "trapo" a las velas. Cuando se decía que se iba "a todo trapo" o "a toda vela", significaba que éstas estaban completamente desplegadas y aprovechando al máximo el viento para avanzar a gran velocidad.

La expresión se ha extendido a otros contextos para indicar rapidez, intensidad o volumen. Así, cuando se dice que algo se hace "a todo trapo", se está haciendo referencia a la idea de hacerlo a máxima velocidad o con plena intensidad.

Por ejemplo, conducir a todo trapo implica conducir a alta velocidad, comer a todo trapo implica comer abundantemente y con ansia, y la música a todo trapo indica que se está reproduciendo a un volumen muy alto.

Es importante destacar que esta expresión no debe confundirse con la expresión "entrar al trapo", que tiene su origen en el ámbito taurino y se refiere a que el torero se enfrenta y se involucra plenamente en la embestida del toro con el capote.

15. ¿De dónde surge la costumbre de aplaudir?

La costumbre de aplaudir, tal y como lo conocemos hoy en día, tiene una larga historia y se remonta a la época de la cultura grecorromana. Tanto en la Antigua Grecia como en la Antigua Roma, el aplauso era una forma común de expresión de aprobación y se utilizaba en los juegos olímpicos, competiciones, representaciones teatrales y debates públicos.

Además de dar palmadas, para demostrar el agrado o apoyo, también existe constancia de que chasqueaban los dedos, sacudían la toga e incluso pataleaban.

Estas culturas creían que el sonido del aplauso era una forma de invocar a los dioses y hacer que se unieran a la celebración. Además, existía la creencia que a través de los aplausos se lograba ahuyentar a los espíritus malignos y atraer la buena suerte (no olvidemos de que se trataba de sociedades altamente supersticiosas).

Con el tiempo, la costumbre de aplaudir se extendió por todo el mundo, convirtiéndose en una forma común de mostrar aprobación o apreciación. En los teatros y conciertos, el aplauso se utiliza para mostrar a los artistas que su trabajo ha sido bien recibido y para expresar gratitud por su esfuerzo y talento.

16. ¿Cuál es el origen del término "linaje"?

Conocemos como linaje a la ascendencia o descendencia de una familia, especialmente noble (tal y como nos indica el *Diccionario de la RAE*).

Etimológicamente el castellano lo tomo del catalán *llinyatge* (de exacto significado) y a éste llegó desde el vocablo en latín *lineāticus*, que hacía referencia a lo "relativo a una línea o estirpe". El término estaba formado a partir de la palabra latina *linea* (línea) y el sufijo *-aticus* (que indica relación o pertenencia).

En la Edad Media, la palabra linaje se utilizaba para referirse a la ascendencia o la genealogía de una persona, especialmente en lo que se refiere a su pertenencia a una familia de nobleza o de alta posición social y, con el tiempo, el término se amplió para incluir la idea de un grupo o una familia de personas que comparten un origen común.

17. ¿Cuál es el origen del término "discrepar"?

El término "discrepar" se utiliza comúnmente para describir una diferencia de opinión o punto de vista entre dos o más personas.

Etimológicamente proviene del latín *discrepare*, formado a partir del prefijo *dis-* (separación) y el vocablo *crepare* (crujir, chasquido, hacer ruido o sonar con diferencia). En su sentido original, significaba "hacer sonar de forma diferente o no concordar".

Siglos atrás, el término se utilizó para describir el sonido discordante de diferentes instrumentos musicales tocando al mismo tiempo. Con el tiempo, la palabra comenzó a utilizarse en un contexto más general para describir cualquier tipo de desacuerdo o falta de concordancia.

Fue recogido por primera vez en el *Diccionario de Autoridades* de 1732, dándole la acepción: "Desdecir una cosa de otra, no ajustarse o conformarse con ella, diferenciarse o desigualarse".

18. ¿De dónde surge llamar "cuadros Vichy" al típico estampado de cuadrados en los manteles y ropa?

Todos tenemos la imagen icónica de los típicos manteles que suelen tener un estampado en forma de cuadrados blancos y otro color (normalmente rojo, azul o verde). Éstos son conocidos popularmente como "cuadros Vichy" y reciben tal denominación debido a que las primeras evidencias de la aparición de esa estampación en los tejidos se dio en la población francesa de Vichy en el siglo XVII. Entonces era utilizado para realizar manteles y servilletas y, ya entrados en el siglo XX, en las camisas vestidas por los trabajadores del campo.

Según consta, la popularización del "cuadro Vichy" se la debemos al célebre diseñador francés, Jacques Esterel, quien confeccionó un original vestido de novia con dicho estampado, en blanco y rosa, para la boda de Brigitte Bardot (que era la actriz más famosa del momento), con el también actor Jacques Charrier, el 18 de junio de 1959.

Las fotografías del enlace dieron la vuelta al mundo, causando furor aquel vestido y su original estampado. Al ser preguntado, Jacques Esterel dijo haberse inspirado para el diseño en los vestidos usados por las pastorcillas y el estampado tan típico de la comuna de Vichy.

19. ¿De dónde surge decir que alguien es un "pringado"?

El término "pringado" o "pringao" sirve para describir a alguien que es fácilmente engañado o que comete acciones torpes. Su origen no está del todo claro, pero se cree que puede tener raíces góticas o vasco-ibéricas.

El verbo "pringar" se ha utilizado en castellano desde la Edad Media, y se especula que pudo haber sido introducido por los pueblos góticos después de la invasión romana. También se sugiere una posible conexión con el latín *pendicare*, que significa colgar o resbalar desde lo alto.

Originalmente, el término "pringar" se asociaba con el acto de untar grasa o aceite en la comida con pan, conocido como "pringue". Además, también se usaba para describir las manchas que se producían en la ropa después de ensuciarse con dicho pringue.

Con el tiempo, el término "pringar" adquirió un sentido figurado y comenzó a utilizarse para referirse a situaciones o acciones negativas, como cumplir un castigo o cometer errores. De esta manera, surgió la acepción de "pringado" o "pringada" para señalar a alguien que se deja engañar fácilmente o que se involucra en situaciones desfavorables.

Cabe destacar que esta acepción de "pringado" como una persona fácilmente engañada fue incorporada al *Diccionario de la Real Academia Española* (RAE) en 1992. Hasta esa fecha, el término hacía referencia únicamente a la rebanada de pan empapada en pringue, como se registraba en el *Diccionario de Autoridades* de 1737.

20. ¿Por qué es más fácil aplastar a una mosca con un matamoscas que con la mano?

El uso del matamoscas resulta más efectivo debido a que permite golpear a la mosca con mayor velocidad y precisión que si lo intentaras hacer con la mano.

Esto se debe a que las moscas tienen células sensibles a las variaciones en la presión del aire y los matamoscas se fabrican con una rejilla que permite el paso del aire y genera menos presión, lo que aumenta la probabilidad de capturar al insecto.

Además, la superficie plana y grande del matamoscas facilita el golpe preciso y con suficiente fuerza para matarla, y la longitud del mango te permite acercarte a ella sin asustarla.

En cambio, intentar aplastarla con la mano no es tan efectivo, ya que se requiere mayor precisión y velocidad y la palma de la mano no tiene una superficie plana, lo que hace que sea más difícil golpear a la mosca con suficiente fuerza para matarla.

21. ¿Qué diferencia hay entre mito y leyenda?

Los mitos y las leyendas son relatos que han sido transmitidos de generación en generación, pero existen algunas diferencias notables entre ambos.

Los mitos son historias que explican el origen y la naturaleza del universo, la humanidad y las fuerzas de la naturaleza. Estos relatos suelen involucrar a dioses, semidioses y otros seres sobrenaturales y su propósito es explicar la naturaleza y el mundo que nos rodea.

Por otro lado, las leyendas son historias que se fundamentan en hechos reales o imaginarios, pero que incorporan un elemento fantástico o sobrenatural y pueden estar basadas en personajes históricos o ficticios, siendo su propósito el entretener o enseñar una lección moral.

Debemos tener en cuenta que los mitos son considerados como historias aceptadas como verdaderas por una determinada cultura (mitología), mientras que las leyendas no tienen necesariamente que ser consideradas reales, aunque, frecuentemente, se explican como si de hechos históricos verdaderos se tratase.

22. ¿En qué consiste el "Gran Jurado" del sistema judicial estadounidense?

El Gran Jurado en el sistema judicial de los Estados Unidos cumple un papel fundamental en la determinación de si hay suficiente evidencia para presentar cargos contra una persona acusada de un delito grave.

A continuación, resumo los puntos clave sobre el Gran Jurado y en qué consiste su labor:

I. Composición: El Gran Jurado está compuesto por un grupo de ciudadanos, generalmente entre 16 y 23 personas, que son seleccionados de forma aleatoria a partir de un grupo más amplio de posibles jurados. Su número puede variar según el estado y el caso específico.

II. Función: El Gran Jurado tiene la responsabilidad de revisar la evidencia presentada por el fiscal y determinar si hay suficiente causa probable para presentar cargos contra el acusado. Su objetivo principal es proteger a los ciudadanos contra acusaciones infundadas y garantizar que solo se procese a aquellos que se sospeche razonablemente que han cometido un delito grave.

III.   Proceso: Durante la sesión del Gran Jurado, el fiscal presenta pruebas, testimonios de testigos y otra evidencia relevante relacionada con el caso. Los miembros del Gran Jurado pueden realizar preguntas y solicitar más información si es necesario.

IV.   Decisión: Al finalizar la presentación de pruebas, los miembros del Gran Jurado deliberan en privado para determinar si hay suficiente evidencia para presentar cargos. Si al menos una mayoría simple (generalmente dos tercios o tres cuartos) de los miembros está de acuerdo en que existen pruebas suficientes, se emite una acusación formal o indictment.

V.   Papel posterior: Una vez emitida la acusación formal, el acusado es arrestado y se inicia el proceso judicial. En el juicio posterior, el tribunal evaluará la culpabilidad o inocencia del acusado, basándose en una mayor presentación de pruebas y testimonios.

Es importante tener en cuenta que el Gran Jurado no determina la culpabilidad o inocencia del acusado, sino solo si hay suficiente evidencia para presentar cargos. Este proceso busca proteger los derechos de los acusados y garantizar un juicio justo e imparcial en casos de delitos graves.

23. ¿Cuál es el origen de las clementinas?

La clementina es una variedad de naranja dulce (híbrido natural entre la naranja amarga y la mandarina) que se caracteriza por su sabor suave y dulce, su piel fina y fácil de pelar, y su falta de semillas o con muy pocas.

La clementina fue descubierta por primera vez en Argelia a finales del siglo XIX, en una finca propiedad de un misionero francés llamado Clément Rodier, quien se encontraba trabajando en un orfanato (en aquellos momentos el país norteafricano era una colonia perteneciente a Francia).

Clément Rodier pasaba parte de su tiempo libre al cuidado del huerto que había en el orfanato y en cierta ocasión decidió hacer unos injertos de un árbol que tenía sin cultivar. El fruto resultante resultó ser una nueva variedad de cítrico que Clément dio a conocer a otros productores y comerciantes de frutas de la zona. Éstos supieron apreciar el sabor y calidad de aquella nueva fruta, la cual sería bautizada como *clementine* (clementina) en honor al nombre de su creador.

A partir de ahí, la clementina comenzó a ganar popularidad en todo el mundo, especialmente en Europa y América del Norte. Hoy en día es una de las frutas más populares del mundo y se cultiva en países tan diversos como España, Italia, Marruecos, Turquía o Estados Unidos.

24. ¿De dónde surge la expresión "Ser un conejillo de Indias"?

La expresión "ser un conejillo de Indias" se aplica a alguien que es utilizado como sujeto de prueba en experimentos, y proviene del uso histórico de las cobayas (*Cavia porcellus*), también conocidos como conejillos de Indias, en experimentos médicos y científicos.

Los conejillos de Indias son originarios de los Andes en América del Sur y fueron llevados a Europa por los colonizadores españoles en el siglo XVI.

Existe constancia de que un siglo después de su llegada al continente europeo, comenzaron a ser utilizados en experimentos y pruebas de laboratorio. Estos animales tienen un sistema inmunológico similar al de los humanos y son fáciles de mantener en cautiverio, por lo que se convirtieron en idóneos para realizar pruebas y experimentación científica.

La denominación en inglés *"guinea pig"* también tiene una procedencia incierta. Una teoría sugiere que el nombre podría haberse originado a partir de la creencia de que los animales provenían de Guinea, África Occidental, donde también se comercializaba una gran cantidad de esclavos africanos y animales exóticos.

Otra teoría, aunque menos respaldada, apunta a que el nombre *"guinea pig"* proviene del hecho de que estos animales se vendían en las ferias de Inglaterra por una guinea, una moneda de oro utilizada en esa época. Sin embargo, esta teoría no se sostiene completamente, ya que la denominación *"guinea pig"* ya se utilizaba antes de que la moneda fuera acuñada en Inglaterra.

En cualquier caso, la expresión "ser un conejillo de Indias" se ha arraigado en el lenguaje para referirse a aquellos individuos que son usados como sujetos de prueba en experimentos científicos o médicos, con el fin de evaluar la seguridad o la eficacia de productos o procedimientos.

25. ¿Sabías que Michael Jackson registró la patente de unos zapatos especiales e instrucciones para realizar su baile *"moonwalk"*?

Michael Jackson fue universalmente conocido por ser "el rey del pop", por sus innumerables éxitos musicales y por ser un inagotable creador de tendencias. Uno de sus bailes más icónicos fue el *"moonwalk"*, el cual consiste en una serie de pasos que implican deslizar un pie detrás del otro sin levantarlos del suelo, creando así la ilusión visual de deslizarse hacia adelante mientras se avanza hacia atrás, como si se estuviera desplazando o caminando sobre la superficie lunar.

Pero lo que pocas personas conocen es que Michael Jackson llegó a registrar una curiosa patente relacionada con unos zapatos especiales que, según él, se requerían para realizar correctamente este movimiento, así como las instrucciones para ejecutar el *moonwalk* a la perfección.

La patente, registrada con número 5.255.452 y titulada "Método y medios para crear una ilusión antigravedad" (*Method and means for creating anti-gravity illusion*), fue otorgada a Michael Jackson el 26 de octubre de 1993.

El documento describe un calzado especial que tiene una suela especialmente diseñada para permitir el movimiento de deslizamiento que caracteriza al *moonwalk*. Puedes acceder a la patente y su descripción completa –en inglés– en el siguiente enlace: https://patents.google.com/patent/US5255452 o del código QR al pie de esta entrada.

Dicha patente incluye diagramas detallados que muestran la posición de los pies, la dirección del movimiento y la técnica para crear la ilusión de deslizamiento. También se describen las condiciones necesarias para realizar el movimiento, como la superficie de deslizamiento adecuada y el calzado con una suela especial que permita el desplazamiento suave y controlado.

La idea de la patente no solo fue para proteger su creación, sino también para asegurarse de que el baile fuese realizado correctamente. Michael Jackson era un meticuloso perfeccionista de su trabajo y quería que quien lo llevase a cabo realizara correctamente la técnica, debido a que era vital para crear el efecto de deslizamiento suave y sin esfuerzo que caracteriza al *moonwalk*.

También hay que señalar que la mencionada patente se centraba en el método y la tecnología que utilizó Michael Jackson para realizar los pasos del *moonwalk* de una manera particular, pero no cubría el baile en sí mismo. Esto se debe a que un movimiento similar ya había sido realizado por otros artistas varias décadas antes de que el rey del pop lo popularizara a partir de su actuación en el especial de televisión *"Motown 25: Yesterday, Today, Forever"*, grabado el Pasadena Civic Auditorium de California el 25 de marzo de 1983 (y emitido por el canal NBC el 16 de mayo) al interpretar la canción Billie Jean.

Michael Jackson falleció el 25 de junio de 2009, a la edad de 50 años, a causa de un paro cardiorrespiratorio provocado por la combinación de calmantes (entre ellos el potente analgésido "propofol") que le fueron suministrados por su médico personal.

26. ¿Cuál es el origen de la expresión "Armarse un tiberio"?

La expresión "armarse un tiberio" es utilizada para referirse a una situación de desorden, tumulto o ruido excesivo.

Claudio Tiberio, el segundo emperador romano, fue un líder destacado y exitoso en sus inicios, gracias a sus habilidades militares y políticas. Sin embargo, su reinado se convirtió en uno de los más crueles y despiadados de la historia de Roma, después de la muerte de su hijo adoptivo Germánico. A partir de ese momento, Tiberio se convirtió en un déspota que desconfiaba de todos, y ejerció un poder arbitrario que sembró el terror y la confusión por toda Roma. Se dice que hizo ejecutar a gran cantidad de amigos y parientes, incluyendo a su esposa Julia, y que no había familia en Roma que no hubiera lamentado la muerte de algún familiar a manos de Tiberio.

Este reinado brutal y tumultuoso se convirtió en el origen de la expresión "armarse un tiberio". La frase hace referencia a la naturaleza violenta y caótica del gobierno de Tiberio, y se utiliza para describir situaciones de gran desorden o ruido excesivo.

27. ¿Cuál es la diferencia entre "asocial" y "antisocial"?

"Asocial" y "antisocial" son dos términos que en ocasiones (y de forma errónea) son utilizados de manera intercambiable, como si de sinónimos se tratasen, pero ambos vocablos tienen significados diferentes.

Asocial hace referencia a alguien que prefiere estar solo y no tiene necesidad de relaciones sociales. Esta persona puede no ser hostil hacia los demás, pero simplemente prefiere pasar tiempo a solas. La no sociabilidad es una característica personal, y no necesariamente un trastorno, debido a que estos individuos pueden tener ciertas relaciones sociales pero prefieren no mantenerlas en una cantidad significativa. El *Diccionario de la RAE* da como acepción a la palabra "asocial": "Que no se integra o vincula al cuerpo social" y no apareció recogido en la publicación académica hasta la edición de 1989.

Por otro lado, antisocial se refiere a alguien que se comporta de manera hostil o dañina hacia los demás; ya sea hacia personas individualmente como a la comunidad. Estos individuos pueden rechazar las normas sociales y tener comportamientos destructivos o violentos. El término antisocial se utiliza a menudo para describir a aquellos que tienen un trastorno de la personalidad insociable, que se caracteriza por un patrón generalizado de comportamiento desafiante, deshonesto e imprudente, y falta de empatía hacia los demás. En el diccionario aparece como definición de la palabra "antisocial": "Contrario al orden social" y fue recogido por primera vez en la publicación académica en la edición de 1869.

28. ¿Por qué movemos los brazos al andar?

Si alguna vez has tratado de caminar con los brazos quietos, probablemente hayas notado que te sientes incómodo y antinatural, y muchas son las personas que se preguntan la razón por la que, de manera instintiva y automática, movemos los brazos al caminar.

Algunos científicos sugieren que el balanceo de los brazos es una reliquia evolutiva sin ningún propósito evidente, heredada de nuestros ancestros cuadrúpedos.

Pero la explicación científica que puede estar más cerca de la respuesta es la que dio en 2009 un equipo de investigadores formado por miembros de la Universidad de Michigan (Estados Unidos) y de la Universidad de Tecnología de Delft (Países Bajos) quienes decidieron estudiar el movimiento de los brazos al caminar para determinar su función exacta.

Los investigadores construyeron un modelo mecánico para analizar las dinámicas del movimiento del brazo y también reclutaron a 10 voluntarios para caminar con diferentes patrones de oscilación de brazos. Los resultados fueron sorprendentes: mantener los brazos quietos mientras se anda requiere un 12% más de energía metabólica que si se mueven. Además, caminar con oscilación opuesta a la habitual, moviendo el brazo derecho con el pie izquierdo y el izquierdo con el pie derecho, resultó en un aumento del 26% en el gasto de energía.

Según los investigadores, coordinar las piernas con los brazos al caminar hace que se gaste un doce por ciento menos de energía metabólica. Mover los brazos también contrarresta el movimiento de giro o tuerca que crea el cuerpo al mover las piernas por un camino recto y suaviza el movimiento de andar, reduciendo el gasto de energía de los músculos de las piernas.

Así que la próxima vez que te preguntes por qué mueves los brazos al andar, ya sabes la respuesta: es para ahorrar energía y hacer que caminar sea más fácil.

29. ¿De dónde surge llamar *"Mansfield"* a la barra de seguridad trasera que llevan los camiones?

La "barra de seguridad *Mansfield*" es una característica común en la parte trasera de los camiones y remolques. A menudo confundida con un peldaño, está señalizada con franjas rojas y blancas y se coloca como una medida efectiva de seguridad.

Su nombre hace referencia a Jayne Mansfield, una famosa actriz de Hollywood en la década de 1950, conocida por su sensualidad y carisma. Desafortunadamente, su vida llegó a un trágico final en un accidente automovilístico el 29 de junio de 1967.

Aquella fatídica madrugada, su automóvil quedó empotrado debajo de un camión, generando una gran repercusión debido a los destrozos y las tres vidas perdidas en el incidente. Inspirada por esta noticia, una empresa creó una barra de seguridad que se instalaría en los camiones y remolques para evitar que los automóviles quedaran atrapados en caso de colisión.

Esta barra, originalmente conocida como *ICC Bar* (Barra DOT en español), fue posteriormente rebautizada como *"Mansfield bars"* en homenaje a la recordada actriz.

30. ¿Qué es una "vivécdota"?

El término "vivécdota" es un neologismo acuñado en el programa de radio "Nadie sabe nada", presentado por Andreu Buenafuente y Berto Romero en la Cadena Ser. Se refiere a un hecho vivido por alguien que es lo suficientemente destacado o anecdótico como para ser compartido con otros. El término combina las palabras "vivencia" (experiencia vivida) y "anécdota" (relato breve de un suceso curioso).

En el programa, los oyentes envían notas de voz o escritas explicando sus vivécdotas, y este segmento se ha convertido en uno de los más populares del programa, siendo también descargado como podcast.

Es importante mencionar que en el programa también se utiliza otro neologismo llamado "turrécdota", que se refiere a un mensaje o relato que resulta pesado o se extiende demasiado en su explicación. Este término surge de la combinación de "dar la turra" (ser pesado) y "anécdota".

Nadie sabe nada se emitió por primera vez el sábado 30 de junio de 2013 a través de la Cadena Ser, convirtiéndose posteriormente en uno de los podcasts más populares y escuchados en español.

1

JULIO

1. ¿Cuál es el origen del término "campeón"?

El término "campeón" hace referencia a una persona que destaca y gana en alguna disciplina (por ejemplo deportiva), aunque antiguamente se utilizaba con un sentido militar y/o bélico. Lo que ya no está tan claro es el origen etimológico de la palabra, debido a que los propios expertos y etimólogos proporcionan diferentes explicaciones sobre la procedencia del vocablo.

Por un lado, nos encontramos que según el *Diccionario de la Real Academia Española* (RAE), "campeón" proviene del italiano *campione*, que a su vez deriva del longobardo *kamphio*, que significa "paladín". Esta raíz germánica se origina en la palabra *kamp*, que significaba "campo de ejercicios militares" y a su vez provenía del latín *campus* (llanura o campo).

Por otra parte, hay quien defiende que el término "campeón" tiene su origen en el latín *campio*, que significaba "luchador" o "combatiente". Esta palabra se utilizaba en la Antigua Roma para describir a los gladiadores que destacaban en la arena y ganaban una gran cantidad de combates.

2. ¿De dónde proviene el término "edad del pavo" para referirse a la adolescencia?

Es muy común utilizar el término "edad del pavo" o expresiones del tipo "está en la edad del pavo", para referirse a la adolescencia.

En algunas culturas, el pavo es un ave que se considera tonta o ingenua, lo que se refleja en expresiones como "ser un pavo", "tener cara de pavo" e incluso "hacer pavadas". Esto se debe en parte a su comportamiento, ya que los pavos jóvenes pueden ser muy torpes e inseguros, surgiendo una analogía con los años de la adolescencia y las inseguridades que se experimentan. Por ejemplo, cuando un pavo se siente amenazado, a menudo corre en círculos en lugar de escapar.

Hay quien sostiene que la comparación entre los adolescentes y los pavos jóvenes se popularizó en Europa durante la Edad Media. En ese momento, los pavos se criaban en granjas y se les consideraba una especie de lujo, eran particularmente codiciados, ya que su carne era tierna y sabrosa. Se criaban en corrales y se alimentaban para que engordaran rápidamente. Los criadores se dieron cuenta de que eran muy inquietos y, a menudo, se lastimaban al chocar contra las paredes de su corral.

Existe una explicación sobre el origen de la expresión "estar en la edad del pavo" que indica que la misma se refiere al rubor o a la coloración rojiza de la cara de los adolescentes, similar a la cresta o al moco de un pavo.

Esta teoría es una de las varias que se han propuesto a lo largo del tiempo para explicar su origen, pero no hay pruebas históricas que la respalden. Además, la comparación entre el rubor de la cara de los adolescentes y la cresta o el moco de un pavo es un tanto forzada y parece más bien una interpretación moderna que una explicación histórica.

3. ¿Cuál es el origen de los tacos de pared?

En 1911, el ingeniero británico John Rawlings patentó la invención de los tacos de pared.

El desafío que se le presentó fue encontrar una manera de sujetar los accesorios eléctricos en las paredes del Museo Británico sin dañarlas y sin que se notara demasiado. El mayor problema con el que se enfrentaba era cómo introducir un hilo y acomodarlo de tal manera que al meter el tornillo se lograra el anclaje por expansión. Finalmente, resolvió la cuestión pegando varias fibras de yute con cola (material que fuera suave y deformable y pudiera ajustarse a un espacio reducido) y dejando un agujero en el centro de ellas (también había probado con fibras de cáñamo).

Los tacos de pared fueron un gran éxito y John Rawlings decidió producirlos masivamente para su venta.

Pero el verdadero *boom* que revolucionó el uso de los tacos de pared fue a partir de 1958 cuando el inventor alemán, Artur Fischer, los empezó a fabricar y comercializar de plástico (poliamida) y con el diseño que conocemos hoy en día.

4. ¿De dónde surge la expresión *"memento mori"*?

La expresión *"memento mori"* ha sido utilizada a lo largo de la historia como un recordatorio de la mortalidad y de la necesidad de vivir cada momento con sabiduría y gratitud. Proviene del latín y se traduce como "recuerda que morirás" o "recuerda que eres mortal".

El uso de esta expresión se remonta a la Antigua Roma, donde se dice que los generales victoriosos tenían un asistente que les susurraba al oído, durante sus desfiles triunfales tras ganar alguna batalla, la locución *memento mori*, la cual servía para recordarles que su éxito y poder eran efímeros y que, como todos los seres humanos, eran mortales.

Durante la Edad Media y el Renacimiento, el tema de la muerte se convirtió en una preocupación central en la cultura occidental, siendo utilizada con frecuencia la frase «*memento mori*» en la literatura, el arte y la música para representar la brevedad de la vida y la inevitabilidad de la muerte.

Cabe destacar que en el arte, los *mementos mori* se representan a menudo como cráneos, relojes de arena, velas que se consumen o en composiciones que incluyen elementos simbólicos que recuerdan la mortalidad del ser humano.

5. ¿Por qué los hombres tienen pezones?

Tanto los hombres como las mujeres tienen pezones porque se desarrollan en el útero antes de que se determine el sexo del feto. Durante las primeras etapas del desarrollo fetal, se forman los tubérculos mamarios que darán lugar a las glándulas mamarias y los pezones.

Si el feto es masculino, los testículos se desarrollan y producen testosterona, una hormona que hace que el cuerpo se masculinice. Si el feto es femenino, los ovarios se desarrollan y producen estrógenos, hormonas que hacen que el cuerpo se feminice.

Aunque los hombres no tienen las glándulas mamarias desarrolladas como las mujeres, sí que poseen tejido mamario y sus pezones, además de ser más pequeños que los de las mujeres y no tener una función reproductiva o lactante, pueden ser sensibles al tacto y al estímulo sexual.

6. ¿Cuál es el origen etimológico del término "voto"?

El término "voto" proviene del latín *votum*, cuyo significado era "promesa" o "deseo".

En la Antigua Roma, los votos eran ofrendas o promesas hechas a los dioses para solicitar su favor, de ahí que podamos encontrar como una de las acepciones al término latino *votum*: "promesa hecha a un dios". Con el tiempo, el significado se amplió y el voto se convirtió en un acto de expresión de voluntad en diversos contextos.

En el ámbito político, el voto representa el derecho y la acción de elegir a través de un proceso electoral, permitiendo que la voz del pueblo sea escuchada y se tomen decisiones colectivas.

7. ¿Sabes qué es el "efecto *Rashomon*"?

El "efecto *Rashomon*" es un fenómeno en el que diferentes personas tienen percepciones y experiencias divergentes de un mismo evento. El término se acuñó a partir de la película japonesa *Rashomon* de Akira Kurosawa, en la que se narran distintas versiones contradictorias de un crimen.

El filme pone de manifiesto cómo cada testigo ofrece una interpretación diferente de los hechos, lo que lleva a cuestionar la objetividad de la verdad y resalta la subjetividad de la percepción humana.

Esto puede extrapolarse a la vida cotidiana, donde las personas tienen diferentes perspectivas basadas en sus propias experiencias, creencias y emociones, lo que puede generar interpretaciones divergentes de un mismo evento.

En el ámbito de la historia, el efecto *Rashomon* es relevante, ya que los relatos históricos a menudo están influenciados por la perspectiva del historiador y pueden variar según la interpretación de los acontecimientos. Esto se debe a que los historiadores tienen diferentes enfoques, ideologías y contextos culturales que influyen en su interpretación de los hechos históricos.

A menudo, algunos episodios de la Historia se explican desde la perspectiva de los vencedores, siendo importante tener en cuenta que puede haber múltiples versiones de los mismos hechos dependiendo del lado en el que se posicione quien la divulga.

Por tal motivo, es fundamental no aceptar una sola versión de los hechos sin cuestionarla y buscar diferentes perspectivas y opiniones para obtener una comprensión más completa de un evento. También es importante ser consciente de nuestros propios prejuicios y experiencias personales que pueden afectar a nuestra percepción y comprensión de un suceso. Por tanto, debemos ser críticos con lo que leemos, buscando diferentes perspectivas para tener una comprensión más completa de los acontecimientos.

8. ¿De dónde proviene el término "guagua" para referirse a un autobús?

El origen de la palabra "guagua" como sinónimo de autobús ha sido objeto de debate durante mucho tiempo y muy discutido, existiendo diversas teorías sobre su procedencia, hasta tal punto que el propio *Diccionario de la RAE* añade un escueto "Etimología discutida".

Entre la amalgama de diferentes posibles orígenes, he seleccionado aquellas teorías más populares o que más historiadores apoyan.

Por un lado encontramos a quienes apoyan la idea de que el término "guagua" proviene del quechua, utilizado también para referirse a los niños pequeños (quizás porque el sonido del motor recordaba a los lloros de los bebés). Incluso hay quien lo vincula con la onomatopeya *"wah-wah"*, la cual podría describir el ruido de los antiguos vehículos.

Otra teoría sugiere que se origina del término español "guaja", pero el significado de este vocablo es el de "Pillo, tunante, granuja", que nada tendría que ver con los vehículos de transporte público, pero hay quien señala que antiguamente se utilizó para designar a cierto tipo de carruaje pequeño (aunque no hay demasiadas evidencias de ello).

Hay quien sugiere que proviene de la adaptación fonética de la palabra inglesa *waggon* que significa *"vagón"*.

Por otro lado, hay quienes defienden que deriva de *Wa & Wa Co. Inc.* (*Washington, Walton and Company Incorporated*), la primera fábrica estadounidense en exportar autobuses a Cuba. No obstante, algunos lexicógrafos aseguran que su uso es previo a la llegada de los norteamericanos a la isla más grande del Caribe y la inmensa mayoría de expertos señalan este origen como una leyenda urbana (aunque es la explicación más extendida y compartida en redes sociales).

También existe una teoría que plantea que la palabra guagua surgió de la jerga utilizada entre los trabajadores cubanos de los servicios de transporte colectivo y que los usuarios comenzaron a usarla para referirse a los autobuses porque les resultaba más fácil de decir y recordar que otras palabras.

9. Sobre la etimología del término "etimología"

La palabra "etimología" proviene del griego antiguo *etymología* (ἐτυμολογία), compuesta por *etymo* (verdadero, auténtico) y *logos* (palabra, expresión, discurso), junto con el sufijo *-ia* (cualidad). Esta combinación da lugar al significado de "estudio del verdadero significado de las palabras".

El término "etimología" fue utilizado por primera vez en la obra "Crátilo" de Platón, escrita en el siglo IV a.C. En ella, el autor explora la relación entre las palabras y el mundo real, argumentando que los nombres de las cosas están conectados intrínsecamente con su esencia y que comprender el verdadero significado de las palabras es fundamental para comprender el mundo en el que vivimos.

Durante la Edad Media, la etimología se convirtió en una disciplina de gran importancia en la educación, la literatura y la teología. Los eruditos medievales consideraban que el conocimiento etimológico de las palabras era esencial para interpretar correctamente los textos sagrados.

En la Edad Moderna, la etimología se estableció como una rama de la lingüística y se desarrolló como una disciplina académica más formal hacia el siglo XIX.

En la actualidad, la etimología sigue siendo una parte importante del estudio del lenguaje y la cultura. Se utiliza para comprender la evolución y el uso de las palabras en diferentes idiomas, épocas y culturas, lo que nos ayuda a explorar el origen y la historia de las palabras, así como su significado y forma en diferentes contextos lingüísticos.

10. ¿Cuál es el origen del término "arpía" para referirse a una mala persona?

El término "arpía" se utiliza en el lenguaje coloquial para describir a una persona malvada, cruel o desagradable. Su origen etimológico se remonta al latín *Harpyĭa*, que a su vez lo tomó del griego antiguo *Harpŭia*.

En la mitología griega, las arpías eran criaturas con cuerpo de ave y rostro de mujer. Se caracterizaban por su velocidad y su capacidad de arrebatar objetos. Eran consideradas mensajeras de los dioses y tenían la misión de llevar a los mortales las órdenes divinas. Sin embargo, también eran conocidas por su maldad y su tendencia a robar comida, así como por causar tormentas y caos en el mar.

Con el paso del tiempo, el término "arpía" adquirió connotaciones negativas y comenzó a utilizarse para describir a mujeres malvadas, despiadadas o groseras en la cultura popular y la literatura. En el *Diccionario de la Real Academia Española* (RAE), se recoge una de las acepciones de "arpía" como "mujer muy malvada". Es importante tener en cuenta que los diccionarios reflejan el uso y significado que las palabras han adquirido a lo largo del tiempo, y aunque ha habido peticiones para cambiar esta acepción por "persona muy malvada", hasta el momento la RAE no ha modificado su definición.

11. ¿De dónde surge decir que una mujer embarazada está "encinta"?

La mayoría de etimólogos indican que el término "encinta", en relación a una mujer en estado (de buena esperanza), proviene del participio de presente latino *"inciens, incientis"*, que significa "embarazada" o "que está a punto de dar a luz". A su vez, este participio también puede relacionarse con la palabra "incesante", cuyo significado es "continuo" o "que no cesa". Por lo que podría estar vinculado a la idea de que el embarazo es un proceso continuo e incesante, desde la concepción hasta el parto (aunque esto último no cuenta con el respaldo unánime de expertos y estudiosos del tema).

Según el *Diccionario de la RAE*, el término "encinta" tiene su origen en el latín tardío "incincta" y éste, a su vez, proviene del latín *"inciens/in-cientis"*. Además, le da la acepción de "Dicho de una mujer: preñada", la misma que se le dio desde su primera incorporación en el diccionario académico en la edición de 1822.

Por otro lado, también nos encontramos con algunas publicaciones que sugieren que la palabra "encinta" proviene del latín *in-cincta*, que significaba "ceñida" o "atada alrededor". Se basa en el hecho de que, en la antigüedad, las mujeres usaban ropa ajustada alrededor de su abdomen para sostener su barriga durante el embarazo, la cual era ceñida con una cinta. Pero esta explicación (que surgió del erudito, Isidoro de Sevilla, en el siglo VII) fue descartada como cierta hace varios siglos y se ha convertido en lo que se denomina como "etimología popular" (más cerca de la leyenda urbana que del origen real).

Cabe destacar que para hacer referencia al embarazo debe escribirse el término "encinta" todo junto en una sola palabra y no en la forma "en cinta", como en alguna ocasión aparece.

12. ¿Qué es el "síndrome del impostor"?

El "síndrome del impostor" (también conocido como "fenómeno del impostor" o "síndrome de fraude") es un problema psicológico que afecta a numerosas personas que, independientemente de su género, edad o profesión, tienen éxito en algún área (normalmente laboral) llegando a tener dificultades para aceptar sus propios logros y sintiendo que no son lo suficientemente buenas o competentes en su campo.

A menudo, pueden sentir la impresión de que ese logro solo ha sido cuestión de suerte e incluso que han engañado a los demás, cuando en realidad no ha sido así.

Este síndrome se caracteriza por una serie de pensamientos negativos y autocríticos, que suelen incluir afirmaciones como: "Soy un fraude", "No merezco mi éxito", "Pronto seré descubierto" y "Soy menos capaz que los demás". Estos pensamientos pueden llegar a ser tan intensos que afectan seriamente la autoestima y la confianza en sí mismo del individuo.

Quienes padecen el síndrome del impostor pueden experimentar ansiedad, depresión, estrés y otros problemas emocionales. Además de tener dificultades para tomar decisiones y desempeñarse de manera efectiva en su trabajo o en otras áreas de la vida.

El síndrome del impostor puede agravarse por las redes sociales y los haters (personas que se dedican a criticar y fomentar el odio en las RR.SS.). Las comparaciones constantes y la presión por mostrar una vida perfecta hacen que las personas que padecen este síndrome se sientan aún más inseguras y cuestionen su valía personal. Además, la exposición a comentarios negativos y ataques en línea puede intensificar la sensación de ser un fraude y el miedo a ser descubierto.

No obstante, también es importante destacar que este síndrome no es una enfermedad mental, pudiendo ser superado con algo de terapia y ayuda por parte de un profesional de la salud mental.

13. ¿Cuál es el origen del número cero (0)?

El número cero es uno de los conceptos matemáticos más importantes de todos los tiempos. Aunque es difícil rastrear su origen exacto, se cree que los antiguos pueblos de la India fueron los primeros en desarrollarlo en torno al siglo V d.C.

Los hindúes usaban un sistema numérico decimal y utilizaban el cero para representar un valor nulo, algo que no tenía cantidad ni magnitud. Los indios llamaban a este concepto *shunya*, que significa "vacío" o "ausencia de algo". El cero se convirtió en una herramienta esencial en la aritmética y el álgebra, permitiendo a los matemáticos realizar cálculos complejos y precisos.

El cero fue adoptado por los árabes en el siglo VII, que lo llamaron *sifr*, lo que significa "vacío" o "nada". El término se adoptó en el árabe hispánico como *ṣifr*, y fue de ahí que se derivó la palabra del latín medieval *zephirum*, pasando al italiano *zero* y de éste al castellano "cero".

14. El curioso e histórico origen del término "censura"

Conocemos como "censura" o "censurar" a la acción de prohibir, anular o reprobar algo, como un texto, imagen o parte de una obra o película. Se lleva a cabo por motivos morales, religiosos o políticos con el propósito de evitar que llegue al público.

El origen etimológico de estas palabras se encuentra en el latín *censor*, que se refería a un funcionario de la Antigua Roma encargado de llevar el registro de ciudadanos y sus bienes, también conocido como "censo" o "padrón". Además de mantener actualizada la lista de habitantes y sus pertenencias, el censor tenía la responsabilidad de eliminar del censo a aquellos ciudadanos que fallecían, se mudaban o cometían delitos.

Entre las funciones del *censor* también se encontraba evaluar si debían privar de la ciudadanía a aquellos que habían sido castigados por cometer faltas o delitos, lo que implicaba su exclusión del censo.

Con el tiempo, los censores asumieron el papel de velar por la moral pública y tenían la autoridad para examinar previamente los escritos de los autores antes de su publicación, asegurándose de que no fueran ofensivos o difamatorios hacia los gobernantes.

15. ¿Sabías que los términos "juerga", "jolgorio" y "huelga" tienen el mismo origen etimológico?

Usamos el término "huelga" para referirnos a la interrupción unitaria o colectiva de una actividad laboral por parte del trabajador con el fin de demandar alguna mejora laboral o salarial.

Originalmente, este vocablo no solo hacía referencia al paro reivindicativo sino también al periodo en el que la tierra estaba sin labrar y los agricultores o jornaleros aprovechaban para recrearse y divertirse, con cantos, bailes y algún festín, y que era conocido como "holgorio" (que con el tiempo dio lugar al vocablo "jolgorio", de exacto significado).

El término holgorio aparece recogido por primera vez en el *Diccionario de Autoridades* de 1734 como referencia a "estar holgado, sin nada que hacer". Su raíz etimológica nos lleva hasta "holgar", la misma que dio origen a huelga, también recogido en el mencionado diccionario con la acepción de "placer, regocijo y recreación, que ordinariamente se tiene en el campo, o en algún sitio ameno" y fue precisamente este sentido el que posteriormente dio lugar al vocablo juerga.

16. ¿De dónde proviene la expresión "Pasar más hambre que un maestro de escuela"?

Durante gran parte de la historia, la enseñanza primaria en España no estuvo reglada y la mayoría de escuelas y profesionales que ejercían la docencia dependían de los presupuestos de las arcas municipales. Éstas solían estar casi siempre vacías, motivo por el que los maestros a menudo vivían en la pobreza debido a la falta de pago de sus salarios por parte de los ayuntamientos (aparte de que sus honorarios solían ser normalmente bajos).

Muchas eran las ocasiones en las que se llegaron a adeudar los sueldos de varios meses (e incluso años), lo que llevó a que algunos profesionales de la enseñanza viviesen en la indigencia e incluso tuviesen que depender de la caridad pública para subsistir.

La situación llegó a ser tan grave que surgió la expresión "pasar más hambre que un maestro de escuela" para hacer referencia en el lenguaje popular a la pobreza extrema por la que podía atravesar una persona.

Según consta, a finales de 1901, se llevaron a cabo algunas transformaciones significativas en el Ministerio de Instrucción Pública y Bellas Artes (hoy en día Educación). Su titular, Álvaro Figueroa y Torres, Conde de Romanones, promulgó una importante reforma de la enseñanza primaria y la incorporación del sueldo de los maestros al presupuesto general del Estado, quienes ya no dependerían de las empobrecidas arcas municipales, proporcionándoles la garantía de recibir un salario mensual y ayudando a mejorar la situación financiera de los docentes.

A pesar de que ya ha pasado más de un siglo desde aquellas mejoras laborales y salariales, la expresión "pasar más hambre que un maestro de escuela" sigue utilizándose todavía como sinónimo de penurias, estrecheces económicas y pobreza.

17. La curiosa razón por la que Froilán y otros miembros de la Familia Real llevan en su nombre la coletilla "de Todos los Santos"

En 1998, tras dar a luz la infanta Elena de Borbón a su primogénito, llamó la atención la coletilla que había añadido al nombre del recién nacido, quien fue bautizado como Felipe Juan Froilán de Todos los Santos de Marichalar y Borbón.

Pero ese "de Todos los Santos" que tanto sorprendió no era ni es algo inusual entre los miembros de la Casa Real española, siendo muy común que la mayoría de sus miembros lo lleven incorporado.

De hecho, el nombre completo del actual rey de España es Felipe Juan Pablo Alfonso de Todos los Santos de Borbón y Grecia. Incluso la propia hermana del mencionado Froilán se llama Victoria Federica de Todos los Santos, así como sus primos hermanos Juan Valentín, Pablo Nicolás, Miguel e Irene (hijos de la infanta Cristina e Iñaki Urdangarín) también llevan acoplado el "de Todos los Santos" en su onomástica.

Y es que tal y como marcaba la tradición cristiana, era muy común desde hace varios siglos añadir al nombre de pila de cualquier neonato un par de nombres más, que solían ser de algún santo, santa o de la propia virgen María (de quienes los progenitores eran devotos e incluso porque era el que coincidía con el día del nacimiento). Ésto, según la creencia, le proporcionaría protección por parte de dichos santos a lo largo de su vida.

Esta es la razón por la que a muchas personas, sobre todo de generaciones más adultas, además del nombre de pila que figura en el DNI, les aparece dos nombres adicionales en otros documentos como la partida de bautismo (aunque no necesariamente sea así en la del registro civil o en el libro de familia).

No todos siguieron esta práctica, y numerosos son quienes simplemente recibieron un solo nombre o uno compuesto (por ejemplo José María, María Dolores, Francisco Javier, Eva María...). Curiosamente, el hecho de añadir al nombre compuesto el "María" se pretendía otorgar una protección de "mayor rango": el de la propia Virgen María.

Pero para los miembros de las casas reales se reservaba un estatus especial. Se les concedía el privilegio de incorporar a esos nombres (normalmente se les ponía el de los abuelos o miembros insignes de la familia) el mencionado "de Todos los Santos", con el fin de que estuviesen bajo el amparo y protección de absolutamente todo el santoral católico.

18. ¿Cuál es el origen de llamar "estipendio" a una paga o remuneración?

El término "estipendio" es uno de los muchos sinónimos que existen para hacer referencia a una paga o sueldo, siendo, posiblemente, una de las formas más antiguas para referirse a la retribución percibida por un trabajo.

Proviene del latín *stipendium*, formado por *stips* (moneda) y *pendo* (pagar) y hacía referencia, originalmente, a la remuneración recibida por los soldados.

Curiosamente, el término estipendio también pasó a designar cierto impuesto que se pagaba al Estado y, también, durante la Edad Media, a la tasa que cobraban los sacerdotes por oficiar alguna misa por encargo (oficiar una boda, bautizo, dar la extremaunción...).

19. ¿De dónde surge llamar "monja" a la religiosa de una orden o congregación?

El *Diccionario de la RAE*, en su entrada destinada al término "monja" envía directamente a la referente a "monje", debido a que, originalmente, dicho vocablo solo hacía referencia a los integrantes masculinos de una comunidad religiosa.

Por tanto, la palabra monja proviene de monje y ésta nos llegó al castellano desde el occitano antiguo *monge* (de exacto significado), que provenía del latín tardío *monăchus* (anacoreta). Éste, a su vez, derivaba del griego bizantino *monachós* que significa "solitario", "solo", debido a que era utilizado originalmente para describir a aquellos cristianos que habían elegido vivir una vida eremita en el desierto o en lugares apartados y alejados de la sociedad (ermitaños, anacoretas...).

Con el tiempo, el término monje comenzó a ser utilizado para referirse a cualquier persona que había hecho votos religiosos y vivía en comunidad, dedicada a la oración y a la contemplación.

En la Edad Media, los monjes se convirtieron en figuras importantes en la sociedad europea, especialmente en la Iglesia Católica Romana, donde desempeñaban un papel fundamental en la vida religiosa, cultural e incluso gubernamental.

Cabe destacar que el término monje se ha utilizado históricamente para describir a los hombres que viven en comunidades religiosas y que, en un principio, se utilizaba el vocablo "diaconisa" para describir a las mujeres que habían hecho votos religiosos y vivían en conventos y que hoy en día conocemos como monja.

20. ¿Cuál es el origen de la expresión "La arruga es bella"?

Numerosas son las personas y publicaciones que utilizan la expresión "La arruga es bella" para señalar que, a pesar de envejecer y cumplir años, las personas seguimos manteniendo nuestro atractivo y que la aparición de las arrugas en nuestra piel nos otorga una belleza natural.

En realidad, ese no es el verdadero significado de este aforismo. Proviene originalmente de un eslogan publicitario creado para la marca de moda de Adolfo Domínguez, en una campaña realizada hace cuatro décadas (concretamente en 1982). En dicha campaña se presentaba una nueva colección de prendas confeccionadas en lino y se pretendía señalar que a pesar de que esas prendas no estuviesen impecablemente planchadas (debido a la naturaleza fácilmente arrugable del tejido), quienes las vistieran continuarían luciendo elegantes, convirtiendo aquellas piezas y ese género textil en una segunda piel.

El lema de la campaña (creado por el publicista Luis Carballo Tabaoda) tuvo tal repercusión que acabó convirtiéndose en algo mucho más que una simple frase publicitaria, incorporándose como un dicho generalizado en el lenguaje popular. Con el tiempo, se le ha ido dando más sentido y significado hacia las arrugas que aparecen en la piel a causa de la edad.

21. ¿De dónde surge llamar "salmonelosis" a la infección por bacterias por ingerir determinados alimentos en mal estado?

Las altas temperaturas del tiempo estival, así como una inadecuada conservación de determinados alimentos, puede provocar la aparición de ciertas bacterias que acaben causando una grave infección intestinal que en algunos casos podría llegar a ser hasta mortal.

Dicha infección por bacterias recibe el nombre de "salmonelosis" y los alimentos más propensos a estropearse y causar la intoxicación son especialmente los huevos (y los derivados de estos, como la mayonesa), carnes de pollo o vacuno, algunos tipos de mantequillas derivadas de frutos secos, verduras u otros alimentos procesados.

Se recomienda (sobre todo en verano o época de mucho calor) el cocinar bien los productos y, sobre todo, no ingerirlos crudos, limpiarlos bien y, fundamental, tener una adecuada higiene personal (las manos limpias) así como de los utensilios a utilizar (cuchillos, tablas de cortar, ollas, sartenes…).

El término salmonelosis proviene de "salmonela" (también escrito como salmonella) el cual hace referencia al apellido de Daniel Elmer Salmon. Este veterinario estadounidense ejerció como jefe médico y de investigación de la *Bureau of Animal Industry* (Oficina de la industria animal), dependiente Departamento de Agricultura de los Estados Unidos.

Bajo las órdenes de D. E. Salmon trabajó el epidemiólogo Theobald Smith, siendo éste quien realmente descubrió, en 1881, las bacterias que causaban las intoxicaciones alimentarias.

No fue hasta un par de décadas después (a inicios del siglo XX) cuando el bacteriólogo francés Joseph Léon Marcel Ligniéres acuñó dicha bacteria con el término salmonella. Lo hizo inspirado en el apellido del científico que aparecía en primer lugar en los documentos sobre el descubrimiento (Daniel Elmer Salmon) que, como es habitual en estos casos, suele estar encabezando los artículos académicos.

22. ¿Qué es un aforismo?

Un aforismo es una sentencia breve y concisa que busca expresar una idea de manera clara y definitiva. Es el género literario más breve y conciso, en contraste con el ensayo o la novela que suelen ser más extensos. Los aforismos se caracterizan por su precisión y su capacidad para acotar un pensamiento de forma precisa.

A lo largo de la historia, diversos autores han utilizado el aforismo para respaldar sus opiniones, teorías y tratados filosóficos, médicos o científicos. Desde los antiguos pensadores griegos como Heráclito o Hipócrates, hasta escritores contemporáneos como Jorge Luis Borges o Albert Camus, han utilizado este género literario para transmitir sus reflexiones y conocimientos.

El aforismo se considera un tipo de paremia, relacionado con otras expresiones breves y sentenciosas como los axiomas, las máximas o los proverbios. Aunque tiene una larga tradición, el aforismo se adapta perfectamente al medio actual de internet y las nuevas tecnologías, lo que garantiza su pervivencia en el tiempo.

23. La curiosa relación etimológica entre una flor, un luchador romano y su espada

El término "gladiador" se utilizaba en la Antigua Roma para referirse a los luchadores que participaban en juegos y espectáculos de combate. Su nombre derivaba del arma que empuñaban, llamada *gladius*, que significa "espada" en latín. De manera curiosa, en el mundo de la botánica encontramos una planta común en jardinería conocida como "gladiolo", que está relacionada etimológicamente con la espada de los gladiadores.

El término latino para esta planta es *gladiŏlus*, que significa "espada pequeña" debido a su forma que recuerda a dicha arma. Algunos etimólogos atribuyen al escritor y militar romano del siglo I d.C., Plinio el Viejo, la creación del nombre para esta planta al encontrar una similitud con la espada.

Sin embargo, otros historiadores defienden que se le dio este nombre debido a que después de cada espectáculo de lucha, se entregaba a los gladiadores victoriosos un ramo de estas flores, convirtiéndose en un símbolo de la victoria.

24. ¿De dónde surge la expresión "Hoy no se fía, mañana sí"?

Muchos son los comercios que lucen un cartel en el que reza el siguiente mensaje: "Hoy no se fía, mañana sí" (o alguno similar) en el que se advierte a los clientes que en aquel establecimiento hay que pagar en el acto lo comprado o consumido y no se puede dejar a deber.

Según indican la mayoría de expertos y etimólogos, la expresión está tomada de la locución latina *"Cras credo, hodie nihil"* y que vendría a traducirse como "Mañana fío, hoy no" (también como "Mañana creeré, hoy no"). Fue acuñada por el prolífico autor romano Marco Terencio Varrón en el siglo I a.C.

25. ¿Cuál es el origen del término "entusiasmo"?

En el *Diccionario de la Real Academia Española* (RAE), se pueden encontrar cuatro acepciones del término "entusiasmo":

1. Exaltación y fogosidad del ánimo, excitado por algo que lo admire o cautive.

2. Adhesión fervorosa que mueve a favorecer una causa o empeño.

3. Furor o arrobamiento de las sibilas al dar sus oráculos.

4. Inspiración divina de los poetas antiguos y de los profetas.

Etimológicamente, la palabra llegó al castellano desde el latín moderno *enthusiasmus*, que significa "exaltación del ánimo". A su vez, ésta proviene del griego antiguo *enthousiasmos* (ἐνθουσιασμός), que deriva de *entheos*, que significa "poseído por un dios" o "inspirado por un dios".

En la Antigua Grecia, se creía que los dioses podían poseer a los seres humanos y llenarlos de una energía divina, lo cual se consideraba un estado de emoción y enardecimiento. Este estado se asociaba con la inspiración divina y la creatividad, y se consideraba una forma de comunión con los dioses.

Con el tiempo, la palabra "entusiasmo" pasó a utilizarse para referirse a cualquier estado de emoción o excitación, especialmente en relación con una actividad, un interés o una causa.

26. ¿De dónde proviene la antiquísima expresión "llegar a las escurriduras"?

La antigua expresión "llegar a las escurriduras", famosa en el siglo XVIII, se utilizaba para describir el acto de llevar algo hasta sus últimas consecuencias cuando ya no tenía ningún propósito o utilidad.

La palabra "escurriduras" se deriva del verbo "escurrir" y se refiere a la última gota o residuo de líquido que queda en una copa o vaso. Intentar aprovechar esa última gota no servía para nada, lo que dio origen a su significado figurativo.

Así, "llegar a las escurriduras" implica llevar algo hasta el extremo, agotando todas las posibilidades, incluso cuando ya no tiene sentido o no aporta ningún beneficio. Es una expresión que refleja la idea de continuar insistiendo en algo que ya está agotado o no tiene valor, similar a querer exprimir las últimas gotas de un líquido que ya no se puede aprovechar.

27. ¿Cuál es el origen del término "corsario"?

El término "corsario" originalmente no se refería a los piratas, sino que designaba al responsable de un navío encargado de perseguir a los piratas u otras embarcaciones enemigas en nombre de una nación. Los corsarios llevaban consigo un documento, conocido como "patente de corso", que les otorgaba inmunidad legal. Esta autorización solía estar firmada por un monarca o gobernante de la época.

La palabra "corso" deriva del latín *cursus*, que significa "carrera", y hacía referencia a la persecución y saqueo de naves consideradas ilegales, llevados a cabo por barcos autorizados por sus respectivos gobiernos.

Por lo tanto, los corsarios actuaban legalmente bajo la autoridad de su país, en contraste con los piratas que actuaban de forma ilegal y sin ningún tipo de autorización.

A lo largo del tiempo, el término "corsario" ha llegado a asociarse ampliamente con los piratas en general, pero es importante tener en cuenta su origen y su distinción inicial como agentes autorizados por el gobierno.

28. "Náuseas" y "mareos" de origen marinero

Es común que muchas personas tomen pastillas para evitar el mareo y las náuseas cuando viajan en barco, ya que el movimiento de la embarcación puede provocar estas sensaciones desagradables. Curiosamente, tanto el término "náuseas" como "mareo" tienen una estrecha relación etimológica con el mundo náutico.

La palabra "mareo" proviene de "marea", que hace referencia al movimiento de ascenso y descenso que experimenta el mar. Es precisamente este movimiento lo que causa la incomodidad y debilidad que se siente al estar a bordo de un barco.

Por otro lado, el término "náusea", que se refiere a las ganas de vomitar provocadas por el repentino mareo, proviene del griego *nautíā*, que tiene el mismo significado y hacía referencia a la indisposición que se experimentaba al navegar en un barco (la palabra "nave" en griego es *naûs*).

29. ¿De dónde surge llamar "bigardo" a un holgazán?

El término "bigardo" era utilizado en el Siglo de Oro y tuvo cierta popularidad hasta mediados del siglo XX. Se empleaba para referirse a los holgazanes y personas con una vida licenciosa. También fue utilizado de forma despectiva para ciertos religiosos que seguían al sacerdote belga del siglo XII Lambert le Bègue.

El apellido de este religioso dio origen al término "begardo", que posteriormente evolucionó hacia "bigardo". Es importante destacar que *"le Bègue"*, que acompañaba al nombre del religioso belga, era un apodo que significaba literalmente "el tartamudo", debido a su problema en el habla.

Por lo tanto, "bigardo" se utilizaba como un término despectivo para referirse a personas ociosas o promiscuas, así como a ciertos religiosos asociados con Lambert le Bègue. En la actualidad este término está prácticamente en desuso.

30. ¿De dónde proviene el término "depravado"?

El término "depravado" se utiliza para describir a una persona pervertida y con costumbres o moral viciadas. Etimológicamente, proviene del latín *depravātus*, que es el participio pasado de *depravare*, utilizado para indicar algo o alguien que es malo, torcido o no está recto.

A su vez, este vocablo deriva de *pravus*, que en español se convierte en "pravo", y tiene el significado de perverso, malvado y con costumbres dañadas. Esta es la definición que ofrece el *Diccionario de la RAE* y se mantiene desde hace tres siglos, como se registraba en el *Diccionario de Autoridades* de 1737.

En su origen latino, *pravus* se utilizaba para referirse a personas o cosas torcidas, que no están rectas o derechas, siendo su antónimo *rectus* (recto).

31. El poético término con el que se conocía a las personas soñadoras

El término "nefelibata" es un cultismo que se utiliza para describir a una persona soñadora, que no vive en la realidad y que tiene la cabeza en las nubes.

Su etimología proviene del griego y está compuesto por *nephéle* (nube) y *bátes* (que anda).

Según algunas fuentes etimológicas, se cree que el término fue acuñado por el poeta nicaragüense Rubén Darío, quien lo utilizó por primera vez en dos de sus poemas en su obra *El canto errante*, publicada en 1907.

El término "nefelibata" aparece en los poemas "Eheu!" y "Epístola". En estos fragmentos, Rubén Darío describe la condición de ser un soñador y andar por las nubes.

Curiosamente, el término "nefelibata" no fue incluido en el *Diccionario de la Real Academia Española* (RAE) hasta su edición de 1984, con la definición "Dícese del soñador, del que anda por las nubes".

AGOSTO

1. ¿Cuál está considerado como el primer concierto benéfico (multitudinario) de la historia?

El primer concierto benéfico multitudinario de la historia, conocido como *The Concert for Bangladesh*, tuvo lugar el 1 de agosto de 1971 en el Madison Square Garden de Nueva York. Fue organizado por George Harrison, exmiembro de The Beatles, y su amigo Ravi Shankar, músico indio, con el objetivo de recaudar fondos para ayudar a los afectados por la hambruna y la guerra en Bangladés (entonces conocido como Pakistán Oriental).

El concierto se dividió en dos sesiones, una por la tarde y otra por la noche, y contó con la participación de destacados artistas de rock y música popular de la época. Entre los músicos que se unieron a Harrison y Shankar estaban Eric Clapton, Bob Dylan, Ringo Starr, Billy Preston, Leon Russell y otros talentos reconocidos.

El evento atrajo a aproximadamente cuarenta mil espectadores y recaudó alrededor de un cuarto de millón de dólares, que fueron donados a UNICEF para ayudar a los necesitados en Bangladés. El concierto fue un éxito tanto en términos de recaudación de fondos como de concienciación sobre la situación en el país.

Posteriormente, se lanzó un álbum titulado *The Concert for Bangladesh* que recopilaba las actuaciones en vivo del evento. Además, se produjo una película documental del concierto, dirigida por Saul Swimmer, que se estrenó en 1972 y presentaba imágenes de las actuaciones y testimonios de los artistas involucrados.

The Concert for Bangladesh marcó un hito en la historia de los conciertos benéficos y sentó un precedente para futuros eventos similares. Desde entonces, han surgido numerosos conciertos y eventos benéficos en todo el mundo, en los que artistas de renombre se unen para ayudar a diversas causas y recaudar fondos para aquellos que lo necesitan.

2. ¿De dónde surge el término "insípido" para decir que algo no tiene sabor?

Conocemos como "insípido" a aquello que está falto de sabor, aunque en el *Diccionario de la RAE* también nos encontramos con que se le da la siguiente acepción: "Falto de espíritu, viveza, gracia o sal".

El término proviene del latín *insipĭdus*, el cual está formado por el prefijo de negación *in-* y el vocablo *sapĭdus*, cuyo significado literal es "que tiene gusto o es gustoso", formando parte de la misma raíz etimológica que dio otras palabras de la misma familia como "sabor" o "sabroso".

3. El origen del término "burgués"

Se conoce como "burgués" (o "burguesía") a cierta clase media acomodada de la sociedad, teniendo su origen en la Europa medieval, en la época en que las ciudades comenzaron a adquirir más poder e influencia económica y política.

Etimológicamente el término deriva de la palabra francesa *bourgeois*, que se refería originalmente a alguien que vivía en una ciudad fortificada. Al francés llegó del latín tardío *burgus / burgensis* (habitante de una ciudad fortificada) y a éste desde el germánico *bŭrgs* (fortaleza).

Con el tiempo, el término se convirtió en sinónimo de los habitantes de las ciudades, especialmente aquellos que tenían riqueza y poder económico.

Durante el medievo los burgueses fueron considerados como una clase social emergente, que surgía entre los nobles y los campesinos.

Eran comerciantes, artesanos y otros habitantes de las ciudades que comenzaron a adquirir riqueza y poder económico gracias al comercio y la manufactura, y a menudo se encontraban en conflicto con la nobleza y los aldeanos de clase baja. A medida que las ciudades crecían en poder e influencia, los burgueses comenzaron a tener un papel cada vez más importante en la política y la economía de Europa.

4. La curiosa forma en la que algunos angloparlantes llaman al papel higiénico

Es interesante conocer la variedad de términos y expresiones que existen en diferentes idiomas. En el caso del inglés, uno de los curiosos términos relacionados con el papel higiénico es *"bumfodder"*.

Este término surgió en el siglo XVII a partir de la palabra *bumf*, que se utilizaba para referirse al papeleo o documentos.

Inicialmente, *bumfodder* se empleaba para describir libros o escritos de baja calidad, mal redactados y sin valor literario. Con el tiempo, el término evolucionó y pasó a referirse al papel utilizado para limpiarse las partes íntimas, vinculándolo con la idea de que ese tipo de literatura sin valor podía tener dicho uso.

5. ¿De dónde surge llamar "talego" a la cárcel?

Existen numerosos términos y sinónimos en español para referirse a la "cárcel", como prisión, penal, penitenciaría, presidio, trullo, galera, trena, chirona, celda, mazmorra, calabozo o talego.

En el caso de "talego", se trata de una forma utilizada en la jerga de la germanía, empleada por rufianes y delincuentes, para hacer referencia al lugar de encierro de los criminales. No se conoce con certeza la etimología exacta del término, pero algunas fuentes sugieren que podría derivar del significado original de "talega", que era un saco o bolsa que se llevaba colgada. Este origen se relaciona con la palabra árabe andalusí *taliqa*, que significa "lo que cuelga".

Basándose en esta posible etimología, una teoría señala que el término "talego" pudo haber surgido debido a que en el pasado algunos presos eran colgados de los pies (con la cabeza hacia abajo) como forma de castigo. Esto podría haber dado origen al uso de la palabra en la jerga delictiva para referirse a la cárcel.

6. El curioso término para definir el estado de mal humor del recién levantado

El término *"matutolypea"* se utiliza para describir el estado de mal humor o irritabilidad que algunas personas experimentan al despertar. Está compuesto por el vocablo latino matuta, relacionado con la diosa romana del amanecer *"Mater Matuta"*, y el griego *lype*, que significa dolor, pena o tristeza. Por lo tanto, *matutolypea* se traduce literalmente como "dolor del amanecer".

Esta palabra encapsula la sensación de malestar emocional o irritabilidad que algunas personas experimentan en las primeras horas de la mañana, antes de que puedan despejarse y sentirse más animadas. Es importante tener en cuenta que este término no es ampliamente conocido o utilizado en la vida cotidiana, además de no estar recogido en el *Diccionario de la RAE*, pero puede resultar útil para describir ese estado de ánimo particular.

7. ¿Sabes a qué hacía referencia el término "farfantón"?

El término "farfantón" se utilizaba para referirse a una persona que se dedicaba a relatar y narrar públicamente sus hazañas y aventuras de manera jactanciosa y exagerada, añadiendo una gran dosis de imaginación a sus historias. Estos individuos solían entretener a los demás con sus relatos, aunque era conocido que muchas de las cosas que contaban eran puras invenciones.

La mayoría de los etimólogos señalan que la palabra "farfantón" proviene del árabe *farfara* y comparte origen con el término "fanfarrón". Ambos términos tienen una connotación similar, refiriéndose a una persona que se jacta y presume de manera exagerada. Aunque "farfantón" es un término en desuso en la actualidad, fue utilizado por escritores del Siglo de Oro y aún tuvo cierta frecuencia de uso hasta mediados del siglo XX.

8. ¿Cuál es el origen del término "quiosco"?

El término "quiosco" generalmente se utiliza para referirse a los pequeños puntos de venta en calles, parques o centros comerciales (de prensa, chucherías, bisutería…), pero también se aplica a otras estructuras, como las construcciones abiertas utilizadas para conciertos de música en algunos parques públicos.

El término llegó al castellano a través del francés *kiosque*, que significaba "pequeño punto de venta", "caseta" o "pabellón de jardín". A su vez, el francés lo adoptó del italiano *chiosque* con el mismo significado. Hasta el italiano había llegado desde el turco medieval *kiösk* (también escrito como *köşk* o *kieuchk*), que se refería a los pabellones construidos en los jardines de los palacios durante el Imperio Otomano. Estos pabellones se utilizaban para descansar, disfrutar del aire fresco y contemplar las vistas. A su vez, el término turco se originó a partir del persa *kušk*, que significa "pabellón", "palacio" o "sala de estar".

9. ¿Conoces el curioso "Efecto Veblen"?

El "Efecto *Veblen*", también conocido como "Bien de *Veblen*", se refiere al hecho de que algunos productos de lujo experimentan un aumento en la demanda a medida que su precio sube. Este fenómeno contradice la ley de la demanda tradicional, que establece que a medida que sube el precio de un producto, la demanda tiende a disminuir.

El economista Thorstein Veblen fue quien formuló esta idea a principios del siglo XX. Argumentaba que ciertos bienes de lujo se convierten en símbolos de estatus y prestigio, y su alto precio los hace deseables para un grupo selecto de consumidores que buscan demostrar su poder adquisitivo y distinción social. El aumento del precio se percibe como un indicador de exclusividad y calidad superior, lo que a su vez aumenta el atractivo del producto para este segmento de consumidores.

Por lo tanto, en el caso de productos como joyas, relojes, automóviles de lujo, vinos y champán francés, ropa de alta costura y grandes marcas, el incremento en el precio puede incluso elevar la demanda, ya que se convierten en símbolos de estatus y se adquieren como signo de distinción.

10. ¿De dónde surge llamar "piluso" a cierto tipo de sombrero?

En los últimos años se ha puesto muy de moda (sobre todo entre las mujeres) un tipo de sombrero conocido como "piluso" y que en España siempre ha sido más común llamarlo "gorro de pescador".

La denominación "sombrero piluso" se ha popularizado desde Argentina y, gracias a la universalización de las redes sociales, dicho término ha acabado siendo utilizado más allá del país sudamericano.

Según consta, ese tipo de sombrero fue originalmente utilizado por los pescadores irlandeses a principios del siglo XX, dado que resultaba ideal para protegerse de la lluvia.

Fue a partir de la década de 1960 cuando se hizo inmensamente popular en Argentina al ser utilizado por un personaje llamado Capitán Piluso (interpretado por el actor Alberto Olmedo) en un programa infantil de gran éxito que se emitió en la televisión de este país a lo largo de dos décadas, así fue como el artículo acabó tomando el nombre o apodo de quien lo popularizó.

Eso sí, no en todos los lugares del planeta se conoce esa clase de sombrero como piluso, encontrándonos denominaciones tan diversas para el mismo como: *Bucket Hat* (en la mayoría de países angloparlantes, cuyo significado es "sombrero de cubo"); *Rafael hat* en Israel (en referencia al político y militar israelí Rafael Eitan, que solía llevar uno); en Suecia, *Beppehatt* (por el artista e intelectual John Bertil "Beppe" Wolgers); en Alemania, *Angler Hut* (literalmente traducido como "sombrero de pescador") y una de las denominaciones más curiosas es la que recibe en Hungría donde se conoce como *idiotka* (sombrero de idiota).

11. ¿De dónde proviene la expresión "Echar las campanas al vuelo"?

Se utiliza la expresión "Echar las campanas al vuelo" (también en la forma "Lanzar las campanas al vuelo") para indicar que el acto de celebración y júbilo ante una buena noticia que se difunde, en ocasiones, de manera precipitada o antes de que esté confirmada.

Proviene de la costumbre que se tenía antiguamente de transmitir avisos a la población (o un vigía a los soldados de un destacamento) mediante unos toques de campana (conocidos como "vuelos de campana"). Según cómo se tocaban (la cadencia y/o rapidez del toque) determinaban si se trataba de buenas o malas noticias (haber ganado una batalla, la retirada o ataque del enemigo, una muerte o un nacimiento…).

En ocasiones, cuando se mandaba echar las campanas al vuelo (o sea, tocarlas para transmitir algún mensaje) se hacía de una manera precipitada, cuando todavía no estaba confirmada la buena nueva y de ahí la connotación de haberse apresurado de la expresión.

12. ¿Sabías que el 12 de agosto se celebra el "Día Mundial del hijo del medio"?

Entre la amalgama de extraños días y jornadas dedicadas a todo tipo de eventos, personas, cosas o animales, nos encontramos que, desde 1986, se instauró la fecha del 12 de agosto como "Día Mundial del hijo del medio" (*World Day of the Middle Child*).

Consta que fue idea de Elizabeth Walker quien a mediados de la década de 1980 quiso instaurar una jornada dedicada a honrar a los hijos del medio (inicialmente era el segundo sábado de agosto, aunque posteriormente se fijó en el día 12) con el fin de que éstos se sintieran protagonistas por un día.

Según su opinión los hijos de una familia numerosa, nacidos en la mitad, pueden padecer de frustración o de exclusión dentro de su unidad familiar, teniendo que luchar por obtener la misma atención de sus padres y sentirse en ocasiones ignorados o invisibles.

Cabe destacar que éstas son unas conclusiones que carecen de lógica y sobre todo de aval científico, por lo que está muy lejos de la realidad (os lo asegura alguien que es el tercero de cinco hermanos, o sea, el del medio).

Otro dato a tener en cuenta es que dicha celebración del "Día Mundial del hijo del medio" tampoco cuenta con el respaldo de instituciones oficiales. A pesar de llevar 35 años realizándose no ha obtenido relevancia alguna (quizás algo más en los últimos años gracias a la globalización y presencia de las redes sociales) pero su importancia es mínima.

También es importante indicar que desde la *International Middle Child's Union* (Unión Internacional del Niño del Medio) se ha intentado trasladar la celebración de dicho día al 2 de julio, que cae en la mitad exacta del año en el calendario, teniendo 182 días por delante y el mismo número por detrás (en un año no bisiesto, evidentemente).

Cabe puntualizar que es posible escribir tanto "Día Mundial del hijo del medio" como "Día Mundial del hijo de en medio", ya que ambas construcciones son válidas con el valor de "situado en la parte central", tal y como indica Fundéu.

13. ¿De dónde surge el famoso refrán "En martes, ni te cases ni te embarques"?

El refrán "En martes, ni te cases ni te embarques" tiene sus raíces en una superstición y creencia popular que se remonta a muchos siglos atrás. Desde la antigüedad, el martes ha sido considerado un día de mala suerte y desventaja.

Una de las explicaciones se basa en la asociación del martes con Marte, el dios romano de la guerra. Los antiguos romanos creían que Marte proporcionaba protección y victoria en las batallas, pero al mismo tiempo consideraban que esta influencia negativa afectaba a otros aspectos de la vida, como los negocios y los contratos. Se creía que realizar transacciones comerciales o cerrar acuerdos en un martes podía llevar al fracaso.

Además, en la antigüedad, los viajes se realizaban principalmente por motivos comerciales, y se creía que embarcarse en un martes también traería mala suerte en los negocios y los viajes. Esta creencia se extendía tanto a los viajes en barco como a los desplazamientos en general.

Es importante tener en cuenta que en tiempos pasados, el matrimonio no se basaba en el amor romántico, sino que se consideraba una unión de intereses y un acuerdo entre familias. Al ser visto como un trato comercial, se temía que casarse en un martes llevaría a problemas y desdichas en la relación.

A lo largo de la Edad Media, este tipo de refranes y consejos supersticiosos se popularizaron en España, en parte debido a las creencias arraigadas en la superstición y en parte debido a eventos históricos. Algunos historiadores señalan que las derrotas sufridas frente a los musulmanes en ciertas batallas importantes contribuyeron a la asociación negativa con el martes.

El refrán más común es "En martes, ni te cases ni te embarques", pero existen numerosas variantes que expresan la misma idea de evitar acciones importantes en este día de la semana. Algunas de estas variantes incluyen "En martes, ni tu tela urdas ni tu hija cases" y "En martes y trece, ni te cases ni te embarques, ni de tu casa te apartes".

14. ¿De dónde surge decir "Se te va a caer el pelo" a modo de advertencia?

Muchas son las ocasiones en las que se utilizan expresiones como "Se te va a caer el pelo" (o "Se le va a caer el pelo") como una advertencia ante algo que ha hecho alguien y por lo que va a recibir un castigo o reprimenda.

Esta locución tiene varios siglos de antigüedad y surge de un castigo que era muy común infligir: rapar el pelo. Muchos eran los reos que al entrar en prisión se les dejaba la cabeza al cero, al igual que, como escarmiento ejemplarizante, se realizaba públicamente a algunas personas (entre ellas prostitutas, de ahí surgió también el término "pelandusca" del que ya hablé en otro de mis libros).

Ese tipo de castigos solían tener lugar en espacios públicos, ante la presencia de la ciudadanía que acudía como si de un espectáculo se tratara. Muchos eran quienes aprovechaban para indicar (por ejemplo padres a sus hijos) que de portarse mal o cometer un delito acabarían de ese modo, o sea, que se les iba a caer el pelo.

15. El curioso origen del término "algarabía"

El término "algarabía" tiene su origen en el árabe hispánico *al-'arabíyya*, que se refería literalmente a "el árabe", en relación con la lengua que se hablaba durante el periodo de la conquista musulmana de la Península Ibérica. Muchas fueron las personas que no llegaron a aprender ni a entender el idioma de los invasores, lo que llevó a que el término *al-'arabíyya* evolucionara hacia "algarabía" y pasase a significar "lengua ininteligible".

Con el tiempo, esta palabra también se empezó a utilizar para describir el bullicio, el griterío o el alboroto que se forma por el gentío en situaciones donde hay muchas personas hablando al mismo tiempo. Esto posiblemente se deba a que, para aquellos que no entendían el árabe, escuchar a varias personas hablar en ese idioma sonaría como un murmullo ininteligible o un ruido confuso.

16. ¿Sabes qué es un "celícola"?

El término "celícola" se utilizaba en la antigüedad para referirse poéticamente a aquel que provenía del cielo o era celestial. Tiene su origen en el vocablo latino *caelicola*, que significa "habitante del cielo". Etimológicamente, está formado por la unión de *caelum* (cielo) y el sufijo *-cŏla* que indica procedencia o habito.

Esta palabra refleja la creencia de que los reyes, emperadores y personas con un don especial eran enviados directamente del cielo o considerados seres celestiales.

Cabe destacar que esta creencia también dio origen al mito de que los reyes y emperadores tenían "sangre azul".

17. ¿Qué significa y de dónde surge la expresión "sostenella y no enmendalla"?

La locución "sostenella y no enmendalla" proviene del castellano antiguo y su traducción actual sería "sostenerla y no enmendarla". Esta expresión era utilizada para señalar la terquedad o cabezonería de alguien que, por orgullo, se niega a rectificar a pesar de saber que está equivocado.

El origen de esta expresión se relaciona con los tiempos en los que los conflictos se resolvían a través de duelos o combates con espadas. En estas situaciones, un caballero podía desenvainar su espada y mantenerla en alto, listo para luchar contra su oponente, debido a un supuesto agravio o malentendido. Aunque se le advertía que estaba equivocado y se le animaba a rectificar o retractarse (enmendarla), el caballero obstinado prefería mantener su postura y no rectificar.

De esta manera, la expresión "sostenella y no enmendalla" se utiliza como sinónimo de terquedad, orgullo y negativa a rectificar a pesar de tener conocimiento de estar equivocado.

18. El curioso motivo por el que los automóviles llevan alfombrillas

Las alfombrillas son una de las piezas fundamentales en cualquier coche, pero no a todas las personas les gusta que su automóvil las lleve y se deshacen de éstas rápidamente, algo que no deberían de hacer ya que cumplen una misión específica en el suelo y no solo están ahí de decoración o para recoger toda la suciedad que lleve las suelas de los zapatos.

En realidad las alfombrillas están colocadas a nuestros pies con un propósito fundamental: amortiguar el ruido. Su presencia absorbe las vibraciones y aminora los ruidos, evitando así que el viaje se nos pueda hacer insoportable.

Otra de las funciones de las alfombrillas es la de aislar del frio en invierno, para ello son muchos los fabricantes que las colocan de goma en lugar de fibra.

19. ¿De dónde surge decir "nombre de pila"?

Se conoce como "nombre de pila" a la denominación formal y legal con la que somos conocidos y que figura en los documentos oficiales.

La coletilla "de pila" hace referencia al nombre que recibió una persona en la pila bautismal, o sea, el nombre que le pusieron en el momento de bautizar. Evidentemente, muchas personas no son bautizadas, pero antiguamente en aquellos países católicos (como era el caso de España) era de obligado cumplimiento realizar el sacramento bautismal para poder ser registrado en los estamentos oficiales (y para obtener permisos en infinidad de asuntos en los que la institución eclesiástica era la que realmente tenía poder).

Tiempo atrás, la mayoría de personas se conocían y llamaban entre sí por algún mote (sobre todo familiar o de un clan al que pertenecían). Era habitual ir a realizar una gestión (por ejemplo al ayuntamiento) y cuando se le preguntaba cómo se llamaba contestar con el apodo, por lo que el funcionario le indicaba que necesitaba saber el "nombre de pila", o sea, el que figuraba en los documentos oficiales y que había recibido en la pila bautismal.

Se hizo tan habitual esa coletilla de solicitar el nombre real que la coletilla "de pila" quedó asociada indefinidamente a "nombre", cuando se hacía referencia a la identificación por la que era conocida alguna persona.

20. ¿Sabías que el 20 de agosto se celebra el "Día Mundial del Mosquito"?

El 20 de agosto se celebra el "Día Mundial del Mosquito", y no es que haya algún interés particular en preservar a estos molestos (y en numerosos casos mortíferos) insectos dípteros, sino que esta fecha es la elegida para conmemorar la efeméride de un gran descubrimiento científico que fue fundamental para la humanidad: el día en el que el célebre investigador británico Ronald Ross descubrió la relación entre la picadura de una mosquito hembra y la transmisión de la enfermedad de la malaria.

Ocurrió el 20 de agosto de 1897. Esa fecha fue en la que escribió las primeras anotaciones de la investigación que estaba realizando y en las que confirmó la presencia del parásito de la malaria en el interior del intestino del mosquito que acababa de diseccionar. Evidentemente, su estudio e investigación se alargó durante unos cuantos días más (las conclusiones se publicaron una semana después en la revista especializada *"Indian Medical Gazette"*).

Como conmemoración a aquel descubrimiento (gracias al cual se dio el primer paso para conocer qué era lo que provocaba la transmisión de la malaria) se escogió el 20 de agosto para celebrar el "Día Mundial del Mosquito".

21. ¿De dónde surge la expresión "Buscar a María por Rávena"?

La expresión "Buscar a María por Rávena" es una locución que se utiliza para describir una búsqueda difícil o casi imposible de lograr. Sin embargo, esta expresión originalmente era "Buscar el mar en Rávena", y su origen proviene de un error de traducción.

En latín, la expresión original era *"Ravennae maria quaerere"*, que se traduce literalmente como "Buscar el mar en Rávena". Aquí, el vocablo "maria" no hace referencia al nombre de una mujer, sino que es una de las muchas formas de denominar al mar siglos atrás.

La ciudad de Rávena, ubicada en el noreste de Italia, se encuentra a varios kilómetros de distancia del mar Adriático. A pesar de ello, en la Edad Media tuvo un importante tránsito marítimo debido a su acceso fluvial a través del río Candiano y, posteriormente, del canal Corsini.

La expresión original surgió para señalar la dificultad de encontrar el mar en Rávena debido a su ubicación alejada. Sin embargo, una mala interpretación llevó a confundir el término "mar" con el nombre "María", y así se produjo el cambio en la traducción.

Cabe destacar que en la obra literaria *El Quijote*, se hace referencia a esta expresión con una pequeña variación. Sancho Panza menciona: "Y más, que así será buscar a Dulcinea por el Toboso como a Marica por Rávena, o al bachiller en Salamanca". En este caso, "Marica" no se refiere al significado despectivo moderno, sino que es el diminutivo del nombre "María" utilizado en aquella época para referirse de manera familiar a algunas mujeres.

22. ¿Desde cuándo y por qué celebramos los cumpleaños?

La celebración de los cumpleaños tiene sus orígenes en las antiguas civilizaciones, como los egipcios, que conmemoraban el aniversario de la coronación de un faraón. Con el tiempo, otras culturas como los babilonios y los griegos adoptaron la tradición de celebrar aniversarios, muchas veces relacionados con deidades y con influencias astrológicas.

En la antigua Grecia, se comenzó a servir una tarta redonda, simbolizando la Luna, en honra a las deidades. Se añadieron cirios alrededor de la tarta, que se dejaban consumir por sí solos, y se creía que mientras más tardaran en apagarse, mayor sería la prosperidad para la deidad y sus seguidores.

La tradición de celebrar cumpleaños se extendió a la Antigua Roma, donde se empezaron a celebrar los nacimientos de los emperadores y, con el tiempo, se amplió a otros dignatarios como cónsules y senadores.

Con la llegada del Cristianismo, la celebración de cumpleaños fue considerada una tradición pagana y se prohibió en algunas corrientes religiosas, como los Testigos de Jehová. Sin embargo, durante la cristianización de la sociedad romana en el siglo IV, se permitió la celebración de los aniversarios de nacimiento, lo que permitió la introducción de la festividad de Navidad en lugar de las antiguas festividades paganas.

Durante la Edad Media, la tradición de celebrar cumpleaños se extendió a través de la evangelización de los pueblos de Centroeuropa, y en Alemania se empezó a colocar velas dentro de la tarta y a soplarlas para apagarlas.

Con el paso de los siglos, se fueron incorporando nuevas costumbres y tradiciones a la celebración de cumpleaños, como tirar de las orejas o cantar al homenajeado.

En la actualidad, la celebración de cumpleaños se ha adaptado a diferentes culturas y se considera un acto festivo y de alegría. Algunas personas pueden ver ciertos elementos de la celebración, como pedir un deseo antes de soplar las velas, como supersticiones relacionadas con la buena suerte.

Por si es de tu interés saberlo, un servidor, autor de este libro que tienes entre tus manos, nació el 22 de agosto de 1965 en la ciudad de Barcelona.

23. ¿Cuál es el origen de las etiquetas (*hashtags*) utilizadas en las redes sociales?

Conocemos como "etiqueta" o *"hashtag"* al término o frase corta (escrita en una sola palabra) que va precedida por el símbolo llamado almohadilla (#) y que sirve para agrupar y localizar publicaciones por temática realizadas en las redes sociales.

Hoy en día el uso del *hashtag* está extendido en cualquier aplicación y raro es el usuario que no los utilice en alguna de sus publicaciones o para buscar contenido relacionado con un tema que sea de su interés.

El uso de los *hashtag*s se inició y popularizó en Twitter, pero no fue la propia red social quien lo implementó sino el usuario @chrismessina, quien lo introdujo en el texto de un tuit que publicó el 23 de agosto de 2007. Éste evento quedó constando como el primer uso de una etiqueta con la almohadilla en una publicación (concretamente con la palabra #barcamp).

De forma espontánea se hizo inmensamente popular el uso de etiquetas en Twitter, hasta tal punto en el que la propia aplicación incluyó los *hashtags* como una de sus funcionalidades, siendo tomada la idea por el resto de redes sociales.

Ha alcanzado tal éxito la utilización de las etiquetas que a partir de 2018 se decidió nombrar al 23 de agosto como el "Día del *Hashtag*" (#DíaDelHashtag).

Según indican algunas páginas especializadas en RR.SS., es penalizado el abuso en el uso de *hashtags* por parte de algunas aplicaciones, sobre todo cuando se incluyen una gran cantidad en una misma publicación o siempre se ponen las mismas etiquetas en todas las publicaciones de un usuario. Esto puede llevar a ser penalizado con entrar en el *"shadowban"*, nombre con el que se conoce al bloqueo realizado por la propia *app* sobre el contenido o perfil de cuentas con el fin de que no tengan visibilidad.

Pero cabe destacar que las propias redes sociales suelen indicar que el mencionado *shadowban* es un mito y que en sus *app* no se bloquea ningún tipo de contenido por abusar de los *hashtags*, algo que genera numerosas discusiones entre los usuarios y los moderadores de las redes.

#estoesCURIOSÍSIMO

24. ¿De dónde proviene la expresión "Dormir como un lirón"?

La expresión "dormir como un lirón" proviene del comportamiento del lirón, un pequeño roedor que pasa gran parte del día y todo el invierno en estado de letargo o aletargamiento. Esta característica del lirón, de dormir largas horas y permanecer en un estado de sueño profundo, ha dado lugar al símil entre el dormir profundo y plácido y el comportamiento de este animal.

El uso de la expresión "dormir como un lirón" se remonta a la época de los antiguos romanos, quienes ya mencionaban el aletargamiento de este roedor. A partir de esa asociación, se popularizó la expresión para hacer referencia a dormir mucho y profundamente.

Cabe mencionar que en inglés, el lirón es conocido como *"dormouse"*, y su etimología es algo confusa. Muchos expertos sugieren que probablemente proviene de alguna forma anglo-francesa en la que su significado literal sería "ratón que duerme" o "ratón dormilón". Esto también refuerza la idea de que el lirón es conocido por su tendencia a dormir largas horas.

25. ¿De dónde proviene la expresión "Ser un alma de cántaro"?

Se utiliza la expresión "Ser un alma de cántaro" para hacer referencia a una persona sumamente ingenua o pasmada y fácilmente manipulable.

No existe constancia sobre el momento en el que se originó o empezó a utilizar esta locución, aunque sí se sabe que tiene varios siglos de existencia. También es posible encontrar otra variante que es "Ser un alma de cañón", con el mismo sentido y significado.

El alma al que se refiere el dicho es al interior (tanto del cántaro como del mencionado cañón), ya que están huecos y de ahí que se haga la analogía de la oquedad de estos y la ingenuidad de alguien.

26. Sainetes, grasa animal y ensaimadas con un mismo origen etimológico

Es muy curioso observar cómo tres palabras aparentemente diferentes, como los sainetes, el saín (grasa animal) y las ensaimadas, comparten un origen etimológico común.

El término "saín" se refiere a un tipo de manteca o grasa de origen animal. También se utiliza para describir la grasa residual que se encuentra en ciertas prendas debido al contacto con la piel humana, como cuellos y puños de camisa, paños o sombreros.

La palabra "saín" proviene del latín *sagīnum* y en la antigüedad, se utilizaba para referirse a sustancias grasas, incluyendo el sebo que se les daba a los halcones como recompensa en la cetrería cuando entregaban una presa.

Con el tiempo, este término pasó a designar un tipo de obra teatral, generalmente cómica, que se representaba durante el intermedio de otra función, como un aperitivo teatral. Así nació el "sainete", cuyo nombre es el diminutivo de "saín".

El término latino *sagīnum* también derivó en el catalán *saïm*, y a su vez, desde el mallorquín, se formó la palabra "ensaimada", un tipo de bollo hojaldrado en forma espiral, cuya base está hecha de harina, azúcar y manteca de cerdo.

La palabra "ensaimada" se podría traducir como "enmantecada" y está compuesta por el prefijo *en-* (que indica cubierto de), *saïm* (manteca) y el sufijo *-ada* (que indica que ha pasado por esa acción).

27. El curioso origen del término "estafeta"

La palabra "estafeta" que se utiliza para designar a una oficina de Correos donde se dispensa y recoge la correspondencia, tiene un origen curioso y, a pesar de estar vinculada al mundo postal, su etimología proviene del término italiano *staffetta*, que a su vez es el diminutivo de *staffa*, que significa "estribo".

Este curioso origen se remonta a los tiempos en que los carteros realizaban la entrega del correo a caballo. Para facilitar su trabajo, utilizaban estribos para montar y desmontar rápidamente mientras llevaban a cabo el reparto de la correspondencia. Con el tiempo, el término *staffetta* se adaptó en español como "estafeta", y aunque inicialmente hacía referencia al estribo utilizado en la montura de los caballos, eventualmente se asoció con las oficinas de Correos.

La evolución semántica que llevó a vincular el nombre de un accesorio ecuestre con una oficina postal es un ejemplo de sinécdoque, un recurso literario en el cual se utiliza una parte de algo para referirse a todo el objeto o concepto. En este caso, los estribos se convirtieron en el símbolo que representaba la actividad de entrega de correspondencia, y finalmente, el término "estafeta" pasó a referirse a las propias oficinas postales.

28. ¿Cuál es el origen de la expresión "Contigo, pan y cebolla"?

La expresión "Contigo, pan y cebolla" ha sido utilizada desde tiempos inmemoriales para describir la fortaleza y estabilidad de una relación de pareja en momentos de dificultades económicas. Se origina en la idea de que solo las parejas dispuestas a sacrificarse juntas y enfrentar la escasez podrían mantenerse unidas.

El pan y la cebolla han sido considerados alimentos básicos a lo largo de los siglos, especialmente para aquellos con menos recursos. Por lo tanto, decir "Contigo, pan y cebolla" implica un amor incondicional y la promesa de mantenerse unidos incluso en las peores circunstancias.

La expresión ganó popularidad en el siglo XIX, cuando el dramaturgo hispanomexicano Manuel Eduardo de Gorostiza la utilizó como título de una exitosa comedia teatral. La obra tenía una intención moralizante y humorística, y fue escrita por el autor con el propósito de abrir los ojos de su propia hija, Luisa, quien se había enamorado de un pretendiente sin recursos.

El éxito de la obra y su uso común en la sociedad hicieron que "Contigo, pan y cebolla" se convirtiera en sinónimo de amor incondicional, no solo en tiempos de prosperidad, sino especialmente en momentos de dificultades y desgracias. Esta expresión refleja la idea de que el verdadero amor va más allá de las circunstancias materiales y se basa en la disposición de compartir tanto los buenos como los malos momentos.

29. ¿Por qué al espacio de información meteorológica se le conoce como "el tiempo"?

El término "el tiempo" se utiliza comúnmente para referirse al espacio o programa dedicado a los pronósticos meteorológicos en los medios de comunicación. Es uno de los segmentos más seguidos tanto en la radio, televisión y prensa escrita como en aplicaciones móviles, ya que nos proporciona información sobre las condiciones atmosféricas actuales, recientes y futuras.

Es importante tener en cuenta que el término "tiempo" abarca múltiples conceptos, tanto es así que el *Diccionario de la Real Academia Española* (RAE) ofrece hasta 18 acepciones diferentes. La primera acepción se refiere a la "duración de las cosas sujetas a mudanza", mientras que la duodécima acepción se refiere al "estado atmosférico".

El "estado atmosférico" al que se refiere el término "tiempo" alude a las situaciones meteorológicas que se presentan en un momento determinado. Esto incluye la temperatura, presión, viento y nubes que han ocurrido, están ocurriendo u ocurrirán en un futuro cercano (pronóstico).

Para ser más precisos, este segmento debería denominarse "tiempo atmosférico" o "tiempo meteorológico". Sin embargo, desde hace mucho se ha abreviado simplemente como "tiempo". De hecho, en el *Diccionario de Autoridades* de 1739 ya se registra el término, con un total de 15 acepciones, y en la séptima posición se define como la "constitución o temperamento del aire". Es importante tener en cuenta que "tiempo" y "clima" son términos diferentes y no deben utilizarse como sinónimos. A menudo se confunden, pero en realidad se refieren a situaciones distintas.

El "tiempo" se refiere a las condiciones meteorológicas en un momento determinado, como la temperatura, presión, viento, nubes, lluvia, tormentas y olas de calor, entre otros.

Por otro lado, el "clima" se refiere al conjunto de condiciones atmosféricas características de una zona geográfica. Estas condiciones son el resultado de mediciones y análisis de datos atmosféricos recopilados durante un largo período de tiempo (años). El clima nos brinda información sobre el tipo de temperaturas y condiciones que se esperan en un lugar específico. Por ejemplo, el "clima mediterráneo" se caracteriza por ser caluroso y seco en verano, y templado y lluvioso en invierno.

Mientras que el clima ofrece una visión general del comportamiento atmosférico a largo plazo en una región, el "tiempo" se refiere a las condiciones meteorológicas específicas en un momento particular. Es decir, aunque un lugar tenga un clima predominante, es posible que en ciertas ocasiones ocurran cambios inusuales, como lluvias y disminución de temperatura, y a eso precisamente nos referimos como "tiempo".

30. ¿De dónde surge decir que una persona fuerte está "robusta"?

Entre los numerosos sinónimos que se le aplican al término "robusto" están los de fuerte, vigoroso, duro, fornido, saludable o corpulento.

Etimológicamente, el término proviene del latín *robustus*, con el mismo significado, y éste derivaba del vocablo (también latino) *robur* el cual era el nombre dado al árbol que nosotros conocemos como "roble".

Y es que ya en la antigüedad se tenía el convencimiento que el roble (*robur*) era uno de los árboles más fuertes que existían, dando lugar al término con el que se define las mencionadas condiciones.

Decir que una persona está robusta es equivalente a las famosas expresiones "estar como un roble" o "estar fuerte como un roble".

31. ¿Sabías que el jugador que hace un siglo popularizó el "remate de chilena" era vasco?

Una chilena es un remate realizado en los partidos de fútbol en el que un jugador, de espaldas a la portería, salta en el aire hacia atrás con los pies hacia arriba, realizando una especie de voltereta, y chutando el balón que viene a cierta altura. Cuando el balón se introduce en la portería, suele ser considerado uno de los goles más espectaculares y mejor valorados. En algunas ocasiones, esta jugada también es utilizada por defensores con el objetivo de despejar el balón y alejarlo de la portería.

El hecho de que se le llame "remate de chilena" nos da una pista sobre su denominación: Chile. Se cree que se popularizó en este país sudamericano a principios del siglo XX (la mayoría de las fuentes indican 1914, mientras que otras mencionan 1918). Se atribuye su creación a Ramón Unzaga, un joven jugador nacido en 1894 en Deusto (Bilbao) y que se estableció en Chile en 1906 junto con su familia que hasta allí había emigrado.

Ramón Unzaga era un deportista muy versátil, debido a que dominaba otras disciplinas atléticas y tenía una forma física impresionante. Por tal motivo, realizaba esta jugada con frecuencia, pero con la intención de despejar el balón del área, ya que ocupaba la posición de "medio zaguero" y su función principal era defender la zona cercana a la portería. Debido a su excelente forma física, podía ejecutar la jugada varias veces en un mismo partido.

El hecho de que esta jugada se popularizara en Chile llevó a que la prensa la denominara "chilena". Sin embargo, en otros países se le conoce con diferentes nombres. En algunos lugares se le llama "trizaga" (porque, según dicen, vale por tres jugadas) o "chalaca". Este último término es el más utilizado, especialmente en Perú, país que reclama la invención de este tipo de remate. Según antiguas crónicas, durante la última década del siglo XIX se produjo un encuentro de fútbol en Perú en el que se realizó esta jugada. Se sabe poco más sobre su origen o el nombre del jugador que lo ejecutó, pero algunos cronistas e historiadores deportivos defienden que la paternidad de la chilena (en este caso, chalaca) debe atribuirse a los peruanos.

Ramón Unzaga falleció a consecuencia de un ataque cardíaco el 31 de agosto de 1923, a los 31 años de edad.

SEPTIEMBRE

1. ¿Cuáles eran los "siete mares" que se mencionan en las historias de aventuras?

Quienes crecimos leyendo novelas o viendo películas de aventuras recordamos aquellos piratas o intrépidos aventureros que debían cruzar siete mares para lograr sus objetivos, los cuales hacían referencia a un conjunto de mares, tanto reales como mitológicos, ubicados en la zona que comprende Europa, África y Asia (los únicos tres continentes que se conocían en la antigüedad).

El origen de la expresión "siete mares" (o "los siete mares") es antiquísimo, mencionándose por primera vez en el siglo XXIII a.C. en Gaba.

La expresión ha sido empleada por la mayoría de los pueblos de la antigüedad, como chinos, indios, egipcios, antiguos griegos o antiguos romanos (entre otros). A través de estos dos últimos, se estableció el grupo de "siete mares" que es mencionado con más frecuencia en la literatura medieval europea, que incluía el mar Negro, el mar Caspio, el mar Rojo, el mar Mediterráneo, el mar Adriático, el mar de Arabia (parte del océano Índico) y el golfo Pérsico.

Actualmente, la expresión "los siete mares" ha sido adaptada para referirse a todos los océanos del mundo conocido, dividiéndolos en siete partes: el océano Ártico, el océano Antártico o Austral, el océano Pacífico Norte, el océano Pacífico Sur, el océano Atlántico Norte, el océano Atlántico Sur y el océano Índico.

Cabe destacar que el concepto "los siete mares" también aparece mencionado en la literatura antigua. Por ejemplo, en el siglo IX el historiador musulmán Ahmad al-Yaqubi (Ya'qubi) escribió sobre los siete mares que había que cruzar para llegar a China (cada uno con su propio color, viento, peces y brisa), que incluían el mar de Fars, el mar de Larwi, el mar de Harkand, el mar de Kalah, el mar de Salahit, el mar de Kardanj y el mar de Sanji.

2. El curioso origen del nombre de la revista "*Penthouse*"

La célebre revista *Penthouse*, y todo el conglomerado empresarial que actualmente existe a su alrededor, debe su nombre a una ingeniosa idea que tuvo su fundador Bob Guccione. A inicios de la década de 1960 decidió emprender el negocio de publicar una revista de corte erótico en el Reino Unido que fuese un paso más allá que la publicación *Playboy*, que era la que en aquellos momentos mejor funcionaba en Estados Unidos pero que no había calado en los lectores británicos.

Guccione pensó en darle algo más de sexo, además de añadirle secciones de ciencia, humor y política, con el fin de tener un plus de calidad que la revista estadounidense.

Para 1965 lo tenía todo preparado para sacarla al mercado y para el nombre de aquella novedosa publicación se inspiró en el que iba a ser su principal competidor.

Unos años antes (entre 1959 y 1961) Hugh Hefner, impulsor de *Playboy*, había creado y presentado un programa de entretenimiento en la televisión de EEUU que llevaba por título *Playboy's Penthouse*, en el que cada semana aparecían una serie de invitados (la mayoría artistas o personajes muy populares de la época), además de hacer acto de presencia las modelos conocidas como "*Playmates*" o "Conejitas *Playboy*".

La acción del mismo se desarrollaba en un plató que simulaba ser el ático de la mansión *Playboy* y es que el término *penthouse* hace referencia en los países de habla inglesa (o con importante influencia anglosajona) al piso de mayor altura de una edificación (ático) y que, además, se le suele dar un sentido de alto *standing*.

En muchos ambientes, también se denominaba *penthouse* al típico apartamento de soltero donde algunas personas llevaban a sus conquistas o escarceos extraconyugales (conocido comúnmente en español como "picadero").

Por tal motivo, Bob Guccione decidió utilizar dicho término para llamar de ese modo a su nueva revista y así aprovechar el tirón mediático que tenía la publicación de su competidor y el componente sexual y de exclusividad que había adquirido esta palabra.

3. ¿Cuál es el origen del término "apollardado"?

El término "apollardado" (también en las formas "apollardao", "apollargado" y "apollargao") se utiliza para describir a alguien que está distraído, confundido o torpe. Aunque no se encuentran registrados en el *Diccionario de la Real Academia Española* (RAE), estos términos son ampliamente utilizados y tienen cierta antigüedad.

El origen preciso no está claro, pero existen dos posibles procedencias. Por un lado, se sugiere que proviene de una forma despectiva de referirse al comportamiento distraído de los niños o adolescentes, a quienes se les llamaba "pollo" en el pasado.

Decir que alguien está "apollardado" posiblemente hace alusión a ese estado en el que muchos jóvenes no prestan atención y parecen estar constantemente distraídos.

Por otro lado, también se menciona que el origen del término podría estar relacionado con la forma en que se denominaba a ciertos tipos de faldas en España, y que todavía se utiliza en muchos lugares de Hispanoamérica: la "pollera".

En varios países hispanohablantes existen palabras similares para describir a personas de poca inteligencia, que han sido consentidas en exceso por sus madres y/o sobreprotegidas, lo que los ha llevado a ser pusilánimes. Algunos ejemplos son "pollerudo" o "apollerado" (derivado de "apollerar"), que serían sinónimos de "enfaldado".

4. Algunas curiosidades sobre el término "pedigüeño"

El término "pedigüeño" se utiliza para describir a una persona que tiene la costumbre de pedir de manera frecuente, insistentemente e inoportuna. Este vocablo ha sido recogido en diccionarios desde tiempos antiguos, como en el *Vocabulario español-latino* de Antonio de Nebrija en 1495, y en el *Diccionario de Autoridades* de 1737, donde comparte significado con palabras como "pedidor", "pidón" o "pedigón".

La RAE indica que "pedigüeño" proviene de "pedigón", y etimológicamente se forma con el verbo "pedir" y el sufijo aumentativo "*-ón*", que denota una cualidad o condición en un grado mayor.

Una curiosidad interesante sobre el término es que en la forma "pedigüeñería" (cualidad de pedigüeño), es la única palabra en el idioma español que incluye todos los signos gráficos del castellano, como el punto sobre la primera i, la diéresis sobre la "u", la virgulilla en la "ñ", y la tilde en la última í.

5. ¿De dónde surge decir que algo se ha hecho "sin ton ni son"?

Decir que algo se ha hecho "sin ton ni son" es referirse a aquello que se hace fuera de lugar, sin un motivo o causa, sin orden y medida.

El origen de la locución lo encontramos en el mundo de la música, ya que "ton" es la apócope del término "tono" y "son" es correspondiente a "sonido" y surge del hecho de que un músico (que pertenece a una orquesta o banda) entra antes de tiempo, cuando todavía no se le ha dado el pie (el director o el resto de músicos) o lo hace con una nota errónea o desafinada. De ahí que se le indique que ha entrado sin tono ni sonido (adecuado).

Cabe destacar que el *Diccionario de la RAE* también admite decirlo en la forma "sin ton y sin son".

6. ¿De dónde surge la expresión "Ser una perita en dulce"?

La expresión "ser una perita en dulce" se utiliza para resaltar las excelentes cualidades de algo o alguien, refiriéndose a un buen producto, la notable belleza de una persona o incluso a una oportunidad de negocio ventajosa.

Aunque comúnmente se utiliza en forma de "perita en dulce", cabe mencionar que el *Diccionario de la Real Academia Española* la registra como "pera en dulce", lo cual ha generado ciertas discrepancias entre lingüistas y lexicógrafos.

Para rastrear el origen de la expresión, la mayoría de los expertos lo sitúan a finales del siglo XIX. En ese período, se puso de moda en las mejores confiterías vender frutas confitadas como golosinas o dulces, y la pera era particularmente atractiva para los compradores.

Esto se debía no solo a su sabor exquisito, sino también a su aspecto. Las peritas confitadas, que eran de menor tamaño que las peras convencionales, estaban recubiertas de azúcar caramelizado que les daba un aspecto cristalizado, similar a una joya. Además, solían sellar el rabillo con lacre rojo para darles un acabado más llamativo.

Estas peritas en dulce se exhibían en bandejas en las vitrinas de las confiterías, y se convirtieron en objetos de deseo para quienes las observaban. De ahí surgieron expresiones como "ser una perita en dulce" para resaltar la excelencia, belleza o distinción de algo o alguien.

7. ¿De dónde proviene la expresión "Ídolo con pies de barro"?

Suele utilizarse la expresión "Ídolo con pies de barro" (e incluso "Gigante con pies de barro") para señalar la vulnerabilidad y fragilidad de algo o alguien, a pesar de tener una apariencia fuerte y sólida.

El origen de la locución la encontramos en el Antiguo Testamento, más concretamente en el Libro de Daniel (pasaje 2:26-45) en el que este profeta explica el episodio en el que el rey de Babilonia, Nabucodonosor, tuvo un sueño en el que aparecía una gigantesca estatua hecha por diversos elementos: la cabeza era de oro, el torso de plata, las caderas de bronce, las piernas de hierro y los pies eran de barro cocido. Una piedra cayó rodando hacia la escultura, chocando contra los pies y haciéndola desmoronarse, debido a la fragilidad del elemento con la que se había hecho la base, por muy fuertes y sólidas que fueran las del resto del cuerpo.

8. ¿Sabías que originalmente el término "plagio" no tenía nada que ver con el hecho de copiar una obra ajena?

El término "plagio" no siempre estuvo asociado con la acción de copiar obras ajenas. Originalmente, en la antigua Roma, la palabra latina *plagium* se refería a la acción de robar esclavos, pero específicamente cuando se trataba de personas liberadas o exesclavos que eran secuestrados nuevamente para ser vendidos.

En la antigua Roma, existía un próspero negocio de compra y venta de esclavos, y algunos comerciantes se dedicaban a secuestrar a personas liberadas para lucrarse con ellas. Así, el término *plagium* se utilizaba para describir este delito de secuestro de personas liberadas.

El vocablo latino *plagium* tiene su origen en el griego *plágios* (πλάγιος), que también tenía el significado de "secuestrar" entre otras acepciones.

No fue hasta el siglo XVII que el término "plagio" comenzó a utilizarse de manera más generalizada para referirse al acto de robar las ideas literarias de otros. Sin embargo, cabe destacar que en el siglo I d.C., el poeta romano Marco Valerio Marcial, nacido en Bílbilis (hoy Calatayud, España), se quejó de que otro poeta contemporáneo había "secuestrado" (*plagiāre*) algunos de sus versos.

A lo largo del tiempo, el significado de "plagio" se fue ampliando para incluir la copia no autorizada de obras literarias, musicales y otras formas de expresión artística, convirtiéndose en una práctica censurada y con consecuencias legales en muchos países.

9. ¿Cuál es el origen del término "maniquí"?

El término "maniquí" hace referencia a una figura movible que puede ser colocada en diversas actitudes y se utiliza en diferentes contextos, incluyendo como modelo en el arte de la pintura para probar, arreglar o exhibir prendas de ropa o también a la persona que, profesionalmente, se dedica a lucir modelos de ropa (por ejemplo en una pasarela de moda).

Etimológicamente, el término en castellano "maniquí" proviene del francés *mannequin*, que a su vez lo tomó del neerlandés *mannekijn* (que significa "hombrecito"), siendo éste un diminutivo del vocablo *manneken* (hombre).

Según consta, la palabra se usaba, originalmente, para denominar a los muñecos de madera que los pintores y escultores utilizaban como modelos. Sin embargo, a partir de 1858, el empresario textil, de origen francés, Charles Fréderic Worth, propietario de la casa de alta costura Worth, decidió utilizar algunos de aquellos muñecos para mostrar sus modelos a la clientela, adaptando el vocablo original en neerlandés *mannekijn* a su idioma francés *mannequin*, debido a que sonaba más sofisticado.

Desde entonces, el término maniquí se ha utilizado para referirse a las figuras empleadas en escaparates y en la industria de la moda para presentar ropa y accesorios, además de las personas que se dedican a exhibirlas.

El término en castellano fue introducido por primera vez en el *Diccionario de Autoridades* de 1734 con la única acepción de: "Figura movible artificial, y que se deja poner en diferentes acciones a voluntad del pintor". No fue hasta la edición de 1925 del diccionario académico cuando se le añadió la definición "Armazón en figura de cuerpo humano, que se usa para probar y arreglar prendas de ropa" y en la de 1992 como "Persona encargada de exhibir modelos de ropa".

Cabe destacar que dicha publicación, en 1884, añadió la acepción (que todavía continua) de "Persona débil y pacata que se deja gobernar por los demás".

10. ¿De dónde proviene el término "sofisticado"?

El término "sofisticado" tiene sus raíces en los "sofistas", célebres personajes de la antigüedad, especialmente en la Grecia Clásica. Los sofistas eran maestros de la retórica y el arte de usar las palabras al pronunciar discursos y dirigirse a un auditorio. Sin embargo, también eran conocidos por su habilidad en dar la vuelta a los argumentos y persuadir con razonamientos que parecían verdaderos, pero que en realidad eran falsos. A esta técnica se le llamaba "sofisma".

El término "sofisma" ya aparecía en el *Diccionario de Autoridades* de 1739, definido como la razón o argumento aparente con el que se quiere defender o persuadir algo falso. En este mismo diccionario encontramos la palabra "sophisticar", que significa persuadir, altercar o defender algo con razones aparentes o fingidas. Se señala que este término proviene de la voz "Sophista", en referencia a los sofistas.

En el *Diccionario de la Real Academia Española* (RAE), la acepción de "sofisticado" como elegante y refinado se incluyó en 1992. Posteriormente, en 2001, se añadió la definición de "sofisticado" como algo técnica o mecánicamente complejo o avanzado, en referencia a sistemas o mecanismos.

11. ¿De dónde surge la expresión "No ser moco de pavo"?

El origen de la expresión "no ser moco de pavo" o "no es moco de pavo" es objeto de debate y existe cierta confusión al respecto. Aunque hay una etimología popular que relaciona la expresión con la jerga de los delincuentes del siglo XVI y XVII, que utilizaban el término "moco de pavo" para referirse a la cadena que sujetaba los relojes de bolsillo, esta explicación carece de respaldo por parte de la mayoría de los expertos.

En realidad, la expresión "moco de pavo" no aparece en documentos antiguos que hagan referencia a los relojes de bolsillo, las cadenas o los delincuentes.

En el *Diccionario de Autoridades* de 1734, se menciona la expresión en forma interrogativa, sin hacer alusión a los relojes, cadenas o delincuentes, sino más bien como una frase jocosa utilizada para expresar la estimación o entidad de algo que otro considera despreciable.

Por otro lado, se han encontrado referencias escritas del siglo XVI y XVII que utilizan la expresión "moco de pavo" para referirse a algo flácido, flojo o sin consistencia. Por ejemplo, Francisco Santos en su obra *Las tarascas de Madrid* de 1665 menciona el "moco de pavo" al referirse al capirote deformado de un penitente que caía hacia atrás. También Félix María Samaniego en su obra *El jardín de Venus* de 1797 hace referencia a la pérdida de una erección masculina utilizando la expresión.

Estas referencias a la flacidez y falta de consistencia podrían ser la verdadera raíz de la expresión, sugiriendo la pregunta sobre si algo está en condiciones o tiene importancia.

Cabe señalar que, a pesar de la amplia difusión de la explicación relacionada con los relojes de bolsillo, no se ha encontrado evidencia en documentos antiguos o fuentes fiables que respalden esa popular y muy extendida explicación.

12. ¿Por qué se les llama "gatos" a los madrileños?

El origen del gentilicio "gato" para los madrileños es una combinación entre leyenda e historia.

Según la versión más extendida, en el año 1085, durante la conquista de Madrid por las tropas del rey Alfonso VI de León, un soldado logró trepar por la muralla de la fortaleza utilizando una daga para ayudarse. Se dice que subió como un gato, ágil y sigiloso, y cambió la bandera musulmana por la cristiana en el torreón de la fortaleza. A raíz de este episodio, se comenzó a llamar "gato" a los madrileños en honor a ese valiente soldado.

Aunque no se ha conservado el nombre del protagonista ni el de sus sucesores, esta historia ha perdurado en la tradición oral y ha sido aceptada como el origen del gentilicio "gato" para los madrileños.

Es importante destacar que la etimología del nombre Madrid en sí mismo no está completamente clara, pero se cree que podría derivar de "*Mayrit*" o "*Magerit*", que posiblemente signifique "Arroyo matriz" en referencia al río Manzanares junto al cual se construyó la fortaleza.

13. ¿De dónde surge llamar "marioneta" al muñeco utilizado en representaciones teatrales o infantiles?

La denominación "marioneta" para los muñecos utilizados en representaciones teatrales o infantiles proviene del francés *marionnette*, que se utilizaba con el mismo sentido desde el siglo XVI. Este término es en realidad un diminutivo del nombre "María" (*Marie* en francés) y hacía alusión a la Virgen María.

Siglos atrás, muchas representaciones teatrales incluían elementos religiosos con el propósito de evangelizar al público a través del entretenimiento. En este contexto, uno de los personajes representaba a la Virgen María (*Vierge Marie*). Inicialmente, el término *marionnette* se tradujo en algunos lugares o idiomas como "pequeña figura de la Virgen María". Con el tiempo, este término se generalizó y comenzó a utilizarse para referirse a todos los muñecos manipulados por hilos o varillas, sin importar si tenían alguna relación con la temática religiosa o no.

Así, el término "marioneta" pasó a designar a los muñecos utilizados en los espectáculos de teatro de marionetas, siendo manipulados por los titiriteros o marionetistas.

14. ¿Sabías que en la investigación de un crimen la expresión "cuerpo del delito" no hace referencia al cadáver?

La expresión "cuerpo del delito" no se refiere exclusivamente al cadáver en el contexto de la investigación de un crimen. Su origen se remonta al término latino *"corpus delicti"*, utilizado por los juristas del Imperio Romano. Esta expresión engloba todas las pruebas y elementos que rodean un delito y que permiten determinar cómo ocurrió y quién es el responsable.

El "cuerpo del delito" incluye una variedad de pruebas y evidencias que vinculan el delito al principal sospechoso. Esto puede abarcar objetos y herramientas utilizados en el crimen, rastros dejados en la escena del crimen (como huellas, pisadas o muestras biológicas), así como testimonios e indicios que contradicen una posible coartada.

Incluso en casos de desapariciones en los que no se encuentra un cadáver, el "cuerpo del delito" se refiere a todas las pruebas circunstanciales que demuestran la comisión de un crimen y señalan al posible culpable, quien posteriormente sería sometido a juicio.

Cabe destacar que el "cuerpo del delito" no solo se utiliza para demostrar la culpabilidad de alguien, sino también para demostrar su inocencia o falta de culpabilidad en un delito del que se le acusa. Sin pruebas e indicios suficientes recopilados por el "*corpus delicti*", una persona no puede ser acusada y, por lo tanto, se la consideraría "no culpable" (es importante diferenciar entre "inocente" y "no culpable").

15. ¿De dónde proviene la expresión "Dorada mediocridad"?

Se conoce como "Dorada mediocridad" (y también en la forma "dorada medianía" o "dorada moderación") al estado de vivir sosegadamente con lo justo, sin poseer cosas superfluas y con la suficiente comodidad de no padecer necesidades esenciales.

Dicha expresión tiene su origen en la obra del poeta romano Horacio, conocido como Quinto Horacio Flaco. En el siglo I a.C., en su obra *Epístolas*, Horacio utiliza la frase en su forma latina "*aurea mediocritas*" para transmitir la idea de vivir una vida tranquila y satisfecha con lo suficiente, sin buscar lujos excesivos ni padecer necesidades extremas.

Horacio defendía la idea de encontrar un equilibrio en la vida, evitando los extremos tanto de la riqueza desmedida como de la pobreza extrema. Según él, aquel que se contenta con una "dorada mediocridad" no sufre las angustias de un techo que se derrumba ni vive en fastuosos palacios que despierten envidias. En otras palabras, se trata de encontrar la felicidad y la satisfacción en una vida moderada y sin grandes ambiciones.

Es importante tener en cuenta que en el contexto de la época, el término "mediocre" o "mediocridad" no tenía la connotación negativa que a menudo se le atribuye hoy en día. Originalmente, se refería simplemente a algo que se encontraba en el medio, en el término medio. Por lo tanto, la "Dorada mediocridad" no implica una falta de calidad o excelencia, sino más bien un estado de equilibrio y satisfacción con lo suficiente.

16. ¿Cuál es el origen del término "clandestino"?

El término "clandestino" tiene su origen en el latín *clandestīnus*, que está compuesto por las palabras *clam* (secreto, escondido, furtivo), *dies* (día) e *intus* (interior). En su sentido original, se refería a aquel que se ocultaba durante el día o permanecía escondido en el interior.

En la antigüedad, se asociaba la ilegalidad y la actividad practicada en secreto con la realización de actividades durante la noche, lejos de la vista de los demás.

Con el tiempo, el término "clandestino" comenzó a utilizarse para describir aquellas cosas que se realizaban de manera oculta, secreta y fuera de la ley, como imprentas ilegales, restaurantes ocultos, ventas ilegales, médicos sin licencia, entre otros ejemplos.

Cabe destacar que también se utilizó la expresión "matrimonio clandestino" para referirse a las parejas que se unían mediante ritos no tradicionales, sin la presencia de sacerdotes, jueces o testigos, e incluso para describir matrimonios entre personas de diferentes confesiones religiosas.

17. ¿Cuál es el origen del término "fatídico"?

El término "fatídico" proviene del latín *fatidicus*, que significa "el que anuncia el destino". Está compuesto por los vocablos *fatum*, que significa "destino", y *dicere* (decir).

En sus orígenes, el término "fatídico" no se refería específicamente al anuncio de desgracias, sino que se utilizaba para designar a aquellos que afirmaban poder predecir los eventos futuros.

Dado que muchas de estas predicciones estaban relacionadas con acontecimientos desafortunados, con el tiempo la palabra empezó a utilizarse para señalar algo que anuncia o pronostica un hecho funesto o nefasto.

18. El curioso e histórico origen de la etiqueta "*Made in*"

Es bien sabido que la etiqueta "*Made in*" en cualquier producto indica su lugar de origen, principalmente el país. Hoy en día, su presencia en casi todos los artículos que compramos, como lo establecen las regulaciones de diferentes organismos internacionales de consumo, incluida la Unión Europea, puede influir en el éxito de ventas de un producto según su país o región de origen y fabricación.

Aunque la regulación oficial sobre el uso de estas etiquetas es relativamente moderna, debemos retroceder 130 años para encontrar su origen y la razón por la cual se comenzó a atribuir la procedencia a las mercancías que se comercializaban.

Fue en 1887, en Inglaterra, cuando surgió esta práctica como respuesta al proteccionismo arancelario de países como Alemania e Italia, donde las restricciones a los productos extranjeros perjudicaban seriamente los intereses comerciales y económicos británicos.

Los británicos no entendían ni aceptaban que Alemania e Italia restringieran la entrada de productos extranjeros en sus países mientras ellos exportaban libremente. Por esta razón, lanzaron una campaña marcando todos los productos provenientes de Italia y Alemania, con el objetivo de desacreditarlos y reducir su consumo en el mercado inglés, para presionar a ambos países a levantar las barreras arancelarias.

En el Reino Unido, se creía que etiquetar todos los productos alemanes e italianos con su lugar de fabricación ayudaría a los consumidores a distinguirlos y evitar su compra.

Según los expertos, esta referencia al origen de los productos funcionó, aunque de manera contraria a lo que los gobernantes británicos pretendían, ya que los consumidores ingleses sentían una gran fascinación por los productos químicos y mecánicos alemanes, así como los embutidos y vinos italianos. Por lo tanto, al conocer de antemano el lugar de fabricación de cada artículo (gracias a la etiqueta), los consumidores británicos encontraron más fácil adquirirlos.

19. ¿De dónde surge la expresión "Para ti la perra gorda"?

Hasta no hace muchas décadas, la expresión "Para ti la perra gorda" era comúnmente usada para poner fin a una disputa verbal, donde una de las partes decidía no seguir discutiendo, aparentemente otorgando razón a la otra parte, pero en realidad sin hacerlo (hoy en día todavía se utiliza pero comienza a estar en desuso entre las nuevas generaciones).

El origen de esta expresión proviene de una moneda de bronce acuñada en España en 1870, con un valor de diez céntimos de peseta. Esta moneda presentaba en el anverso la figura femenina de Hispania sentada sobre montañas, y en el reverso, un león de pie sosteniendo el escudo de España.

Debido al diseño poco acertado del león en el dorso, la gente comenzó a decir que más que un león, parecía un perro, y así, las monedas de diez céntimos fueron apodadas como "perra gorda". A su vez, existía otra moneda idéntica, pero más pequeña y de menor valor (cinco céntimos de peseta), conocida como "perra chica". Cabe destacar que las monedas de uno y dos céntimos, con el mismo león en el anverso, no recibieron tales apodos.

Durante setenta años, estas monedas fueron de uso común y, por tanto, los términos "perra chica" y "perra gorda" se utilizaron ampliamente, dando origen a la expresión mencionada.

Como dato curioso, en 1941 fueron reemplazadas por monedas de aluminio con nuevos diseños, y el bronce de las antiguas monedas fue utilizado en el tendido eléctrico del ferrocarril que unía las poblaciones de Ávila y Segovia.

20. El curioso origen del término "ámbar"

El término "ámbar" se utiliza para hacer referencia a diversas cosas, incluyendo un color (amarillo tirando a anaranjado, que a menudo se utiliza para describir el disco de un semáforo entre el rojo y el verde). También se refiere a una resina utilizada en la fabricación de algunas joyas.

Además, podemos encontrar el término "ámbar" asociado al conocido "ámbar gris", una sustancia grisácea con vetas amarillentas que se obtiene de las vísceras del cachalote. Desde la antigüedad, se ha utilizado para elaborar perfumes y ungüentos medicinales.

La referencia al animal cetáceo es lo que originó el término "ámbar". La palabra llegó al castellano desde el árabe hispánico *ánbar*, que a su vez proviene del árabe clásico *anbar*, que significa literalmente "cachalote".

En tiempos pasados, se creía firmemente que el pigmento amarillento utilizado para teñir algunas telas se obtenía de los desechos de las vísceras de los cachalotes. Con el tiempo, el término "ámbar" también comenzó a utilizarse para referirse a la resina fósil obtenida de ciertos árboles.

Cabe destacar que, siglos atrás, esta resina también era conocida como "*succino*", un término derivado del latín *succĭnum* con el mismo significado.

21. ¿Sabías que el descubridor de la "anestesia epidural" fue un médico militar español?

Fidel Pagés Miravé, destacado médico militar español, revolucionó el campo de la anestesiología con su descubrimiento de la técnica de anestesia epidural, la cual sigue siendo ampliamente utilizada en todo el mundo en la actualidad. Su innovación ha permitido a los pacientes experimentar menos dolor durante procedimientos quirúrgicos y de parto.

En 1921, Pagés Miravé publicó un artículo donde describía la técnica de anestesia epidural y sus beneficios. Sus primeros experimentos se centraron en pacientes con dolor lumbar crónico, logrando un alivio significativo.

Desde entonces, la anestesia epidural se ha utilizado en numerosos procedimientos quirúrgicos, incluyendo cirugías de columna vertebral, torácicas y abdominales, así como en partos y el legado de Fidel Pagés Miravé ha sido ampliamente reconocido.

Fidel Pagés Miravé falleció el 21 de septiembre de 1923 a los 47 años, como resultado de un trágico accidente de tráfico.

22. ¿Cómo comprobaban antiguamente si una moneda era falsa?

Desde la antigüedad se han acuñado monedas utilizando metales como el oro, la plata (o aleaciones de ambos), el cobre, el bronce, el vellón (aleación de cobre y plata) e incluso aleaciones de níquel o plomo. En ocasiones, los metales menos valiosos eran bañados con capas de oro o plata.

Esta práctica se remonta a la invención de la moneda como medio de intercambio en transacciones comerciales, reemplazando métodos anteriores como el uso de sal, piedras, trueque de productos o animales.

Sin embargo, llegó un momento en el que acuñar monedas se volvió una habilidad accesible para casi cualquier persona, lo que llevó a la aparición de piezas de dinero que no tenían el valor que se les asignaba. Estas monedas se fabricaban con metales baratos como níquel, plomo, cobre o bronce, y luego se las bañaba con oro o plata para hacerlas pasar por monedas de mayor valor.

Una de las tácticas utilizadas desde la antigüedad por los comerciantes (incluso en la joyería hasta el día de hoy) para verificar si una moneda era falsa consistía en utilizar la llamada "piedra de toque". Esta era una piedra similar al mármol con la que se rayaba la moneda sospechosa y luego se le agregaba una gota de ácido nítrico, un líquido corrosivo. Si la moneda estaba hecha de metal noble, no ocurría nada, pero si estaba hecha de aleaciones de metales de baja calidad, la muesca hecha por la piedra de toque se volvía de color oscuro.

La muesca realizada con la piedra de toque también permitía examinar el color interior de la moneda y compararlo con muestras conocidas para determinar a qué metal o aleación correspondía.

Por supuesto, existían otros métodos para detectar monedas falsas, como medirlas, comprobar su peso, morderlas (si se doblaban o dejaban marcas profundas, eran falsas) e incluso dejarlas caer sobre una superficie, como el mármol, y evaluar el sonido y el rebote para obtener pistas sobre su autenticidad.

23. ¿De dónde proviene la expresión "entonar el *mea culpa*"?

La expresión "entonar el *mea culpa*" proviene de un fragmento de una famosa oración que se rezaba en latín y que era conocido como "Confíteor". Éste decía del siguiente modo:

Confiteor Deo omnipotenti, et vobis, fratres;

quia peccavi nimis cogitatione, verbo, opere et omissione:

mea culpa, mea culpa, mea maxima culpa.

Ideo precor beatam Mariam semper Virginem,

omnes angelos et sanctos et vos, fratres,

orare pro me ad Dominum, Deum nostrum. Amen

Desde el siglo XVI y hasta mediados del XX, era habitual que las misas se oficiaran por el conocido "Rito Romano", por el cuál la mayor parte de la ceremonia religiosa se realizaba en latín (incluyendo las oraciones). El Confiteor (traducido como "Yo confieso" o más popularmente como "Yo pecador") era una de las más utilizadas durante el culto religioso.

Dependiendo de tu edad, posiblemente su traducción al castellano te suene algo más que en latín:

Confieso ante Dios todopoderoso, y ante vosotros, hermanos:

que he pecado mucho de pensamiento, palabra, obra, y omisión;

por mi culpa, por mi culpa, por mi grandísima culpa.

Por eso, ruego a Santa María, siempre Virgen,

a los Ángeles, a los Santos, y a vosotros, hermanos,

que intercedáis por mí ante Dios, nuestro Señor. Amén.

En el momento de pronunciar la oración, era habitual que al llegar al fragmento del "*mea culpa, mea culpa, mea maxima culpa*" (por mi culpa, por mi culpa, por mi grandísima culpa) se hiciera dándose unos leves golpes con la mano o el puño cerrado sobre el pecho, dando lugar esa escenificación dónde de devoción y admisión de los pecados como una entonación del mea culpa, quedando asociada dicha locución al acto de reconocer los errores propios.

24. ¿De dónde surge la expresión "Estar en capilla"?

La expresión popular "Estar en capilla" se utiliza para describir el momento previo a una situación importante y decisiva en la vida de una persona, como contraer matrimonio, presentarse a un examen o realizar una entrevista de trabajo.

La mayoría de los expertos y etimólogos sugieren que esta expresión se originó en el siglo XIV en los círculos estudiantiles de la Universidad de Salamanca. En aquel entonces, los estudiantes que estaban a punto de graduarse o de obtener su doctorado debían presentar su trabajo final o tesis ante un tribunal en la Catedral Vieja de Salamanca.

La noche anterior a esta presentación, los alumnos solían pasarla en la capilla de Santa Bárbara, donde repasaban sus notas, reflexionaban y se preparaban para el gran día.

Fue precisamente esta noche que pasaban en vigilia, esperando enfrentarse al tribunal universitario, lo que dio origen a la expresión "estar en capilla". Después de la prueba, si el estudiante era aprobado, salía por la puerta principal de la catedral; en caso contrario, debía abandonarla por una de las puertas traseras, conocida como la "puerta de carros".

Es importante destacar que existe otra posible explicación para esta expresión, que indica que durante el reinado de Felipe II, el monarca ordenó que todas las prisiones tuvieran una capilla donde los presos que iban a ser ejecutados pasaran su última noche, rezando y arrepintiéndose de sus pecados y delitos.

Aunque se sabe que esta práctica existió, no puede ser el origen de la expresión, ya que Felipe II reinó en la segunda mitad del siglo XVI, mientras que hay registros del uso de la expresión en los círculos estudiantiles de Salamanca tres siglos antes.

También se ha mencionado, en algunas enciclopedias o libros sobre tauromaquia, que la expresión hace referencia a los momentos previos que un torero pasa rezando en la capilla de la plaza de toros antes de salir al ruedo, pero estas referencias son de finales del siglo XIX y la locución se utilizaba muchísimo antes, por lo que no se considera un posible origen.

25. ¿Qué es y por qué es tan famosa la "Quinta Enmienda"?

Estamos acostumbrados a ver en películas y series o leer en novelas algunas tramas en las que, tras ser acusado de un delito o ser citado a declarar, alguien dice a las autoridades que quiere acogerse a la "Quinta enmienda".

La Quinta Enmienda a la Constitución de los Estados Unidos fue aprobada por el Congreso el 25 de septiembre de 1789 y fue ratificada por los estados el 15 de diciembre de 1791 (junto a otras nueve enmiendas). Desde ese momento, ha sido una parte integral de la Constitución de los Estados Unidos y ha sido ampliamente aceptada como una protección esencial de los derechos individuales de los ciudadanos estadounidenses.

Forma parte, con veintiséis enmiendas más, de la "Carta de los Derechos" (*Bill of Rights*) que protege a los ciudadanos de Estados Unidos contra abusos del poder gubernamental.

Dicha enmienda establece varios derechos, incluyendo el derecho a no ser acusado de un delito sin una acusación formal, el derecho a un juicio imparcial, el derecho a un abogado defensor, y el derecho a no incriminarse a uno mismo.

Los ciudadanos se acogen a la Quinta Enmienda cuando están siendo interrogados o acusados de un delito, porque ésta les brinda protección contra la autoincriminación y les permite mantener silencio si creen que sus respuestas pueden incriminarlos. Esto también ayuda a garantizar un juicio justo, ya que prohíbe que se presente evidencia alguna obtenida de manera ilegal o por medio de una violación de derechos constitucionales.

Algunos de los artículos más importantes de la Quinta Enmienda son:

- Derecho a no ser acusado de un delito sin una acusación formal:

    Establece que ninguna persona será acusada de ningún delito capital o infracción grave, sino por presentación formal ante un jurado.

- Derecho a un juicio imparcial:

    Se garantiza el derecho a un juicio imparcial, es decir, con un jurado de iguales y un juez que no esté influenciado por el gobierno o por prejuicios personales.

- Derecho a un abogado defensor:

    Se establece el derecho a un abogado defensor para aquellos que son acusados de un delito. Este abogado está allí para proteger los derechos del acusado y asegurarse de que se lleve a cabo un juicio justo.

- Derecho a no incriminarse a uno mismo:

    Da total derecho a no incriminarse a uno mismo, también conocido como el derecho a permanecer en silencio. Esto significa que una persona no está obligada a testificar en su perjuicio y puede elegir no hacerlo sin que esto sea usado en su contra durante un juicio.

26. ¿De dónde proviene el término "saqueo" como sinónimo de robo?

Se conoce como "saqueo" al acto de "saquear", el cual hace referencia a la acción de robar algo (normalmente por la fuerza).

Muchos han sido los conflictos bélicos, a lo largo de la historia, en los que, tras conquistar un lugar, los soldados invasores aprovechaban para robar todo aquello de valor que podían y para ello iban provistos de sacos, donde metían todo lo que podían llevarse.

Ese tipo de robo pasó a ser conocido como saqueo y con él nació la expresión "entrar a saco" como sinónimo de hacer algo de forma irrespetuosa, dándole con los años las diferentes variantes de uso que hoy en día todos conocemos.

27. ¿De dónde surge la expresión "Enterrar el hacha de guerra"?

La expresión "enterrar el hacha de guerra" es un concepto que aparece frecuentemente en películas del Oeste, donde se hace referencia a la acción de poner fin a un conflicto o reconciliarse.

Sin embargo, esta expresión no es simplemente una invención del cine o de los llamados *"spaghetti westerns"* españoles, sino que tiene sus raíces en la realidad histórica.

Hay evidencia de que mucho antes de la colonización del continente americano, las tribus nativas americanas practicaban una ceremonia en la que enterraban sus armas en períodos de paz o cuando alcanzaban acuerdos con sus enemigos. En caso de romperse la tregua y declararse nuevamente la guerra, desenterraban sus armas.

Uno de los instrumentos de ataque y defensa utilizado era el *"tomahawk"* (término anglosajón para referirse al hacha, derivado de la palabra nativa *"tamahaac"*), que solía ser portado por el jefe de la tribu y tenía un significado especial.

Desde entonces, las expresiones "enterrar el hacha de guerra" o "desenterrar el hacha de guerra" se utilizan metafóricamente para describir la acción de reconciliarse o enfrentarse nuevamente con alguien en situaciones de conflicto o desacuerdo.

28. ¿Qué diferencia hay entre "raza" y "etnia"?

La raza y la etnia son conceptos que a menudo se utilizan como sinónimos, pero tienen diferencias significativas.

La raza es un concepto social y cultural, pero no científico, ya que no existe una definición universalmente aceptada de la raza y la ciencia ha demostrado que no existen razas puras o distintas.

Según el *Diccionario de la RAE*, estas son las tres acepciones que se le da a este término: "Casta o calidad del origen o linaje", "Cada uno de los grupos en que se subdividen algunas especies biológicas y cuyos caracteres diferenciales se perpetúan por herencia" y "Calidad de algunas cosas, en relación con ciertas características que las definen".

La etimología de la palabra "raza" es incierta, aunque los académicos de la RAE señalan que proviene del italiano *rassa*, cuyo significado era "casta, linaje o descendencia". La idea original de raza se utilizaba para describir diferentes grupos de animales. Con el tiempo, se extendió a los seres humanos y se convirtió en un concepto social y cultural para describir categorías basadas en la apariencia física de las personas (por ejemplo por el color de la piel).

Por otro lado, el término "etnia" hace referencia a un grupo de personas que comparten una historia común, cultura, idioma, tradiciones y valores. Se trata de un concepto más amplio y menos basado en la apariencia física que la raza.

La etnia puede ser influenciada por la apariencia del grupo (color de piel, rasgos físicos), pero también son determinantes factores como la procedencia o nacionalidad, la religión, lengua y costumbres o tradiciones culturales.

Etimológicamente el vocablo etnia proviene del griego *ethnos*, que significa "pueblo, nación". El *Diccionario de la RAE* le da la acepción "Comunidad humana definida por afinidades raciales, lingüísticas, culturales, etc". La palabra fue incorporada al diccionario académico por primera vez en su edición de 1984.

29. ¿Por qué cuando hervimos leche queda flotando una capa de nata?

Es común que después de hervir leche, algunas personas sientan la necesidad de retirar una capa o telilla que se forma en la superficie y que se conoce como "nata".

Hoy en día, esta capa de nata es mucho menos frecuente que en el pasado, especialmente debido al riguroso proceso de pasteurización al que se somete la leche. Sin embargo, incluso después de que tenga lugar, sigue formándose una telilla tras hervir la leche, que no está relacionada con la grasa (nata) que se suele retirar y utilizar para otros productos lácteos.

La capa que aparece flotando sobre la leche hervida se conoce como "lactoalbúmina" y es una proteína presente en la leche. Cuando hierve, esta proteína se separa del líquido y al enfriarse se solidifica y queda flotando en la superficie debido a su diferente densidad.

Aunque pueda resultar desagradable para algunos, es recomendable no retirar esta capa de nata, ya que es la parte de la leche que vamos a consumir y que posiblemente contiene más proteínas y vitaminas. Además, es fácil de digerir y nos proporciona los beneficios que esperamos obtener al beber un vaso de leche.

Por cierto, el nombre de la nata de la leche es "názora", un término cuya etimología es incierta y su primera aparición en el *Diccionario de Autoridades* fue en su edición de 1734.

30. ¿De dónde surge decir que alguien hace algo "de cara a la galería"?

Se utiliza el modismo "hacer algo de cara a la galería" para indicar que alguien actúa (habla, trabaja o hace algo concreto) con el propósito de agradar a determinadas personas, presumiendo frente a éstas o con deseo de exhibirse.

El origen de su uso lo encontramos en el mundo del teatro en el que antiguamente las localidades más baratas se encontraban en la parte alta de los mismos (conocida como "galería"), siendo ocupadas por un público que solía ser menos exigente con los actores a la hora de valorar una actuación.

El actuar de cara a la galería (o sea, declamando hacia esa parte del público) propiciaba que éste fuese más generoso a la hora de aplaudir determinada actuación, mientras que los de las butacas más caras solían ser más rácanos en ese sentido.

OCTUBRE

1. ¿De dónde proviene la expresión "Conseguir algo bajo cuerda"?

Se dice que se ha "conseguido algo bajo cuerda" cuando se hace de manera poco lícita, a través de un favor o sin que otras personas se enteren.

Esta expresión nació en relación a un juego muy similar al tenis que se practicaba en el siglo XVII y en el que había una cuerda que colgaba y dividía el terreno que ocupaban los jugadores (lo que hoy conocemos como la red).

Entre las reglas de dicho juego estaba la prohibición de pasar la pelota por debajo de la mencionada cuerda, pero algunas eran las ocasiones en las que un jugador la colaba de ese modo para intentar ganar un punto decisivo. Esto lo hacía aprovechando un despiste de su contrincante o que los posibles espectadores no estuviesen mirando en ese momento e incluso que éstos hicieran la vista gorda para dejarle ganar dicho punto, al tratarse el jugador tramposo de alguien importante (el rey, un aristócrata…).

De ahí que aquello que se obtiene de manera poco legal se le denomine como hacer o conseguir algo "bajo cuerda" o "por debajo de cuerda".

2. ¿Sabes qué es la "criptomnesia"?

La criptomnesia es un fenómeno en el cual utilizamos ideas o recursos almacenados en nuestra memoria sin ser conscientes de ello. Es una forma de "plagio inconsciente" en la que una persona cree tener una idea original, pero en realidad es algo que previamente había visto, leído o escuchado.

El término "criptomnesia" fue acuñado por el psicólogo Théodore Flournoy a principios del siglo XX, quien lo estudió en el contexto de las experiencias de una médium.

La criptomnesia puede ocurrir en cualquier momento de nuestra vida y puede estar relacionada con diversos factores, como la exposición a una gran cantidad de información, el estrés, la fatiga o el consumo de sustancias.

Además, puede ser problemática cuando afecta a personas que se dedican profesionalmente a la creación, ya que podrían estar utilizando ideas o trabajos de otras personas sin ser conscientes de ello. En la era de las redes sociales, este fenómeno también se da con frecuencia en publicaciones en línea entre diferentes usuarios.

Para prevenir la criptomnesia, es recomendable mantener un registro de las ideas propias y los recursos utilizados, así como revisar regularmente las propias creaciones para asegurarse de que no se está plagiando el trabajo de otra persona. También es importante evitar la sobreexposición a una gran cantidad de información en un corto período de tiempo, ya que esto puede dificultar la capacidad de la memoria para diferenciar entre lo que es original y lo que es ajeno.

Cabe destacar que la criptomnesia no es exclusiva individualmente, sino que también puede ocurrir a nivel colectivo, cuando varias personas tienen una idea similar al mismo tiempo, sin ser conscientes de que la idea ya ha sido propuesta anteriormente. Esto muestra cómo la memoria y la influencia de la información previa pueden afectar nuestra capacidad para reconocer la originalidad de nuestras ideas.

3. ¿De dónde surge la expresión "Pedir árnica"?

La expresión "Pedir árnica" está prácticamente en desuso pero durante mucho tiempo fue utilizada para hacer referencia a aquella persona que solicitaba algún tipo de compasión (el *Diccionario de la RAE* define la locución como "Solicitar compasión, explícita o implícitamente, al sentirse inferior en ideas o acciones").

La árnica a la que se hace referencia es una planta que, a partir de la Edad Media y durante varios siglos, se utilizó frecuentemente (sobre todo en Centroeuropa) para elaborar medicamentos, bálsamos y ungüentos a los que se les atribuía todo tipo de propiedades (una especie de "panacea universal").

El hecho de ser considerada como un "curalotodo milagroso" es lo que dio pie a que aquellos que solicitaban algún tipo de compasión (perdón, clemencia, un favor...) se les señalara como que pedían árnica, popularizándose la expresión durante varios siglos.

4. ¿Cuál es el origen del término "pedigrí"?

El término "pedigrí" se refiere a la genealogía o documento que muestra la ascendencia y características importantes de un animal, como la pureza de su raza.

Se utiliza principalmente en caballos, perros y gatos para determinar el valor genético de los ejemplares, lo cual es especialmente relevante en animales destinados a exposiciones y competiciones. Decir que un animal tiene pedigrí añade valor a su evaluación.

Etimológicamente, el término fue adoptado del inglés *pedigree*, que a su vez proviene del francés "*pied de grue*", que significa literalmente "pata de grulla".

Siglos atrás, los criadores de caballos categorizaban a los ejemplares siguiendo estándares de calidad, pureza de raza, sexo y otros criterios que determinaban el valor de los equinos y para ello realizaban una marca que constaba de tres segmentos de líneas, cuya disposición se asemejaba a la huella dejada por la pata de una grulla, un ave zancuda de patas largas.

Algunas fuentes indican que dicha marca (*pied de grue*) se hacía directamente en el caballo mediante un hierro candente, mientras que otras señalan que se dibujaba en un documento similar a un árbol genealógico del animal. Este dibujo recordaba la forma de la pata de una grulla.

La denominación francesa *"pied de grue"* se transformó en el término inglés *pedigree*, posiblemente debido a la dificultad de los anglófonos para pronunciarla correctamente. También se sugiere que pudo haberse mezclado con el término inglés *degree* (grado, nivel, categoría).

La palabra fue incorporada al *Diccionario de la Real Academia Española* (RAE) en su edición de 1992, adoptando la forma castellanizada "pedigrí". Su plural puede escribirse como "pedigríes" o "pedigrís" (ambas formas son aceptadas), y se recomienda evitar la forma *pedigré*, que es una adaptación francesa del anglicismo.

5. ¿Cuál es el origen de la expresión "El hombre propone y Dios dispone"?

La expresión "El hombre propone y Dios dispone" se utiliza para señalar que, a pesar de nuestros planes y esfuerzos, el destino puede alterar los resultados de manera imprevista. Esta frase se popularizó a partir de su inclusión en la obra "Imitación de Cristo" del canónigo alemán Tomás de Kempis, publicada en el siglo XV. Durante mucho tiempo, este libro fue consultado por numerosas generaciones de religiosos.

El texto original en latín decía *"Homo proponit, sed Deus disponit"*, y estaba inspirado en un pasaje bíblico del libro de Proverbios (16:9), que dice: "El hombre dispone su camino, pero al Señor corresponde disponer sus pasos".

La expresión ha sido utilizada por varios escritores en sus obras, como Miguel de Cervantes en *La gitanilla* (1613) y en la *Segunda parte del ingenioso caballero don Quijote de la Mancha* (1615), Marcos Fernández en su libro *Olla podrida a la española* (1655) y Mariano José de Larra en *Ni por ésas. Verdadera contestación de Andrés a Fígaro* (1836), entre otros.

6. ¿De dónde surge decir a alguien que es "como el capitán Araña"?

La expresión "como el capitán Araña" se utiliza para referirse a alguien que engaña o persuade a otros para que hagan algo y luego se queda al margen. Esta frase proviene de un curioso personaje del siglo XVIII.

En aquel tiempo, era común contratar a hombres para embarcarse en expediciones hacia las posesiones coloniales del Imperio. Se dice que había individuos encargados de reclutar y convencer a nuevos marinos para estos viajes, pero una vez que los persuadían a embarcarse, ellos se quedaban en tierra en busca de más voluntarios para otras expediciones, obteniendo un beneficio económico por su labor de intermediación.

Uno de estos reclutadores era conocido como el capitán Arana (también mencionado como Aranha), aunque hay discrepancias sobre su origen, ya que algunas fuentes lo señalan como vasco, otras como gaditano y el lexicógrafo José María Iribarren lo describe como portugués, con el apellido "Aranha".

Así, la expresión "como el capitán Araña" se utiliza para referirse a alguien que convence a otros para que hagan algo y luego se desliga de las consecuencias o responsabilidades, obteniendo un beneficio personal en el proceso.

7. ¿Cuál es el origen de la expresión "Buscar tres pies al gato"?

Según consta, la expresión "Buscarle tres pies al gato", con la que se aconseja no complicar un asunto, originalmente era "Buscarle cinco pies al gato".

Algunas fuentes apuntan que originalmente dicha locución era algo más larga y decía "Buscarle cinco pies al gato, y no tiene más que cuatro", recibiéndose como respuesta, en modo jocoso, lo siguiente: "No, que son cinco con el rabo".

Según señalan la mayoría de los expertos, la frase no hablaba de tres pies, sino de cinco y se achaca a Miguel de Cervantes que la cambiara al ponerla en la forma de tres pies en boca del protagonista de *El Quijote*.

Otro posible origen está en el hecho de que el vocablo "pies" de dicha locución hiciera referencia a las sílabas que forman la palabra "gato" y, por tanto, el buscarle tres sílabas (pies) sería algo imposible y con ánimo de complicar el asunto.

También hay quien indica que la locución podría ser una deformación de "buscar el traspiés al gato", aunque esta versión parece no convencer a la mayoría de los etimólogos.

Cabe destacar que en un gran número de países de habla hispana, del continente americano, suele utilizarse la expresión en la que se mencionan cinco pies y no tres, existiendo diferentes versiones de la misma como: "buscarle la quinta pata al gato", "no le busques la quinta pata al gato" o "le andas buscando la quinta pata al gato".

8. ¿De dónde surge decir que alguien con paciencia tiene "mucha correa"?

"Tener mucha correa" es una antiquísima expresión utilizada para indicar que una persona tiene mucha paciencia, conformidad y resignación ante algún asunto.

En un inicio, esta locución era ligeramente diferente y se decía en la forma "tener más correa que San Agustín".

Y es que es precisamente una de las piezas fundamentales y características de la vestimenta que utilizan los religiosos de la orden de los agustinos lo que da origen a la expresión: la correa.

La inmensa mayoría de órdenes religiosas han utilizado desde sus inicios algún tipo de cordón o soga que era anudado en la cintura sobre el hábito, pero los agustinos se destacaron por usar una correa de cuero y, originalmente, con hebilla hecha con un hueso animal.

Esta correa se caracterizaba por ser larga, ya que daba toda la vuelta a la cintura y después caía hasta por debajo de las rodillas.

La orden religiosa de los agustinos (así como su fundador) siempre tuvo fama de poseer una gran serenidad y resignación, de ahí que surgiera la expresión haciendo referencia a la largura de la correa y la paciencia.

9. Cuando en la Corte española se puso de moda usar la "lechuguilla"

La "lechuguilla" era un complemento de moda utilizado en los siglos XVI y XVII, durante los reinados de Felipe II y Felipe III. Consistía en una fina tela almidonada que se colocaba como adorno alrededor del cuello y los puños de la vestimenta.

Esta tela tenía pliegues y dobleces que recordaban a las hojas de lechuga, de ahí su denominación. La lechuguilla era rígida debido a la cantidad de almidón utilizado en su confección.

Además de "lechuguilla", también se le conocía como "gorguera", término que proviene del latín *gurga* que significa "garganta". Este nombre hacía referencia a la ubicación del adorno alrededor del cuello.

También se conoce a este complemento con el nombre de "cuello isabelino", debido a que Isabel I de Inglaterra (cuñada de Felipe II) también lo utilizó y puso de moda en su Corte.

10. ¿De dónde surge llamar "paria" a la persona desprovista de derechos en la sociedad?

El término "paria" se utiliza para describir a las personas que han sido privadas de derechos, privilegios y ventajas en la sociedad, siendo consideradas inferiores y excluidas de las ventajas que disfrutan los demás.

La palabra "paria" fue incluida por primera vez en el *Diccionario de la Real Academia Española* (RAE) en la edición de 1884. Proviene del portugués *pária*, que a su vez lo tomó del sánscrito *parâyatta*, que significa "sometido o subordinado a la voluntad de otro". En el contexto de la India, se refería a los miembros de la clase más baja de la sociedad, excluidos de derechos religiosos y sociales.

En la casta de los *parâyatta* se incluían aquellos nacidos de relaciones adúlteras, hijos de madres solteras o de viudas casadas en segundas nupcias. Estas personas tenían restricciones en su vida social, solo podían contraer matrimonio dentro de su propio grupo y se les asignaban los trabajos peor remunerados y valorados.

El término "paria" ha sido occidentalizado y se utiliza para describir a personas socialmente desprotegidas. Incluso se menciona al inicio de algunas versiones de "La Internacional", el himno oficial de los movimientos de izquierda.

11. ¿De dónde proviene decir que algo es de "palabras mayores"?

Suele utilizarse la forma "palabras mayores" para indicar que algo es de una importancia, gusto o valor mucho mayor de lo esperado o de lo corriente (por ejemplo hablar de cocina y al nombrar a cierto *chef* decir "eso ya son palabras mayores").

Pero, originalmente, esas "palabras mayores" a las que hace alusión la locución nada tenían que ver con el significado que le damos actualmente, sino que hacía referencia a un listado de términos, insultos, injurias, calumnias o groserías que eran consideradas como impropias, siendo incluso tachadas como blasfemia y que podían constituir algún tipo de delito o pecado, por lo que se procedía a multar y castigar a los infractores que las pronunciaran o que hubiesen sido denunciados y acusados de hacerlo.

12. ¿De dónde surge utilizar el término "bodrio" para referirse a algo mal hecho?

El término "bodrio" se utiliza para referirse a algo que no nos gusta, que consideramos malo o mal hecho. Originalmente, este término no tenía un sentido negativo o despectivo, pero a lo largo del tiempo ha adquirido esa connotación.

El origen etimológico de "bodrio" se encuentra en el italiano *brodo*, que se pronunciaba como "bródio" en español en el siglo XVIII. Este término significaba literalmente "caldo" y se refería a una sopa que se elaboraba con sobras de pan, verduras y legumbres, especialmente en los conventos, para servirla a los necesitados. A su vez, el término italiano brodo proviene del germánico *brod*, que también significa "caldo".

El término "bodrio" adquiere una connotación negativa debido a su asociación con una sopa aguada, insípida y elaborada con ingredientes de descarte en conventos. Con el tiempo, su significado original evolucionó para referirse a algo desagradable.

En la actualidad, cuando decimos que algo es un "bodrio", generalmente nos referimos a que es aburrido, malo o de mala calidad.

13. ¿Pueden los gemelos tener huellas dactilares idénticas?

Aunque los gemelos comparten la misma información genética, sus huellas son únicas y se forman a partir de factores que no están completamente determinados por la genética.

Durante el desarrollo fetal (entre el segundo y el sexto mes del embarazo), la piel de los dedos de las manos y de los pies comienza a crecer más rápido que el tejido que se encuentra debajo de ella. Esta expansión de la piel provoca que se formen arrugas en la superficie de los dedos. A medida que el feto se mueve dentro del útero, estas arrugas se juntan y forman patrones únicos de líneas, crestas y remolinos en la yema de los dedos.

La configuración precisa de las crestas papilares es determinada por la composición del líquido amniótico y los movimientos del feto mientras toca su entorno durante el desarrollo fetal.

Estos patrones de líneas y crestas son únicos para cada individuo, y permanecen relativamente constantes a lo largo de la vida e incluso en el caso de los gemelos totalmente idénticos éstos tendrán patrones de huellas dactilares ligeramente diferentes.

Cabe destacar que es extremadamente improbable que haya dos personas en todo el planeta con huellas dactilares exactas y se estima que la probabilidad de encontrar dos huellas dactilares idénticas es de aproximadamente 1 entre 64 mil millones (teniendo en cuenta que tenemos una población mundial de 8 mil millones).

14. ¿Sabías que el término "*Gremlin*" existe desde mucho antes que la famosa película?

Los "*Gremlins*" son criaturas conocidas por su aparición en la película de 1984 dirigida por Joe Dante. Sin embargo, el nombre no fue inventado por Chris Columbus, el guionista de la película, sino que se inspiró en un libro del mismo nombre escrito por Roald Dahl en 1943.

En el cuento de Dahl, titulado "Los Gremlins", se relatan las aventuras de pequeñas criaturas traviesas que sabotean a los pilotos de la Fuerza Aérea Británica durante la Segunda Guerra Mundial. Dahl se basó en una superstición existente entre los pilotos británicos que atribuían los fallos técnicos en sus aviones a estos duendes del folclore británico.

La creencia en los *gremlins* como causantes de problemas o averías se remonta a varios siglos atrás en diferentes regiones de Gran Bretaña e Irlanda. Desde el siglo XV, se les ha atribuido la responsabilidad de los percances o fallos en el trabajo.

A día de hoy, el término *"gremlin"* se sigue usando para referirse a situaciones inesperadas o problemas repentinos. Se utiliza en contextos como el automovilismo (una avería imprevista), la impresión de libros o periódicos (cuando aparece una errata en el texto) e incluso en situaciones domésticas (roturas o puertas que se cierran de golpe).

El origen etimológico del término no está del todo claro. Algunas fuentes sugieren que proviene del gaélico irlandés *gruaimin*, que significa "hombrecito de mal genio". Sin embargo, otras teorías relacionan el término con una combinación del apellido de los hermanos Grimm y la marca de cerveza "Fremlin", aunque no hay evidencia sólida que respalde esta última hipótesis.

15. ¿Cuál es el origen del término "empatar"?

Se conoce como "empate" o "empatar", a la acción de quedar igualado u obtener un mismo resultado dos o más contrincantes que se enfrentan en una competición o votación ("empate a votos", "el encuentro de fútbol ha finalizado con un empate a cero"…).

Etimológicamente el término empatar llegó al castellano desde el italiano *impattare*, de exacto significado, y éste provenía del latín, uniendo el prefijo *im-* (intensidad) y *pactare* (pacto, acuerdo, quedar en paz), utilizado antiguamente para indicar cuando no había quedado un claro ganador entre contendientes o cuando estos decidían hacer una tregua o pacto de paz.

16. El curioso motivo de llamar "faquir" al artista que se clava cuchillos o lanza fuego

Todos hemos contemplado alguna vez en nuestra vida una actuación (circense, televisiva, teatral o callejera) en la que un artista se dedicaba a clavarse cuchillos o algo punzante, acostarse sobre una cama de clavos, caminar sobre cristales o brasas e incluso lanzar llamaradas de fuego tras introducirse una antorcha encendida en la boca.

Estos singulares personajes son comúnmente conocidos con el término "faquir" (o fakir) y el origen de dicha denominación proviene del árabe clásico *faqīr*.

Dicho vocablo se utilizaba para hacer referencia a los místicos que se encontraba en la búsqueda de la total perfección espiritual (solían ser musulmanes o hinduistas), entregándose en cuerpo y alma a una serie de sacrificios (o castigos) que se autoimponía (flagelarse, dormir sobre piedras, brasas o cristales, realizarse cortes en la piel, agujerearse partes del cuerpo...)

Vivían de la mendicidad, debido a su vida como errantes e iban de un lugar a otro. Habitual era encontrarlos en alguna plaza pública realizando sus sacrificios personales, momento que generaba expectación entre los habitantes del lugar, quienes aprovechaban para darle algún tipo de limosna (tanto monetaria como alimenticia).

De ahí surgió utilizar ese mismo término para denominar posteriormente a aquellos artistas que, de modo profesional, se dedicaban a realizar públicamente ejercicios con cuchillos, fuego u otros objetos peligrosos sin causarse, aparentemente, daño alguno.

17. ¿Por qué se llama "pucherazo" al fraude en el recuento de votos de unas elecciones?

El término "pucherazo" se utiliza para referirse a un fraude electoral en el cual se altera el resultado del escrutinio de votos. Esta expresión, junto con la frase "dar pucherazo" o "dar un pucherazo", que significa computar votos no emitidos en una elección, se originó en España durante el último cuarto del siglo XIX, después de la restauración de la monarquía borbónica.

En ese período, los dos principales partidos políticos en España eran el Partido Liberal y el Partido Conservador. Estos partidos acordaron alternarse en el poder, sin permitir la posibilidad de gobernar a otras formaciones políticas como los moderados, progresistas y republicanos.

En connivencia con los líderes de los partidos Liberal y Conservador, el rey Alfonso XII disolvía las Cortes en momentos acordados previamente y convocaba nuevas elecciones que eran manipuladas para que el candidato del partido que no estaba en el poder saliera como ganador en el recuento de votos. Esto se repetía una y otra vez durante las siguientes décadas.

En este proceso, se guardaban previamente papeletas del partido que debía ganar esas elecciones, y se extraían de una especie de urna, que muchos comparan con un puchero u olla de cocina. De ahí surge el término "pucherazo".

18. ¿Cuál es el origen del término "entenado"?

El término "entenado" se utiliza para referirse a los hijos que no son naturales de una persona, ya sea porque son adoptados o hijastros. Este término es utilizado en diferentes lugares de habla hispana, aunque en algunos contextos puede tener una connotación peyorativa o ser utilizado de forma despectiva hacia alguien.

Etimológicamente, proviene del latín *antenatus*, que significa "nacido antes", refiriéndose a aquellos hijos que nacieron antes del matrimonio. En el castellano antiguo, se utilizaban las formas "antenado" y "alnado" con el mismo significado, las cuales derivaron en la forma actual "entenado".

En el *Diccionario de Autoridades* de 1732, ya se recogía el término "entenado" con la acepción de hijos que nacieron antes del matrimonio y son llevados al mismo por aquellos que vuelven a casarse o contraen segundas nupcias. También se mencionaba la forma "alnado" con el mismo sentido.

En el diccionario actual de la RAE, el término "entenado" y "alnado" se definen como "hijastro", haciendo referencia a los hijos de una persona en su segundo matrimonio o con su cónyuge actual.

19. ¿De dónde proviene la frase "Un enemigo ocupa más sitio en nuestra cabeza que un amigo en nuestro corazón"?

La frase "Un enemigo ocupa más sitio en nuestra cabeza que un amigo en nuestro corazón" se la debemos al escritor e historiador de origen francés Alfred Bougeard, quien en 1877 publicó una obra titulada *Pailles et poutres* y de donde se han extraído infinidad de frases hechas y aforismos (famoso es este autor por la gran cantidad de célebres citas que circulan en internet o son añadidas a antologías y recopilaciones de dichos y pensamientos).

El significado de esta sentencia viene a decirnos que, en la mayoría de ocasiones, invertimos mucho más tiempo y recursos en pensar en una ofensa o daño que nos ha ocasionado alguien (por pequeño que sea el perjuicio) que en disfrutar, valorar y agradecer aquellas cosas buenas que nos pasan y los actos de generosidad que recibimos por parte de los amigos y seres queridos.

Tramar una venganza requiere de un gran esfuerzo y dedicarle mucho tiempo, mientras que agradecer a alguien algún acto de buena voluntad suele hacerse de manera rápida.

Según el autor, ocupa más tiempo y lugar en nuestra cabeza el rencor que el cariño que podamos profesar por alguien en nuestro corazón.

20. ¿De dónde surge llamar "*pub*" a un local donde se toman copas?

El término "*pub*" se utiliza para hacer referencia a diferentes tipos de establecimientos según el país en el que nos encontremos. En España y algunos países de América, un pub es un local de ocio nocturno donde se sirven copas y música, pero generalmente no se permite bailar o no cuenta con una pista de baile específica.

En Estados Unidos, el término "*pub*" puede referirse a establecimientos de hostelería que sirven tanto bebida como comida.

En el Reino Unido, el término "*pub*" se utiliza para denominar a las tradicionales tabernas británicas, donde se sirve principalmente cerveza y son lugares de reunión después del trabajo o incluso después de cenar.

El origen del término "*pub*" es una abreviatura de "*public house*" (casa pública), que era el nombre que se daba antiguamente a los lugares de reunión abiertos al público.

Con el tiempo, se comenzó a utilizar para referirse a las posadas que servían comida y tenían licencia para vender bebidas alcohólicas, y finalmente se utilizó para denominar a las tabernas británicas en general.

21. ¿Cuál es el origen del término "titubear"?

El término "titubear" es un verbo utilizado para describir un estado de duda momentánea al hablar o al tomar una decisión, pudiendo llegar a balbucear.

Etimológicamente proviene del latín *titubāre*, que se utilizaba para referirse a los movimientos y oscilaciones de edificaciones inestables o a personas que caminaban torpemente, con movimientos extraños, como los ebrios.

Desde el latín, el término pasó al castellano como "titubar" con el mismo significado. Las primeras menciones escritas de su uso datan del siglo XI. En el *Diccionario de Autoridades* de 1739, se incluyó el término "titubear" con tres acepciones:

1.   Perder la estabilidad y firmeza, amenazando ruina. Se usa comúnmente para referirse a edificios y estructuras.

2.   También significa tropezar o detenerse en la pronunciación de las palabras.

3.   Metafóricamente, se utiliza para describir la duda en un punto o asunto, la falta de determinación o la vacilación inconstante entre extremos.

22. ¿Cuál es el significado del refrán "Guerra avisada no mata soldado"?

Según consta, el modo original de esta sentencia era "En guerra avisada no muere soldado" y con el tiempo pasó a transformarse en la forma "Guerra avisada no mata soldado" y derivando en otras como "Guerra avisada no mata moros" o "Guerra avisada no mata gente", que podemos encontrar mencionadas en diferentes lugares (dependiendo del país o región se dice de un modo u otro).

No se conoce el origen de la locución, pero, como la inmensa mayoría de refranes, surgió del habla popular. Tampoco se sabe el momento en el que se originó, aunque se tiene constancia de su uso hace ya un par de siglos.

Este refrán viene a significar que cuando estamos advertidos de algún peligro que puede suceder es posible tomar precauciones y, por tanto, ser precavidos para no sufrir ningún daño.

Por ejemplo, si te avisan que va a llover puedes coger un paraguas y no te mojarás. También sirve para indicar que no se transite por determinado lugar o no se tenga contacto con alguien que podría causarnos algún daño.

Como advertencia es muy versátil y puede ayudarnos a prevenir innumerables peligros; en el caso de este refrán, nos indica que si tenemos conocimiento de una guerra, el ataque no nos pillará por sorpresa y tendremos que lamentar pérdidas.

23. ¿De dónde proviene el término "gambito" usado para denominar una apertura en el juego del ajedrez?

El 23 de octubre de 2020 se estrenó en la plataforma de *streaming* Netflix la miniserie de siete capítulos "Gambito de dama", la cual obtuvo un gran éxito y ayudó a relanzar y poner de moda la afición por el ajedrez (sobre todo entre los más jóvenes).

El título de esta ficción hace mención a una apertura que se realiza en el juego del ajedrez y con la que se sacrifica alguna pieza nada más empezar la partida, con el fin de obtener una posición favorable frente al rival.

Aunque el "Gambito de dama" es la apertura más conocida, existen muchas otras aperturas en estilo gambito, como el "Gambito de rey", "Gambito inglés", "Gambito danés", "Gambito letón" y muchas más, incluso una llamada "Gambito Halloween".

El término "gambito" proviene del italiano *gambetto*, que significa literalmente "tropiezo" o "zancadilla", ya que deriva de la palabra *gamba*, que se refiere a la pierna en italiano.

Se atribuye al religioso español Ruy López de Segura, quien vivió en el siglo XVI, la introducción del término "gambito" para describir esta apertura en el ajedrez. Ruy López fue un destacado ajedrecista y autor del famoso tratado "Libro de la invención liberal y arte del juego del ajedrez" publicado en 1561. El término se deriva de una expresión italiana, "*dare il gambetto*", que se usaba para indicar que se ponía la pierna para hacer tropezar y caer a alguien.

Cuando la táctica del gambito es realizada por el jugador que tiene las piezas negras, se le llama "contragambito".

Como dato curioso, cabe mencionar que en el ámbito anglosajón, el término *gambit* también se utiliza para referirse a las promesas electorales que realiza un político durante una campaña y que le ayudan a ganar elecciones frente a sus adversarios, pero que a menudo no se cumplen.

24. El curioso origen etimológico del término "pendejo"

El término "pendejo" es utilizado en la mayoría de los países de habla hispana del continente americano como un insulto con varios significados relacionados con la estupidez, la credulidad o la falta de valentía. También se puede emplear para referirse a un adolescente o joven.

Sin embargo, el origen etimológico del término es curioso y originalmente no tenía ninguna de esas connotaciones. Proviene del vocablo latino *pectinĭcŭlus*, que hacía referencia al vello púbico, es decir, al pelo que crece en la ingle y alrededor de las partes íntimas.

No fue en el continente americano donde se le dio un significado negativo al término, sino que ya era utilizado en España. En el

Diccionario de Autoridades de 1737, se registraban dos acepciones: una relacionada con el pelo que crece en el empeine y en las ingles, y otra que lo describía como un apodo comúnmente utilizado para referirse a un hombre cobarde, sin valor ni esfuerzo. Con el tiempo, el término adquirió los significados peyorativos que conocemos en la actualidad en diferentes países.

25. La curiosa etimología del término "alcohol"

El término "alcohol" tiene una curiosa etimología, debido a que originalmente esta palabra no tenía relación alguna con el significado que le damos actualmente.

Etimológicamente, proviene del árabe andalusí *al-kuhúl* y éste a su vez del árabe clásico *kuḥl*, que significa literalmente "lo sutil" y se refería al "antimonio", un compuesto químico utilizado antiguamente para obtener un cosmético con el que las mujeres se pintaban los ojos.

Con el tiempo, los alquimistas medievales adoptaron el término para referirse a cualquier elemento que se sometiera a disolución o destilación. Finalmente, se empezó a utilizar para el líquido que conocemos hoy en día como alcohol, gracias a la popularización que le dio el alquimista suizo Teofrasto Paracelso en el siglo XVI, quien se refirió al etanol (C2H5OH), obtenido por destilación del vino, como "espíritu de vino", y de ahí que algunas bebidas alcohólicas de alta graduación se llamen "bebidas espirituosas".

El término "alcohol" evolucionó del árabe andalusí *al-kuhúl* y fue recogido en el *Diccionario de Autoridades* de 1726 con las siguientes acepciones: "Se llama así entre químicos y boticarios al espíritu sumamente rectificado del líquido que extraen de esta piedra, o al polvo muy fino e impalpable que obtienen de la misma piedra" y "piedra mineral metálica de color negro con destellos azules, que al romperse se deshace en hojas o escamas y se encuentra en minas de plata".

26. El "síndrome de la edad de oro" o la popular creencia que cualquier tiempo pasado fue mejor

Muchas personas tienden a creer, a medida que envejecen, que los años pasados fueron mejores, a pesar de las dificultades que puedan haber enfrentado, experimentando una nostalgia especial por esa época.

Este fenómeno se conoce como el "síndrome de la edad de oro" o la popular creencia de que cualquier tiempo pasado fue mejor. Algunos individuos sienten una atracción especial hacia épocas anteriores, ya sean décadas pasadas o incluso períodos históricos siglos atrás, sintiendo que la forma de vida en aquellos tiempos era superior y deseando haber nacido en ese momento.

Estos planteamientos se basan en una percepción errónea e inexacta de que lo que hemos vivido o lo que vivieron nuestros antepasados fue mejor. La idea se remonta incluso a la mitología griega, donde se mencionaba la "edad de oro" como un estado utópico e ideal en el que los seres humanos vivían en pureza y tenían el don de la inmortalidad.

La noción de la edad de oro o de que el pasado fue mejor también ha sido recurrente en la literatura y el cine, dando lugar a numerosas obras en las que se explora ese viaje nostálgico al pasado. Un ejemplo destacado es la película *Medianoche en París* (*Midnight in Paris*) dirigida por Woody Allen y estrenada en 2011, donde el protagonista, Gil Pender (interpretado por Owen Wilson), se sumerge en un extraño viaje nocturno al pasado, descubriendo la vibrante y fascinante París de la década de 1920 y relacionándose con los peculiares personajes intelectuales y artistas de esa época.

27. ¿Por qué se conoce como "husmear" a la acción de investigar o ir curioseando?

El término "husmear" se utiliza comúnmente en novelas, series y películas para referirse a la acción de investigar, curiosear o indagar sobre algún asunto. Suele estar asociado a detectives, policías e investigadores privados, y es común escuchar expresiones como "andar husmeando".

También se utiliza para describir la acción de algunos animales, como los perros, cuando olfatean y rastrean algo con su sentido del olfato. Esta acción también puede llamarse "husmar", aunque es menos utilizado.

La palabra "husmo" se utilizaba para describir el olor que desprende la carne cuando comienza a estar pasada o en mal estado, atrayendo a los perros u otros animales. La procedencia etimológica de "husmo" no está completamente clara, pero muchos expertos señalan que proviene del griego *osme*, que significa "olor".

De este término también se derivan palabras como "husma" (que se refiere al rastreo mental de algo) y "husmia", que se utiliza en algunas regiones de España para describir a alguien entrometido o metementodo.

28. ¿De dónde surge el famoso lema "El cliente siempre tiene la razón"?

El lema "El cliente siempre tiene la razón" es una frase hecha ampliamente utilizada en la actualidad para enfatizar que el consumidor, al reclamar o exigir un producto o servicio, tiene derecho a ser escuchado y atendido.

Este famoso lema surgió originalmente como un eslogan publicitario de los grandes almacenes *Marshall Field and Company* en Chicago. Se atribuye principalmente a su fundador, Marshall Field, quien ideó el eslogan junto con otro que decía "Dale a la dama lo que quiere".

Sin embargo, hay cierta disputa sobre la paternidad del eslogan, ya que algunas fuentes señalan como creador de la misma a Harry Gordon Selfridge, quien trabajó en los grandes almacenes de *Marshall Field* durante muchos años. Selfridge posteriormente abrió sus propios grandes almacenes en Londres, donde también utilizó el lema "El cliente siempre tiene la razón".

Aunque este lema se ha convertido en una norma no escrita en el mundo empresarial, es importante tener en cuenta que no todos están de acuerdo con su significado absoluto, ya que algunos consideran que puede ser utilizado de manera abusiva por los clientes.

29. ¿Cuál es el origen del término "bisoñé"?

El término "bisoñé" se utiliza para referirse a una prótesis capilar que cubre una parte específica de la cabeza donde falta cabello. Actualmente, es más común usar sinónimos como "peluquín" o "postizo".

Etimológicamente, "bisoñé" proviene del francés *besogneux* (necesitado), que a su vez deriva del italiano *bisogno* (necesidad).

Antiguamente, el término se relacionaba no solo con la falta de cabello, sino también con la necesidad económica. Las personas adineradas solían lucir pelucas frondosas como símbolo de elegancia, mientras que aquellos con menos recursos utilizaban prótesis capilares más pequeñas y asequibles.

Cabe destacar que el término italiano *bisogno* inicialmente se usaba para referirse a los soldados novatos enviados desde España a la guerra en el siglo XVI. Con el tiempo, "bisoño" cambió su significado para referirse a principiantes e inexpertos, mientras que en francés se desarrolló como *besogneux* y luego como "bisoñé" en español, con el sentido de peluquín.

30. ¿Cuál es el origen del término "inmunidad"?

Conocemos como inmunidad a la resistencia ante patógenos y enfermedades, ya sea de forma natural o adquirida mediante vacunas, procesos naturales o intervenciones farmacológicas (por ejemplo, ser inmune a un virus).

Pero también es usado este mismo término para hacer referencia a cierto privilegio que poseen algunos individuos a consecuencia de su rango, cargo o estatus, que los puede librar de ser juzgados o que están exentos del pago de un tributo (por ejemplo, la inmunidad parlamentaria).

Ambos vocablos, a pesar de ser idénticos no significan lo mismo ni proceden de la misma raíz etimológica (es lo que se conoce como palabras homófonas).

El uso de la forma "inmune" (en relación a la excepción de un pago, castigo u obligación de cumplir algún requerimiento) es muchísimo más antiguo que el que hace referencia al de estar protegido de una enfermedad o contagio.

Antiguamente, a algunos lugares de culto (como templos, conventos o iglesias) se les concedía ciertos privilegios y dispensas, por los cuales las personas que allí dentro se encontraran no sufrirían la persecución o castigo de las autoridades, motivo por el que algunos delincuentes y criminales se refugiaban en ese lugar. Muchos de estos acababan teniendo esa inmunidad frente a la justicia gracias resguardarse en esos recintos sagrados y un gran número acababan redimiendo sus pecados y delitos convirtiéndose a la vida religiosa.

También se aplicaba a aquellas personas que servían al pueblo a través de un estamento de carácter gubernamental (como por ejemplo los parlamentos o las embajadas), además de disfrutar de esa inmunidad frente a la justicia los miembros de una Corte Real.

Etimologicamente el término proviene del latín *immunitas* (exención de obligaciones) formado por el prefijo *in-* (no, sin) y *mūnus* (cargo, empleo).

Para encontrar la aplicación del vocablo en referencia a la protección frente a ciertas enfermedades, debemos ir hasta Louis Pasteur, quien, durante el último cuarto del siglo XIX, le dio ese otro sentido a los términos "inmune" o "inmunidad", debido a que en esa época centró gran parte de sus estudios e investigaciones científicas en las vacunas y la eficacia de éstas.

La primera aparición del término "inmune" en el diccionario fue en la edición de 1780 (*Academia Usual*) con la única acepción de: "Libre y exênto de algun riesgo, peligro, cargo, ó pension, ó el que tiene el privilegio de inmunidad. Immunis" y no fue hasta la edición de 1925 cuando ya apareció un segundo significado: "No atacable por ciertas enfermedades".

31. ¿Qué fue antes, el huevo o la gallina?

La pregunta de si el huevo o la gallina fue primero es un antiquísimo enigma que ha desconcertado a numerosas personas durante siglos y la respuesta corta a esta consulta es que el huevo fue primero, pero mejor desarrollarlo un poco más y dar una respuesta más completa, aunque, eso sí, algo más intrincada.

Para comprender el proceso de evolución, es crucial reconocer que no se produjo de manera súbita ni instantánea, sino que fue el resultado de un cambio gradual que abarcó un extenso lapso temporal, que se cuenta en miles de años.

Si retrocedemos lo suficiente en el tiempo, encontraremos la existencia de una especie de ave ancestral que no ponía huevos como las aves modernas. Con el tiempo, esta especie evolucionó y eventualmente comenzó a poner huevos.

Por lo tanto, el primer huevo de una especie de ave diferente a las aves modernas vino antes de la existencia de lo que podríamos denominar como la "primera gallina".

Además, es importante tener en cuenta que los cambios evolutivos no ocurrieron en una sola especie, sino en todo lo existente en el planeta. Entonces, incluso si la primera gallina nació de un huevo, ese huevo no fue puesto por una gallina en sí, sino por un ave que era similar pero no idéntica a una gallina.

Esta ave puso un huevo con una mutación genética que produjo un ave diferente y distinta a lo que sería una gallina, pero, tras muchas generaciones (cientos, quizás miles) evolucionaría a lo que hoy en día sí conocemos como una gallina.

NOVIEMBRE

1. ¿De dónde surge llamar "hipocondriaco" al individuo exageradamente aprensivo con su salud?

La "hipocondría" es un síndrome caracterizado por una excesiva preocupación por padecer enfermedades, muchas de las cuales son imaginarias. Aquellos que desarrollan esta patología, por factores psíquicos y no físicos, son denominados "hipocondríacos".

El médico griego Hipócrates de Cos (460-370 a.C.) propuso la "Teoría de los humores", ampliamente aceptada en esa época. Según esta teoría, el cuerpo humano produce humores que influyen en las enfermedades y el estado de ánimo.

Estos humores incluyen la sangre (valentía y coraje), la bilis amarilla (exacerbación y mal carácter), la bilis negra (decaimiento, tristeza y depresión) y la flema (indiferencia y aplacamiento).

El hipocondrio, ubicado debajo de las "costillas falsas", está asociado con la bilis negra y la tristeza. Este vínculo condujo a la denominación de "hipocondría" para el miedo exagerado a padecer enfermedades, que provoca un decaimiento anímico en las personas.

Aunque estas teorías han sido descartadas científicamente, los términos "hipocondriaco" e "hipocondría" se siguen utilizando con el mismo significado.

El término "hipocondriaco" se deriva del latín tardío *hypochondriacus*, que proviene del griego *hypochondriakós*. A su vez, este último se forma a partir de *hypochóndrion* (hipocondrio), compuesto por *hypo* (debajo) y *khondrión* (cartílago), lo que significa literalmente "cartílago que está debajo" (de las costillas).

2. ¿De dónde surge llamar "escarabajos" a los ciclistas colombianos?

Es muy común escuchar durante la retransmisión de una carrera ciclista que el locutor haga referencia a algún corredor de nacionalidad colombiana como "escarabajo".

Ramón Hoyos fue un ciclista colombiano que en la década de 1950 ganó en cinco ocasiones la Vuelta Ciclista a Colombia y que se convirtió en un experto escalador. Por tal motivo recibió el sobrenombre de "el escarabajo de la montaña".

Fue tal su popularidad que, a partir de su retirada como profesional en 1964, a los ciclistas colombianos se les empezó a denominar como "escarabajos", aunque la popularización del término a nivel mundial fue a partir de la década de 1980, cuando hubo un buen número de corredores de esta nacionalidad que destacaron internacionalmente.

3. Cuando hay más de dos repeticiones, ¿qué adverbio numeral debemos poner en lugar de "bis"?

Es común encontrar que dos portales contiguos tengan el mismo número, pero que uno de ellos vaya acompañado del término "bis", que significa "que se repite dos veces". Sin embargo, cuando hay más de dos repeticiones, se utilizan adverbios numerales específicos.

Por ejemplo, para la tercera repetición se debe utilizar "ter", para la cuarta "quater", y así sucesivamente con palabras como "quinquies", "sexies", "septies", "octies", "nonies", "decies", y muchos más dependiendo del número de repeticiones.

Es importante utilizar los adverbios numerales correspondientes en cada caso en lugar de seguir utilizando "bis" para indicar repeticiones adicionales.

4. ¿De dónde surge llamar *"ring"* al espacio donde se desarrolla un combate de boxeo?

En castellano tenemos el término "cuadrilátero" para referirnos al espacio, delimitado por unas cuerdas y suelo de lona, en el que tiene lugar un combate de boxeo, el cual recibe dicho nombre debido a que su forma es cuadrada.

Pero curiosamente, en el argot pugilístico también se utiliza la forma *"ring"* para designar a ese mismo lugar. Lo sorprendente es que el significado literal de este vocablo, proveniente del inglés, es "anillo, aro o círculo", algo que contradice a la morfología del lugar de combate.

La explicación a esta aparente incongruencia es que, originalmente, los boxeadores no se colocaban dentro de un cuadrilátero delimitado por cuerdas sino que los combates se desarrollaban dentro de un círculo que se pintaba o marcaba en el suelo y los espectadores se colocaban alrededor del mismo.

La tradición pugilística de los británicos propició que los términos anglosajones referentes a dicho deporte se universalizaran, siendo común utilizar las formas "boxeo", "boxeador" (del inglés *boxing*) o *"ring"* en lugar de las castellanizadas, prevenientes del latín, "pugilismo", "pugilista" y "cuadrilátero".

5. La curiosa forma de desearse buena suerte entre los italianos

Cada idioma, país y comunidad tiene sus propias formas de desear buena suerte sin tener que utilizar la expresión literal.

Por ejemplo, en español es común decir "¡Mucha mierda!" en el ámbito teatral, mientras que los anglosajones utilizan *"Break a leg"* (rómpete una pierna). En italiano, se utiliza la expresión *"In bocca al lupo"* (en boca del lobo).

La referencia al lobo en la expresión italiana proviene de la leyenda sobre la fundación de Roma, donde una loba salvó y protegió a los fundadores de la ciudad (Rómulo y Remo). Además, los lobos suelen usar su boca para mover y proteger a sus crías, lo que otorga a la cavidad bucal del lobo una connotación de seguridad y protección.

En el ámbito de la caza, cuando alguien dice "*in bocca al lupo*", la respuesta solía ser "*crepi il lupo*" (muera el lobo) o un simple "*crepi*" (muera). Desde hace algunas décadas esta respuesta ha caído en desuso y actualmente es más común responder con un simple "*grazie*" (gracias), "*grazie di cuore*" (gracias de corazón) o incluso "*evviva il lupo*" (larga vida al lobo).

6. El origen de las despedidas "adiós" y "*good bye*"

En cada idioma, existen diferentes términos y formas de despedirse.

En español, la forma más común es decir "adiós" (aunque también se utilizan "hasta luego", "hasta la vista", "chao", "salud" e incluso "con Dios"). "Adiós" proviene del acortamiento de una forma de despedida más formal que solía ser "A Dios seas", "A Dios te encomiendo" o "Te encomiendo a Dios". También se transformó en "Con Dios", que algunas personas todavía utilizan.

En inglés, se utiliza coloquialmente la forma "*Bye*", que es la abreviación de "*Good Bye*". A su vez, "*Good Bye*" se originó a partir de la antigua expresión inglesa "*God be with ye*" (Dios esté contigo), que tiene registros escritos del siglo XIV. La forma "*God be with ye*" evolucionó a la contracción "*godbwye*" (documentada en 1573) y, a finales del siglo XVI, ya se utilizaba como "*goodbye*".

7. El curioso y extraño término anglosajón para estimar que algo no tiene valor

La lengua inglesa cuenta en el diccionario con un término peculiar y largo, utilizado para expresar que algo carece de valor o es inútil: "*floccinaucinihilipilification*".

Aunque es desconocido para la mayoría de los hablantes del idioma, esta palabra está presente en los diccionarios y surgió en el siglo XVIII.

En realidad, "*floccinaucinihilipilification*" es un juego de palabras ingenioso y divertido, una especie de trabalenguas antiguo. Fue creado en 1741 al combinar varios términos en latín: *flocci, nauci, nihili, pili*. Posteriormente se le añadió el sufijo *-fication* que indica "hacer" o "causar".

8. ¿Qué diferencia hay entre "gemelo" y "mellizo"?

Los términos "gemelo" y "mellizo" se utilizan para referirse a hermanos que nacen en el mismo parto, pero hay diferencias que determinan conceptos distintos.

Los gemelos son hermanos que provienen de la fecundación de un único óvulo y un único espermatozoide, por lo que son físicamente idénticos. También se les conoce como "univitelinos" o "gemelos monocigóticos". Pueden compartir un mismo saco amniótico o desarrollarse en sacos amnióticos separados.

En cambio, los mellizos son hermanos que han sido fecundados por distintos espermatozoides y óvulos. Se parecen entre sí como cualquier otro par de hermanos nacidos en partos diferentes, pero no son idénticos. También se les llama "bivitelinos" o "gemelos dicigóticos".

Etimológicamente, el término "gemelo" proviene del latín *gemellus* con un significado exacto, mientras que "mellizo" se deriva de la misma raíz latina *gemellicius*, que a su vez proviene de *gemellus*.

9. ¿De dónde surge la expresión "Ser el rey de Roma y estar por encima de la gramática"?

La expresión "Ser el rey de Roma y estar por encima de la gramática" se utiliza para referirse a una persona que, queriendo demostrar su superioridad o autoridad, se salta las normas o leyes como si tuviera el poder para hacerlo.

El origen de esta expresión se remonta al siglo XV durante el Concilio de Constanza, que tuvo lugar entre el 5 de noviembre de 1414 y el 22 de abril de 1418. Este concilio fue convocado por Segismundo de Luxemburgo, Emperador del Sacro Imperio Romano Germánico, con el objetivo de poner fin al cisma en la Iglesia católica, que en ese momento contaba con tres papas simultáneamente (Juan XXIII, Gregorio XII y Benedicto XIII).

Segismundo, quien también ostentaba el título de "rey de los Romanos" desde 1410, desempeñó un papel destacado en el concilio y pronunció un discurso en latín, en el cual cometió algunos errores gramaticales. Fue en ese momento que, según algunas crónicas, el emperador soltó su famosa sentencia en latín: "*Ego sum romanus et super grammaticam*", que se traduce literalmente como "Soy romano y estoy por encima de la gramática". Con el paso del tiempo, esta frase se transformó en la conocida expresión "Ser el rey de Roma y estar por encima de la gramática" que ha perdurado en la historia.

10. ¿De dónde surge la expresión "La casualidad es la décima musa"?

Según la mitología griega, existían nueve deidades femeninas, conocidas como "musas", que eran las encargadas de dotar de talento e inspirar a los artistas y escritores.

Estas eran hijas de Zeus (un Dios considerado por los griegos como el "padre de los dioses y los hombres") y de Mnemosine (Diosa de la memoria). Los relatos mitológicos recogieron que a lo largo de nueve noches mantuvieron relaciones, engendrando en un parto múltiple a nueve hijas cuya misión encomendada era ser las patrocinadoras de todas las artes (de la antigüedad).

Calíope era la musa de la retórica y la poesía; Clío, de la historia; Erato, de la elegía; Euterpe, de la música; Melpómene, de la tragedia; Polimnia, de la lírica; Talia, de la comedia; Terpsícore, de la danza y Urania, de la astronomía y astrología.

Con el término "musa" también se ha conocido a la inspiración o ingenio que ha tenido un artista o escritor, y frecuentemente se ha atribuido la falta de ideas a no haber sido visitado por las musas.

Fue el célebre escritor y dramaturgo español, Enrique Jardiel Poncela, quien acuñó el aforismo "La casualidad es la décima musa", siendo incluida en su obra *Máximas mínimas*, publicada en 1937.

Jardiel Poncela destacó por ser uno de los grandes y más productivos autores del llamado "teatro del absurdo", siendo muy prolífica su obra literaria. A menudo atribuía su éxito a la casualidad, estableciendo así una conexión entre ésta y las musas, de ahí que la considerara la décima musa.

11. "Paparrucha" el término utilizado antiguamente para referirse a un bulo o *fake news*

Amplia es la terminología existente para hacer referencia a uno de los fenómenos que más daño está haciendo a través de las redes sociales, y se trata de los continuos engaños y mentiras que circulan y son compartidas. Entre los términos más comunes se encuentran: "bulo", "fake", "noticia falsa" o "*fake news*" (esta última la más utilizada y de moda en los últimos años).

Sin embargo, no siempre se emplean estos términos para referirse a una noticia falsa que se difunde. Siglos atrás, existía otro vocablo que, en mi opinión, es mucho más atractivo y deberíamos recuperar: "paparrucha".

El término "paparrucha" proviene de "páparo", palabra que ya aparece registrada en el *Diccionario de Autoridades* de 1737 y que se utilizaba para designar de ese modo a los aldeanos y hombres de campo, considerados simples e ignorantes, que creían cualquier cosa que les explicaban por muy inverosímil que fuera.

De ahí surgió el vocablo "paparrucha", utilizado coloquialmente para describir una "noticia falsa y desatinada de un suceso, esparcida entre el vulgo", según se recoge en su primera aparición en el *Diccionario de la RAE* de 1884. En la edición de 1925, se le añadió una segunda acepción: "especie, obra literaria, etc., insubstancial y desatinada". Actualmente aparece ese segundo significado como "tontería, estupidez, cosa insustancial y desatinada".

La forma "paparruchada" también está admitida y recogida por la RAE desde su edición de 1992, aunque el diccionario remite a la entrada "paparrucha".

Cabe destacar que tanto "paparrucha" como "paparruchada" se utilizan actualmente de forma limitada, casi exclusivamente para referirse a una tontería o estupidez, en lugar de su uso original que era señalar aquellas noticias falsas que se compartían.

12. ¿De dónde surge el término "eudemonía" para referirse a alguien que siempre está de buen humor?

Se conoce como "eudomía" al estado de plenitud, felicidad y satisfacción con la vida.

Es un término que prácticamente está en desuso y apenas es utilizado en la actualidad, aunque hasta hace un par de décadas aún era bastante común escuchar dicho vocablo para hacer referencia a alguien que estaba constantemente de buen humor o se sentía habitualmente satisfecho y feliz con lo que vivía y le rodeaba. Evidentemente, era un modismo utilizado normalmente por las personas más mayores o aquellas acostumbradas a hablar usando cultismos o arcaísmos.

El término fue acuñado por los antiguos filósofos griegos que se referían a la *eudaimonia* (εὐδαιμονία) como la felicidad plena en relación con una de sus deidades menores. En el *Diccionario castellano con las voces de ciencias y artes y sus correspondientes en las tres lenguas francesa, latina e italiana* de Esteban de Terreros y Pando, publicado en 1788, se le daba la acepción de "diosa falsa de la felicidad".

13. El curioso origen etimológico del término "inocular"

Tenemos asociado el término "inocular" con las vacunas y el proceso de introducir gérmenes de una enfermedad en el organismo para generar inmunidad. Sin embargo, mucho antes de que se asociara con la vacunación, la palabra "inocular" tenía otros significados completamente diferentes.

Etimológicamente, proviene del latín *inoculāre*, formado por el prefijo *in-* (dentro, interior) y *oculus* (ojos), lo que literalmente significa "meter por los ojos". Pero curiosamente, esta definición no tenía nada que ver con la introducción de sustancias en el organismo a través de los ojos para inmunizar contra enfermedades. En su origen, el término estaba relacionado con creencias de hechizos y supersticiones antiguas, que conocemos como "mal de ojo".

A medida que pasó el tiempo, el término "inocular" también se empezó a utilizar para describir el acto de infundir o inculcar a alguien una idea, sentimiento, pensamiento o doctrina falsa o perniciosa. Curiosamente, esta acepción fue utilizada mucho antes que la relacionada con contagio e inmunidad frente a enfermedades, pero no se incluyó en el diccionario hasta la edición de 1884.

14. Una curiosa etimología relacionada con hilos, horarios, peces y aviones

El término "huso horario" se utiliza para referirse a cada una de las divisiones de la superficie terrestre establecidas por los 24 meridianos equidistantes, en las cuales se suele adoptar un mismo horario de manera convencional.

En 1884, durante la Conferencia Internacional del Meridiano en Washington D.C., los representantes de varios observatorios acordaron dividir el planeta en franjas horarias basadas en el meridiano de Greenwich. Se dieron cuenta de que el globo terráqueo, dividido verticalmente en diferentes zonas horarias, se asemejaba a un antiguo instrumento utilizado para hilar fibras textiles, conocido como "huso" (*"fuseau"* en francés y *"fuso"* en italiano). Por lo tanto, se denominó a cada una de estas divisiones horarias como "huso horario".

El término "huso" en relación al instrumento para hilar proviene del latín *"fusus"* con el mismo significado. Curiosamente, del término *"fusus"* también se deriva el vocablo "fusiforme", utilizado para describir la forma de huso que tienen muchos peces, donde la parte media es más ancha y se estrecha hacia la cabeza o la cola.

Además, el término "fuselaje" también deriva de *"fusus"* (pasando previamente por el francés *"fuselage"*), y se refiere al cuerpo central de una aeronave donde se encuentran los pasajeros o la carga.

15. ¿De dónde surge llamar "vivaquear" a pasar la noche de acampada al aire libre?

El término "vivaquear" se utiliza para describir las acampadas al aire libre o improvisadas que se realizan para pasar la noche. Aunque comúnmente asociado con el excursionismo y los grupos de escultismo, originalmente se refería al acto de pasar la noche al aire libre como parte de una maniobra militar o misión.

El término "vivaquear" es el verbo derivado de la palabra "vivac". Según el *Diccionario de la RAE*, un "vivac" es un campamento, especialmente militar, instalado de forma provisional para pasar la noche al aire libre. Esta acepción apareció en el *Diccionario de Autoridades* de 1739, donde también se mencionaba su uso para referirse a una guarda nocturna realizada para la seguridad de una plaza o un ejército cuando se encontraban cerca del enemigo.

El término "vivac" proviene del francés medieval *bivac* con el mismo significado.

Además del verbo "vivaquear", también se deriva el término "vivaque", que se refiere a la guarda principal en las plazas de armas, donde acuden todas las demás para recibir la contraseña.

16. El futbolista centrocampista argentino que dio nombre a una posición

Carlos Martín Volante fue un célebre futbolista argentino que jugó como centrocampista a lo largo de veinte años (entre 1924 y 1943) en diferentes equipos a lo largo de su carrera (cinco argentinos, cuatro italianos, dos franceses y uno brasileño) y cuyo apellido (Volante) acabó denominando una posición dentro del terreno de juego.

Fue durante su última etapa como jugador, defendiendo los colores del Flamengo (Brasil) entre los años 1938 y 1943, donde alcanzó una gran fama en el equipo de Río de Janeiro. Allí conquistó tres títulos del "Campeonato Carioca" (1939, 1942 y 1943), además de la primera edición del "*Torneio Relâmpago*" (1943) y donde la prensa brasileña empezó a denominar su posición en el campo con el apellido de este jugador.

A partir de entonces, muy común ha sido escuchar o leer "volante" para hacer referencia a un jugador que juega de centrocampista ("volante de contención", "lateral volante", "volante defensivo", "volante mixto"…).

17. ¿Cuál es el origen del término "carisma"?

El término "carisma" se utiliza para describir el encanto, don o atracción especial que poseen ciertas personas. Originalmente, este vocablo llegó al castellano en la forma "charisma" y fue recogido por primera vez en el *Diccionario de Autoridades* de 1729. En esa edición, se le dio el significado de "mercéd, don, dádiva graciosa y liberal" y se explicaba que era una palabra griega derivada de *charis*, que significa gracia.

En la siguiente edición del diccionario, en 1780, ya no se utilizaba la forma "charisma" y en su lugar se empleaba "carisma" con el significado de "don gratuito que concede Dios con abundancia a alguna criatura" en el contexto de la mística.

Originalmente, el término era utilizado en el ámbito eclesiástico y era asociado con el don o gracia divina que Dios concedía a algunas personas en un sentido religioso.

En la edición actual del *Diccionario de la RAE*, se le atribuyen las acepciones de "especial capacidad de algunas personas para atraer o fascinar" y "don gratuito que Dios concede a algunas personas en beneficio de la comunidad" al término "carisma".

18. ¿Qué es el "ruido blanco"?

El término "ruido blanco" (también llamado "sonido blanco") tiene su origen en la física y en la acústica, donde se utiliza para describir un tipo de ruido que es generado por un proceso estocástico. La palabra blanco hace referencia a la idea de que el ruido es puro o sin dirección y se compara con el "ruido negro", que se refiere a una forma de ruido que no es uniforme y consiste en un sonido que se emite por debajo de las frecuencias perceptibles por el oído humano.

El ruido blanco en sí mismo puede ser considerado molesto para algunas personas, especialmente si es muy fuerte o se escucha durante períodos prolongados de tiempo. Sin embargo, a diferencia de otros tipos de ruido, como los sonidos agudos o irregulares, el sonido blanco suele ser percibido como menos molesto porque es uniforme y, normalmente, carece de patrones irritantes.

En ciertas situaciones, el ruido blanco puede ser utilizado de manera efectiva para bloquear otros ruidos molestos o para ayudar a la concentración. Por ejemplo, existen audífonos que producen sonido blanco, siendo populares entre los viajeros que buscan bloquear el ruido del avión/tren/coche o por trabajadores de oficina que buscan concentrarse en su tarea.

Algunos ejemplos de ruido blanco son: una televisión o una radio sin sintonizar, la lluvia que cae de manera uniforme o el sonido producido por un ventilador (entre otros muchos).

19. Infarto, farsante y harto; tres términos distintos con un mismo origen etimológico

Los términos "infarto", "farsante" y "harto" tienen un origen etimológico común: *fartus*, que en latín significa literalmente "relleno". Originalmente, se refería a la porción de comida utilizada para llenar algo, como el relleno de un ave con verduras y otros alimentos, acción conocida como *farcire*.

Con el tiempo, tanto *fartus* como el verbo *farcire* comenzaron a utilizarse para describir algo añadido o de relleno, como en el caso de una "farsa teatral" que se representaba durante el intermedio de una obra principal. El actor que interpretaba esta farsa pasó a ser llamado "farsante".

Curiosamente, a lo largo de los siglos, los términos "farsa" y "farsante" han adquirido el significado de engaño o fingimiento, refiriéndose a aquellos que se dedican a la falsedad.

El término "infarto" se utiliza comúnmente para designar una lesión en un órgano, como el corazón, causada por la obstrucción de una arteria debido a un coágulo. Este término proviene de la combinación del prefijo latino *in-* (dentro, hacia dentro) y *fartus* (relleno), haciendo referencia a la obstrucción de un órgano por algo sólido.

En cuanto a "harto", se utiliza para expresar cansancio o hartazgo de algo, así como para indicar que se ha comido lo suficiente para satisfacer el hambre. Este término también deriva directamente de *fartus* y originalmente se refería a estar completamente lleno después de una comida abundante, es decir, haber rellenado por completo el estómago de alimento.

20. El curioso origen del "vademécum"

El término "vademécum" se refiere a un libro, generalmente voluminoso, que contiene información detallada sobre las composiciones químicas, propiedades e indicaciones de los medicamentos disponibles en el mercado, así como sobre las enfermedades existentes. Este libro es frecuentemente consultado por profesionales de la salud, como médicos y farmacéuticos.

El origen etimológico de "vademécum" se encuentra en la unión de las palabras latinas *vade* (va, viene, camina, anda) y *mecum* (conmigo), y su significado literal era "que va/viene conmigo", haciendo referencia a un pequeño cuaderno o librito que los profesionales llevaban consigo. Este cuadernillo les permitía consultar información relevante relacionada con su profesión y tomar notas sobre su desempeño.

En el pasado, el término "vademécum" también se utilizaba para referirse a pequeños ejemplares que los feligreses llevaban consigo, donde se anotaban algunas oraciones de los oficios religiosos. Con la Revolución Industrial, a mediados del siglo XVIII, se empezó a utilizar para describir los manuales que contenían instrucciones sobre el manejo de las primeras máquinas y que eran llevados por los trabajadores.

En su primera aparición en el *Diccionario de Autoridades* de 1739, se le dio al término "vademécum" la acepción de "Lo mismo que vade", relacionado con la carpeta que los estudiantes llevaban a la escuela.

En la actualidad, el término "vademécum" se asocia principalmente al libro de consulta médica y farmacéutica de medicamentos y enfermedades, perdiendo su sentido original de llevarlo consigo y convirtiéndose en un libro voluminoso, a menudo de varios tomos.

21. El origen de los términos "malaria" y "paludismo"

La enfermedad transmitida por la picadura de un mosquito hembra del género Anopheles, que provoca fiebre, dolor de cabeza y muscular, vómitos y escalofríos, se conoce como "malaria". Esta enfermedad es más común en áreas de alto riesgo como África, Centroamérica y Sudamérica, y se recomienda a los turistas que viajen a estos lugares que se vacunen.

El término "malaria" proviene del italiano *mal'aria*, que significa literalmente "mal aire", debido a la antigua creencia de que esta enfermedad, junto con otras, se transmitía a través del aire.

Asimismo, se emplea el término "paludismo" para referirse a la malaria. Este vocablo proviene del francés *paludisme*, que a su vez deriva del latín *paludis*, que significa "ciénaga" o "pantano". Esto se debe a que los mosquitos transmisores de la enfermedad eran comunes en áreas cercanas a pantanos y ciénagas.

El término "paludismo" fue acuñado por el médico y cirujano francés Aristide Auguste Stanislas Verneuil en 1869, y se utilizó por primera vez en español en el *Manual de Patología y clínica médicas* de Ezequiel Martín de Pedro, publicado en 1876.

22. La curiosa razón de decir que alguien se ha "desorientado" cuando se pierde o siente confusión

Cuando nos encontramos perdidos en un lugar desconocido, solemos decir que estamos "desorientados". Este término también se utiliza para describir un estado de confusión, despiste, aturdimiento o desconcierto.

Desde la antigüedad, se ha sabido que cuando alguien se pierde en un lugar desconocido, lo mejor para encontrar el camino de regreso es tener conocimiento de los puntos cardinales (norte, sur, este y oeste). En ausencia de una brújula, la forma más sencilla de orientarse era utilizar la posición del sol como referencia. Dependiendo de la hora del día y teniendo en cuenta que el sol sale por el este y se pone por el oeste, se podía determinar la dirección a seguir.

El acto de tomar como referencia la salida del sol dio origen al término "orientarse", que significa mirar hacia Oriente, ya que se sabe que se encuentra al este.

Dado que perderse geográficamente en un lugar (perder la orientación) suele causar desconcierto o aturdimiento, el mismo término comenzó a utilizarse para describir también un estado de despiste, confusión o pérdida de la conciencia (desorientarse, estar desorientado).

A partir de esto, surgieron una serie de términos relacionados, como "orientar" (dirigir o encaminar a alguien hacia un lugar o fin determinado), "orientador" (quien ayuda a lograr un objetivo), "orientable" (dispositivo o mecanismo que puede moverse en su posición), "desorientar" (hacer que alguien pierda la noción de su posición geográfica) y "desorientarse" (perder el sentido de la posición geográfica o estar confundido y despistado).

23. ¿De dónde proviene el término "colada" para referirse a lavar la ropa?

Conocemos como "hacer la colada" al acto de lavar la ropa sucia. Procede de la época en el que no existían las lavadoras y se realizaba a mano, frotando las prendas contra una tabla o piedra y luego enjuagándolas en un río, arroyo o lavadero público (no había agua corriente en los hogares).

Tampoco existía el detergente ni la lejía (tal y como lo conocemos
hoy en día) y para ello se las ingeniaban creando mezclas y técnicas
con las que lavar, desinfectar y blanquear la ropa de una manera efi-
ciente.

Uno de esos procesos era a través de la cocción de una mezcla hecha
a base de ceniza de madera con agua que posteriormente se filtraba
para obtener una solución alcalina (similar a la lejía) y que era utilizada
para lavar y blanquear la ropa.

Las prendas eran extendidas y se vertía sobre ellas la mencionada mezcla que era colada (filtrada) a través de la tela, lo cual hacía que blan-
quease y desinfectase la ropa, para posteriormente flotar contra la piedra o madera.

Y fue precisamente esa acción de filtrado lo que dio origen al término
"colada" como referencia a lavar la ropa.

24. ¿De dónde surge la expresión "Quedarse para vestir santos"?

Hoy en día está prácticamente en desuso pero hasta hace unas décadas
era muy común que se les dijera a las mujeres solteras que se iban a
"quedar para vestir santos" cuando éstas llegaban a cierta edad sin
haber encontrado novio ni contraído matrimonio.

Y es que antiguamente, aquellas mujeres que no tenían pareja ni
labores domésticas que realizar (como el cuidado y tención de un
esposo e hijos) solían ocupar su tiempo libre en acudir a la iglesia,
donde ayudaban al mantenimiento del lugar, limpiando, ordenando
y arreglando las figuras de los santos, cristos y vírgenes (sobre todo
en vísperas de alguna procesión o romería en la que los vestían o
cambiaban el manto que correspondía a dicha celebración).

Estas responsabilidades eran igualmente frecuentes entre mujeres viudas, por lo que se relacionó el hecho de estar sola y sin personas al
cargo, con la edad madura y efectuar tareas para la iglesia (como la de
vestir santos).

25. ¿De dónde surge llamar "inmolación" al acto terrorista en el que alguien decide sacrificarse y morir por una causa?

Los actos de terrorismo en los que un individuo hace estallar un artefacto explosivo con el propósito de originar daño y se sacrifica a sí mismo como parte de la causa se conocen como "inmolación" o "inmolarse".

En ocasiones, también se utiliza el término "autoinmolación" o "autoinmolarse", aunque estas formas son redundantes.

El origen del término "inmolación" se encuentra en el latín *immolatio*, que a su vez proviene de *immolāre* (inmolar). Este último término está compuesto por el prefijo *in-* y el vocablo *mola*, que se refería a una harina de cebada tostada y mezclada con sal. Esta harina era utilizada en los sacrificios realizados en la antigüedad para honrar a los dioses. Durante estos rituales, se degollaba un animal y se esparcía la harina sobre él. Posteriormente, el cadáver de la víctima era incinerado.

26. ¿De dónde surge la expresión "¡Que me quiten lo bailao!"?

La expresión "¡Que me quiten lo bailao!" o su variante "¡Que me quiten lo bailado!" se utiliza para valorar como valiosa una experiencia vivida, ya sea positiva o negativa, sin importar si fue acertada o esperada.

Se pronuncia como respuesta a críticas o reproches por no cumplir expectativas. Por ejemplo, si alguien sale de fiesta antes de un examen y recibe una reprimenda, decir "¡Que me quiten lo bailao!" implica que no le importa haber suspendido porque considera que disfrutar de la fiesta valió la pena.

La expresión se aplica a cualquier actividad realizada en lugar de cumplir obligaciones, ya sea descansar, pasear, ver televisión o usar redes sociales. También se usa cuando se desoyen recomendaciones de salud, como beber, fumar o comer grasas, y la persona responde que disfrutó la experiencia: "¡Que me quiten lo bailao!" (bebido, fumado, comido…).

Esta expresión fue muy utilizada durante la segunda mitad del siglo XX y todavía se utiliza en la actualidad, aunque no con tanta frecuencia. Cabe mencionar que la cantante Lucía Pérez representó a España en el Festival de Eurovisión 2011 con una canción titulada "Que me quiten lo bailao", pero esta canción no originó la expresión.

No se sabe con certeza el origen original de la locución, pero una de las hipótesis más populares es que proviene del tango "¡Que me quiten lo bailao!" compuesto en 1942 por el letrista argentino Miguel Bucino. Esta canción fue versionada por varios cantantes de tango a lo largo de las décadas, siendo Julio Sosa quien alcanzó mayor fama.

La trágica muerte de Sosa en un accidente automovilístico, el 26 de noviembre de 1964, contribuyó a la popularidad de la expresión, ya que el tango hablaba de disfrutar la vida a pesar de la pobreza y la cercanía de la muerte.

La última estrofa de la canción dice:

> [...] Qué querés que le haga, hermano, si nací pa' morir pobre,
> con un tango entre los labios y en un tute entreverao.
> Juego, canto, bebo, río… y aunque no me quede un cobre,
> al sonar la última hora… ¡que me quiten lo bailao! [...]

27. ¿Cuál es el origen del término "maestro"?

En la actualidad, es más común utilizar los términos "profesor" o "profesora" para referirse a las personas que se dedican a la enseñanza. Sin embargo, durante mucho tiempo, el término "maestro" y "maestra" era la forma más común y empleada para denominar a estos profesionales.

El origen etimológico del término "maestro" se remonta al latín *magister*, que significa "el que más sabe o destaca". De esta raíz también se deriva el término "maestría", que se refiere a la habilidad y destreza para enseñar algo.

El significado etimológico se basa en la primera parte del vocablo, *magis*, que significa "más". De esta misma raíz etimológica provienen palabras como "magistrado" y "magisterio". También se usa el término "obra maestra" para referirse a la creación más destacada de un artista.

Durante la Edad Media, surgió la figura del "maestrescuela", encargado de impartir enseñanzas de derecho canónico y ciencias eclesiásticas.

Cabe destacar que el 27 de noviembre se celebra el "Día del Maestro", como reconocimiento a la labor educativa y al importante rol que desempeñan en la sociedad.

28. ¿Cuál es el origen del término "folclore"?

El folclore se refiere al conjunto de costumbres, creencias, artesanías, canciones y otros elementos de carácter tradicional y popular. El término "folclore" llegó al castellano a finales del siglo XIX, proveniente del inglés *folklore*. Fue acuñado por el escritor inglés William John Thoms en 1846, quien fue un destacado estudioso de la cultura popular. Thoms fundó la *Folk-Lore Society* en 1878, una asociación dedicada al estudio y preservación de la cultura vernácula.

Anteriormente, el estudio y la conservación de las tradiciones populares se denominaba *"Popular Antiquities"*. Thoms introdujo el término *folk-lore* como un nuevo nombre para este campo de estudio. Originalmente, *folklore* se escribía separado y con un guion entre las dos palabras, *folk* (pueblo, gente) y *lore* (conocimiento, saber, ciencia, doctrina y tradición). A partir de la década de 1890, comenzó a utilizarse como un solo término.

En español, se recomienda utilizar las formas "folclore" y "folclor".

29. ¿Cuál es el origen etimológico del término "eutanasia"?

El término "eutanasia" tiene una antigüedad de más de dos mil quinientos años, y los filósofos griegos Sócrates y Platón ya discutieron sobre este tema en algunos de sus escritos.

Etimológicamente, la palabra "eutanasia" proviene del griego *euthanasía*, que se compone del prefijo *eu* (bueno, dulce) y el sustantivo *thánatos* (muerte). Su significado literal sería "muerte dulce", "muerte fácil" o "muerte buena".

El término no fue incluido en el *Diccionario de la RAE* hasta 1947, donde se le dio la definición de "muerte sin sufrimiento físico". Esta definición aún se encuentra en la edición actual, junto con la adición de "intervención deliberada para poner fin a la vida de un paciente sin perspectiva de cura".

30. El curioso origen etimológico del término "gresca"

El término "gresca" tiene dos acepciones en el *Diccionario de la RAE*: "bulla, algazara" y "riña, pendencia". Se utiliza para describir una situación ruidosa, con voces elevadas y también para referirse a una discusión o pelea.

Este término también es empleado en catalán con el mismo sentido y llegó al castellano a través del catalán medieval greesca. En su origen, este vocablo hacía referencia a un juego de dados que se jugaba de manera clandestina debido a su prohibición, el cual solía provocar numerosas peleas entre los jugadores y apostadores.

El término gresca fue adoptado del latín medieval *graecĭsca*, que literalmente significaba "propio de los griegos". Durante un tiempo, las personas de origen griego tuvieron mala reputación en relación con el juego, siendo acusadas de ser tramposas y pendencieras.

MAGAZINE
5$
Top
10

DICIEMBRE

1. El curioso origen etimológico del término "magazín"

El término "magazín" o "magacín" se utiliza para referirse a publicaciones de contenido variado, generalmente revistas, así como a programas de entretenimiento en televisión y radio que presentan una variedad de secciones (desde actualidad y cultura hasta entrevistas, música y humor) y colaboradores o expertos de diversa índole.

Aunque el término no fue incluido en el *Diccionario de la Real Academia Española* (RAE) hasta 1992, se sabe que se utilizaba desde el siglo XVIII.

El término llegó al español desde el inglés *magazine*, que a su vez lo tomó del francés medieval *magasin*, derivado del árabe *makhzan*, que significa "almacén" o "depósito".

El primer uso del término *magazine* como referencia a una publicación se remonta a enero de 1731, cuando se publicó en Londres el primer número de *The Gentleman's Magazine* (traducido literalmente como "El almacén del caballero").

Esta revista mensual era una recopilación de artículos de diversas temáticas, con varios colaboradores y escritores, por lo que se le dio el nombre de *magazine* debido a su función de almacenar una amplia variedad de información.

Cabe destacar que el término "magacín" ya aparecía registrado en el *Diccionario castellano* de Esteban de Terreros y Pando en 1787, con la definición de "almacén" o "botillería". A pesar de su uso en ese momento, la RAE no incluyó esta palabra en su diccionario hasta dos siglos después.

2. ¿Qué es el procedimiento de "Habeas Corpus"?

El procedimiento de *Habeas Corpus* se estableció hace varios siglos con el objetivo de proteger legalmente a una persona cuando cree que su detención no se ajusta a un delito penalizado.

En España, el *Habeas Corpus* está respaldado por la Constitución Española, que lo recoge en el Título I, Capítulo II "Derechos y libertades", Sección 1ª "De los derechos fundamentales y de las libertades públicas", Artículo 17. Este artículo establece los siguientes puntos:

1. Toda persona tiene derecho a la libertad y a la seguridad. Nadie puede ser privado de su libertad, excepto en los casos y de acuerdo con lo establecido por la ley.

2. La detención preventiva no puede durar más tiempo del estrictamente necesario para realizar las investigaciones destinadas a esclarecer los hechos. En cualquier caso, el detenido debe ser puesto en libertad o a disposición de la autoridad judicial en un plazo máximo de setenta y dos horas.

3. Toda persona detenida debe ser informada de manera inmediata y comprensible sobre sus derechos y las razones de su detención. No se puede obligar a una persona detenida a declarar. Se garantiza la asistencia de un abogado durante las diligencias policiales, de acuerdo con lo que establezca la ley.

4. La ley regulará un procedimiento de *Habeas Corpus* para someter inmediatamente a la disposición judicial a cualquier persona detenida ilegalmente. Además, la ley establecerá el plazo máximo de duración de la prisión preventiva.

El *Habeas Corpus* se puede solicitar en casos en los que se considere que una detención ha sido ilegal. Sin embargo, no todas las detenciones pueden acogerse a este procedimiento. En algunos casos, un individuo puede abusar del uso del *Habeas Corpus* y, una vez presentado ante el juez, éste puede determinar que la detención se ajustaba a la ley y ordenar que el detenido regrese a las dependencias policiales para continuar con el proceso legal, lo que podría resultar en un tiempo adicional de detención de hasta 72 horas, el máximo estipulado por la ley.

Es importante tener en cuenta que el procedimiento de *Habeas Corpus* no garantiza la impunidad de castigos, multas o detenciones, ya que esto queda a criterio del juez de instrucción y está sujeto a las leyes y regulaciones correspondientes.

3. El origen etimológico del término "humano"

El origen del término "humano" se relaciona con la antiquísima creencia de que el primer ser humano fue moldeado a partir del barro o la tierra. Por tal motivo, dicho vocablo proviene del latín *humānus*, compuesto por *humus* (tierra, suelo) y el sufijo *-anus* (relativo, perteneciente).

Por otro lado, el término "hombre" en español tiene su origen en el latín *homo / homine*. Aunque existe cierta discusión entre los etimólogos, algunos sugieren que también podría guardar relación con el término *humus*. En cualquier caso, ambos términos están vinculados a la noción de la humanidad y su vínculo con la tierra.

4. ¿Cuál es el origen del término "barbitúrico"?

El término "barbitúrico", que se utiliza para referirse a ciertos sedantes, narcóticos o somníferos, tiene un origen etimológico que ha generado cierta confusión y discrepancia, y las fuentes consultadas ofrecen diferentes explicaciones.

Según el *Diccionario de la RAE*, la palabra llegó al castellano desde el francés *barbiturique*, que a su vez proviene del alemán *barbitursäure*, con el mismo significado.

Existen varias posibles explicaciones sobre el origen del término "barbitúrico".

Una de las explicaciones más difundidas, aunque no necesariamente correcta, sugiere que se le dio ese nombre porque el químico alemán Adolf von Baeyer lo sintetizó por primera vez el 4 de diciembre de 1863, día de la festividad de Santa Bárbara. Se dice que von Baeyer celebró el descubrimiento en una taberna con sus colegas, mientras un grupo de artilleros festejaba en honor a su patrona.

Sin embargo, esta explicación entra en conflicto con los documentos y notas de von Baeyer, que fechan su descubrimiento el 27 de noviembre de 1864, desacreditando la asociación con Santa Bárbara.

Algunas fuentes sugieren que proviene del nombre "Bárbara" y se refiere a una camarera de Múnich que donó orina al científico para sus investigaciones en el laboratorio, y como muestra de agradecimiento, el químico nombró su hallazgo en honor a ella.

Otras teorías apuntan a que "Bárbara" era el nombre de la esposa, una antigua novia, quizá la amante de von Baeyer, o incluso de alguno de sus colegas de laboratorio, dato que no ha podido ser corroborado.

Hay quienes defienden la idea de que el nombre se debe a la *usnea barbata*", un tipo de líquenes colgantes que crecen en los árboles y que contienen ácido malónico, una sustancia relacionada con los barbitúricos.

Finalmente, otras fuentes indican que Adolf von Baeyer nombró su descubrimiento en honor a Barbara von Cilli (conocida como Bárbara de Celje en español), esposa del emperador Segismundo, quien practicaba la alquimia en el siglo XV.

5. ¿Qué es el "Efecto Mandela"?

El "Efecto Mandela" es un fenómeno de recuerdos falsos compartidos, por el cual un grupo muy grande de personas, sin tener contacto entre ellas, creen recordar algún hecho histórico, noticia e incluso detalles de una imagen, pero que no han ocurrido o es muy diferente a la realidad.

El término fue acuñado por la escritora estadounidense Fiona Broome, en 2009, tras comprobar la errónea creencia de numerosas personas que estaban convencidas de que el líder sudafricano, Nelson Mandela, había fallecido en prisión durante la década de 1980, cuando en realidad todavía estaba vivo (no murió hasta el 5 de diciembre del año 2013).

Pero numerosos son los ejemplos de lo que se denomina como "Efecto Mandela" (aunque nada tengan que ver con el expresidente de Sudáfrica). Por ejemplo:

- Algunas personas creen recordar al personaje del logo del juego *Monopoly* usando un monóculo, cuando nunca ha llevado ese accesorio.

- La escena icónica de Tom Cruise bailando a ritmo de rock en la película *Risky Business* donde recuerdan que usaba lentes de sol, cuando nunca las llevó.

- La famosa frase de Star Wars: «Luke, yo soy tu padre» que nunca se pronunció en ninguno de los filmes de la exitosa saga.

- La mascota icónica de Disney, Mickey Mouse, que muchos recuerdan con tirantes, cuando nunca los ha usado.

- El Pokemon más popular, Pikachú, al que recuerdan con parte de su cola de color negro, cuando siempre ha sido amarilla.

- El cuadro de la Mona Lisa que muchas personas visualizan como no sonriendo, cuando en realidad sí lo hace.

- La famosa frase "Ladran, Sancho, señal que cabalgamos" que muchísimas personas utilizan asegurando que aparece en *El Quijote* (e incluso hay quien dice que la ha leído allí) y no aparece en ninguna de las dos partes de la obra de Cervantes.

- O la icónica escena de *Hamlet* (de William Shakespeare) en la que aseguran que el protagonista recita el soliloquio de "Ser o no ser" sosteniendo una calavera sobre su mano, cuando en realidad pertenece a otra escena de la obra.

6. El curioso motivo por el que el ministro de finanzas británico es conocido popularmente como "*Chancellor of the Exchequer*"

En la cultura anglosajona es muy común modificar ciertos nombres de cosas, celebraciones o cargos, creando un acrónimo o una abreviatura (como el caso de *Halloween* que es la contracción de *All Hallows' Eve*, literalmente Víspera de Todos los Santos) e incluso se cambia por completo dándole un nombre que conserva alguna connotación histórica.

Este es el caso del "*Chancellor of the Exchequer*", una forma ampliamente popularizada para referirse al responsable del Ministerio de Finanzas del Reino Unido.

Dicho título es de carácter oficial y su traducción literal vendría a ser "Canciller del tablero".

El tablero al que hace referencia (*Exchequer*) era la mesa utilizada antiguamente (a partir del siglo XIII) por los recaudadores de impuestos y que estaba formada por unas flanjas verticales y horizontales blancas y verdes que dejaban dibujados unos recuadros en la misma, recordando a un tablero de ajedrez.

El día que tocaba recaudar los tributos o repasar el saldo del Tesoro Real, los miembros de la Cámara de Cuentas se sentaban alrededor de la mencionada mesa y realizaban sus cuentas. El responsable de dicha cámara era el *Chancellor* (Canciller), que, con el paso de los siglos, se convirtió en el cargo de ministro de finanzas, conservando el antiguo modo de ser denominado.

7. ¿Sabías que el 7 de diciembre se celebra el "Día Mundial del Algodón de Azúcar"?

El 7 de diciembre se celebra el "Día Mundial del Algodón de Azúcar", una golosina ampliamente adorada por personas de todas las edades y que solemos tener asociado con las ferias, circos, puestos callejeros…

Los orígenes del algodón de azúcar se remontan al siglo XV en Italia, donde los cocineros solían calentar azúcar para convertirla en caramelo líquido y luego crear finos hilos con un utensilio utilizado en repostería.

La versión industrial del algodón de azúcar, tal como la conocemos hoy, surgió con la presentación de la primera máquina para su fabricación en la Exposición Universal de París en 1900, desarrollada por William Morrison y John C. Wharton. Esta máquina permitía mezclar agua, azúcar y colorantes para crear hilos que se enrollaban en palos de madera. Su invento tuvo un gran éxito y se presentó en varias ferias mundiales.

Aunque se desconoce quién fue el creador o impulsor de esta curiosa jornada, el "Día del Algodón de Azúcar" se mencionó por primera vez en la prensa de Estados Unidos en el año 2000.

8. Fiscal, fisco y confiscar, tres términos con un mismo origen etimológico: una cesta de mimbre

En la Antigua Roma se conocía como *fiscus* a la cesta de mimbre (también podía ser de junco) en la que los funcionarios del imperio depositaban el dinero recaudado por los impuestos y que iban a parar al patrimonio particular del emperador y no al erario del Estado, aunque con el paso del tiempo el término acabó siendo utilizado para designar a todo el capital del tesoro público.

Ese término derivó en la castellanización "fisco" que es como conocemos al erario, hacienda o tesoro público.

De ahí que, cuando había algún tipo de conflicto legal con ese dinero, se recurriese a la figura de un funcionario público que se encargaba de defender los intereses del Estado o del emperador, siendo conocido como "*advocatus fisci*" (que vendría a traducirse como "abogado del tesoro") y que con el paso del tiempo se convirtió en la figura del "fiscal" y que en la actualidad conocemos como la persona que representa y ejerce el ministerio público en los tribunales, pero también para designar a lo relativo a la hacienda pública.

Cuando los funcionarios públicos debían ir a privar a alguien de sus bienes (por que había cometido algún delito o no había satisfecho sus pagos tributarios), aquello que le era requisado (normalmente dinero o la escritura de alguna propiedad) era depositado en la mencionada cesta con la que tambíén se recaudaban los impuestos (*fiscus*), de ahí que se conozca esta práctica como "confiscar", del latín *confiscāre* (de la unión del prefijo *con-*: agregación y el término *fiscus*: cesta).

9. El curioso origen del término "vodevil"

El término "vodevil" se utiliza para referirse a ciertas obras teatrales, a veces musicales, que destacan por ser comedias enredadas, frívolas e incluso un tanto picantes, con diálogos con doble sentido.

Estas composiciones se volvieron muy populares a finales del siglo XIX, y eran representadas por numerosas compañías teatrales durante sus giras por diferentes poblaciones.

Originalmente, estas obras teatrales eran llamadas *vaudeville*, y así se les sigue denominando en la mayoría de los idiomas (italiano, inglés, portugués, neerlandés, alemán...), conservando su forma original del francés. En España, el término fue castellanizado como "vodevil", y aunque se usaba desde hace más de un siglo en nuestro idioma, no fue hasta 1992 que se incluyó en el *Diccionario de la RAE*.

Sin embargo, el término *vaudeville* no fue acuñado específicamente para referirse a las obras teatrales, sino que se utilizó después de recopilar composiciones musicales que se cantaban en el siglo XV en el "*Vaux-de-Vire*", un valle ubicado en la región de Normandía, al noroeste de Francia. Estas eran canciones alegres y picantes que describían la vida y las actividades de los lugareños.

Algunas de esas composiciones del *Vaux-de-Vire* (que con el tiempo se convirtió en "*Val-de-Vire*", aunque también se le puede encontrar como

"*Vaudevire*") fueron creadas por los poetas locales Olivier Basselin (siglo XV) y Jean Le Houx (que vivió entre los siglos XVI y XVII), y con el paso del tiempo se utilizaron para dar origen a las mencionadas obras teatrales que alcanzaron tanta fama.

10. La antiquísima locución latina "*In dubio pro reo*" y la "presunción de inocencia"

Según se dispone en el artículo 11.1 de la "Declaración Universal de Derechos Humanos" de la ONU (aprobada el 10 de diciembre de 1948):

> "Toda persona acusada de delito tiene derecho a que se presuma su inocencia mientras no se pruebe su culpabilidad, conforme a la ley y en juicio público en el que se le hayan asegurado todas las garantías necesarias para su defensa."

Con ella se antepone el principio jurídico de la "presunción de inocencia" por el cual no se debía condenar a alguien sin tener las suficientes pruebas incriminatorias, siendo preferible equivocarse y dejar en libertad a un culpable que condenar a un inocente.

Este concepto jurídico ya fue empleado en la Antigua Roma, en la que existía una regla de obligado cumplimiento definida como "*In dubio pro reo*", la cual se traduciría como "En caso de duda, en favor del acusado". En algunas ocasiones podemos encontrarlo en la forma "En caso de duda, se absuelve al reo" (*In dubio absolvitur reus*).

El principio general del derecho romano también indicaba que en caso de que exista alguna duda "Se debe favorecer más a los demandados que a los demandantes" (*Favorabiliores rei potius quam actores habentur*).

11. ¿Cuál es el origen de la expresión "Armarse la de Dios es Cristo"?

La expresión "Armarse la de Dios es Cristo" describe una situación en la que hay un gran escándalo y griterío y en la que los participantes no se entienden entre sí.

Según la mayoría de los autores, esta frase se origina en los violentos enfrentamientos que tuvieron lugar durante el primer concilio ecuménico de Nicea que tuvo lugar en el año 325.

En este concilio, presidido por el obispo de Córdoba y con la presencia del emperador Constantino, se discutió la doble naturaleza de Jesucristo, humana y divina. El objetivo de su convocatoria era resolver la crisis surgida en la Iglesia debido a los seguidores del arrianismo, quienes afirmaban que el Verbo, Hijo de Dios, solo poseía una divinidad secundaria y no era realmente Dios eterno, infinito y todopoderoso, tal y como afirmaban los católicos.

12. El curioso motivo de llamar "simposio" a una conferencia o reunión de expertos

El término "simposio" se utiliza para referirse a congresos, asambleas o reuniones en las que un número indeterminado de expertos, ya sea de una disciplina o varias, debaten sobre un tema específico, respondiendo preguntas y aclarando dudas del público asistente.

El término fue incluido por primera vez en el *Diccionario de la RAE* en su edición de 1992, con la definición de "conferencia o reunión en la que se examina y discute un tema determinado", definición que se mantiene en la actualidad.

Etimológicamente, es una palabra que proviene del griego *sympósion*, que originalmente significaba "festín" o "banquete", debido a que se utilizaba para referirse a las reuniones en las que se comía, bebía y se pasaba un rato agradable.

Muchos de estos festines gastronómicos y llenos de bebida culminaban con largas y fascinantes conversaciones entre los presentes sobre temas importantes como la política o la filosofía. Esto convirtió las reuniones en espacios donde grandes expertos en artes y filosofía debatían mientras eran escuchados por sus discípulos. Así, el término "simposio" pasó a referirse a esa parte final del festín, es decir, a las conversaciones, y no a todo el evento en sí.

Cabe mencionar la obra *El banquete* (originalmente titulada "*Sympósion*") del famoso filósofo Platón, publicada en el siglo IV a.C. Esta obra narra una cena en la que los comensales hablan de la vida y del amor de manera relajada mientras disfrutan de comida, bebida y diversión. Este "diálogo platónico" alcanzó gran notoriedad y popularidad.

13. ¿De dónde surge la expresión "Pasar más hambre que el perro de un ciego"?

Los términos "perro guía" o "perro lazarillo" se utilizan para referirse a ciertos perros que, después de recibir un entrenamiento, acompañan a personas ancianas o con discapacidad, especialmente aquellas con discapacidad visual que necesitan ayuda para desplazarse.

Aunque se le atribuye al médico alemán Gerhard Stalling el desarrollo de la técnica de adiestrar perros para que guíen, acompañen, cuiden y ayuden a personas con necesidades especiales después de la Primera Guerra Mundial, existe evidencia del uso de estos animales en ese tipo de asistencias desde hace muchos siglos.

Uno de los grupos que solía recurrir a tener un perro como compañero (no necesariamente un perro guía) eran las personas ciegas, quienes ocasionalmente también contaban con la ayuda de un joven (el típico "lazarillo"), término derivado de la novela del siglo XVI llamada *La vida de Lazarillo de Tormes y de sus fortunas y adversidades*.

Antiguamente, las personas ciegas, al no poder trabajar, ocupaban un lugar inferior en la escala social y muchos se veían obligados a mendigar, lo que limitaba sus recursos para vivir. Algunos de estos ciegos iban acompañados de un perro y, al no tener suficiente dinero, la comida era escasa tanto para ellos como para el animal. El perro se alimentaba de los restos o sobras de su dueño, como huesos o cáscaras de fruta.

En otras situaciones, cuando el ciego estaba también acompañado por un joven lazarillo, éste podría haber sido quien se comiera aquellas sobras del invidente, dejando al perro sin comida y, por tanto, pasando hambre el animal.

Estas circunstancias dieron lugar a la expresión "Pasar más hambre que el perro de un ciego", que hacía referencia al hecho de que el perro de un ciego solía sufrir la falta de alimento.

14. El curioso motivo por el que alivia lamer una herida

Lamer una herida o golpe es un gesto que realizamos de forma inconsciente. Se creía que era un acto de autocuidado, imitando el comportamiento de otras especies y recordando el cariño recibido de nuestros padres al ser lamidos o besados en una herida. Además, se pensaba que la saliva tenía propiedades cicatrizantes y antibacterianas, lo que explicaba la rápida curación de las heridas en la boca.

Sin embargo, en las últimas décadas se han realizado investigaciones científicas que han revelado una nueva explicación sobre por qué lamer una herida nos proporciona alivio. Se ha descubierto la presencia de la "opiorfina" en nuestra saliva, un analgésico natural que puede ser hasta seis veces más potente que la morfina. De esta forma se podría explicar la sensación de alivio experimentada al lamer una herida.

Dichos estudios han brindado un nuevo entendimiento sobre este comportamiento humano común y permiten comprender mejor los mecanismos naturales de alivio del dolor en nuestro cuerpo.

15. ¿De dónde surge llamar "horóscopo" a la predicción zodiacal?

El término "horóscopo" se refiere a la predicción del futuro basada en la observación de la posición de los astros y los signos del zodiaco. Aunque el horóscopo es una sección popular en muchos medios de comunicación, su fiabilidad está siendo cada vez más cuestionada y algunos medios han optado por eliminarlo de sus publicaciones o programas.

En la antigüedad, muchas culturas creían que era posible predecir el futuro y el destino de una persona observando el cielo y la posición de los astros. Los hombres de un clan, tribu o familia solían realizar esta observación en el momento exacto del nacimiento de un bebé. De ahí proviene la etimología del término "horóscopo", que viene del latín *horoscŏpus* y éste a su vez del griego *hōroskópos*, que significa "que observa la hora" en referencia al momento del nacimiento.

Los antiguos astrólogos creían que la Tierra estaba inmóvil y que los astros giraban alrededor de ella. Dividieron el cielo en doce secciones, cada una dominada por un signo zodiacal. Mediante la observación de la posición de los astros en el momento del nacimiento, intentaban determinar los eventos que le esperaban al recién nacido a lo largo de su vida, así como su carácter y personalidad futuros.

16. ¿De dónde surge decir que algo ocurre "cada dos por tres"?

La expresión "cada dos por tres" se utiliza para referirse a algo que ocurre con frecuencia o de manera habitual. Sobre su origen, existen diferentes teorías y no hay una explicación definitiva.

Una teoría popular sugiere que la expresión se relaciona con las matemáticas y las operaciones aritméticas, como la multiplicación. Se menciona el ejemplo de "2x3" como equivalente a frecuencia o asiduidad. Sin embargo, esta explicación no parece ser la más probable.

Otra hipótesis señala que podría estar relacionada con la probabilidad estadística de que un evento se repita o suceda con mayor frecuencia, como algo que ocurre dos de cada tres veces.

Una tercera explicación, menos difundida pero con posibilidades, sugiere que el origen de la expresión podría estar en el mundo del baile, específicamente en el ritmo del chachachá. Durante su auge en la década de 1950, al bailar el chachachá, era común seguir el compás que repetía: "dos, tres, chachachá".

También cabe destacar que la expresión "cada dos por tres" fue incluida en la edición de 1961 del *Diccionario de la Real Academia Española* (RAE) con la acepción de "con frecuencia", coincidiendo con los años de mayor popularidad del mencionado baile del chachachá. Sin embargo, no hay una certeza absoluta sobre su origen y todas estas teorías son propuestas que intentan explicar el sentido de la expresión.

17. ¿De dónde surge decir que alguien benevolente tiene "manga ancha"?

Se dice que alguien tiene "manga ancha" cuando es benevolente y poco exigente con algo o alguien.

La expresión "tener manga ancha" proviene de los ambientes eclesiásticos y hace alusión al tamaño y amplitud de las mangas de las sotanas y hábitos utilizados por los religiosos y la benevolencia que algunos de estos tenían, a veces, a la hora de dar la absolución de los pecados a un feligrés, en el momento de la confesión, e imponerle una penitencia menor.

También podemos encontrarnos con quien señala la posible procedencia de la expresión en el mundo de la judicatura, debido a que las togas usadas por los magistrados también tienen las bocamangas anchas (aunque proporcionalmente menores a las de los religiosos). A la hora de imponer una condena, si esta es menor de lo esperado se dice que el juez ha tenido manga ancha con el acusado.

18. El curioso origen de las "tarjetas de visita"

Las tarjetas de visita son cartoncitos utilizados para presentarse o establecer contactos, principalmente con fines comerciales.

Originalmente se utilizaban al llegar como visita a una casa y las personas de clase alta las entregaban al ujier en fiestas o recepciones, y éste las utilizaba para anunciar a los anfitriones.

También se dejaban tarjetas al personal de servicio cuando se visitaba a alguien que estaba ausente.

Existen diferentes teorías sobre su origen, algunas indican que surgieron en China en el siglo XV, mientras que otros afirman que fue en Europa dos siglos después.

Durante el siglo XVIII, las tarjetas de visita se convirtieron en pequeñas obras de arte diseñadas por artistas renombrados y en el siglo XX, se popularizaron ya como tarjetas comerciales.

Actualmente, se utilizan en convenciones y reuniones de *networking* y siguen siendo una forma común de presentación y contacto en el ámbito profesional.

19. ¿Por qué el asterisco (*) tiene esa peculiar forma y cuándo se originó su uso?

El asterisco es un símbolo en forma de estrellita que se coloca junto, al margen o sobre un texto para indicar una explicación o nota adicional (*).

Históricamente, los escribanos utilizaban diferentes signos para añadir textos o explicaciones en los márgenes de los escritos e incluso en la antigua Grecia, Aristarco de Samotracia utilizaba el asterisco para hacer correcciones en los poemas homéricos.

A lo largo del tiempo, el asterisco ha tenido diversas formas, como una estrella con diferentes puntas, un punto con salpicaduras o gotas de tinta. Su popularidad y uso se extendió durante la Edad Media, especialmente en la escritura de importantes libros que requerían notas al margen para aclarar las relaciones entre personajes de sagas familiares.

Con el tiempo, el asterisco también se utilizó como sustituto de letras o palabras consideradas ofensivas o blasfemas.

Etimológicamente, el término "asterisco" proviene del latín *asteriscus*, que a su vez deriva del griego *asterískos* que significa "estrellita", debido a su singular forma.

20. ¿Por qué los pájaros no se caen de la rama cuando duermen?

Es curioso observar cómo los pájaros se colocan sobre las ramas (e incluso cables de alta tensión) y que, por mucho viento que pueda hacer o cuando se supone que están dormidos, no se mueven ni caen.

Eso es gracias a un preciso mecanismo de sujeción que las aves paseriformes tienen en sus patas. Consiste en, tras posar sobre la rama o cable, flexionar la parte trasera de la planta de la pata y automáticamente los tendones (llamados "flexores") hacen que los dedos se replieguen quedando aferrados fuertemente a esa superficie.

A pesar de la aparente fragilidad de esas patas la sujeción es sólida y segura, motivo por el que no pierden el equilibrio y no se precipitan al suelo cuando están dormidos. Del mismo modo que se ha agarrado, el pájaro se libera de la sujeción automáticamente cuando quiere echar a volar.

21. ¿De dónde proviene la expresión "Estar a dos velas"?

No hay un consenso claro entre los expertos en etimología sobre el origen de la expresión "estar a dos velas", existiendo diferentes teorías y explicaciones sobre su posible procedencia.

Una teoría propuesta por el filólogo gaditano José María Sbarbi indica que la expresión proviene de dejar la iglesia a oscuras después de la misa, quedando iluminado únicamente el altar mayor por dos velas. Esto daba al templo un aspecto desangelado y de pobreza, lo que podría relacionarse con la falta de recursos económicos.

Otra explicación, propuesta por el lexicógrafo navarro José María Iribarren, sugiere que la expresión se originó en las timbas de cartas, donde la banca solía iluminarse con una vela a cada lado. Cuando un jugador tenía una buena racha y la banca comenzaba a perder dinero, se decía que estaba "a dos velas". Sin embargo, esta explicación es cuestionada por muchos etimólogos.

También se plantea que el modismo podría tener origen en el ámbito náutico, refiriéndose a embarcaciones modestas que solo tenían un par de velas para navegar, debido a la falta de recursos económicos.

Y otra posible explicación (quizás la más convincente) se relaciona con los velatorios. Dependiendo del poder adquisitivo del difunto, la capilla ardiente podía ser más o menos lujosa y con un mayor número de velas alrededor del féretro. Cuando un fallecido tenía solo una vela a cada lado del ataúd, era un indicio de pobreza o ruina.

22. ¿Sabías que la palmera recibe su nombre porque recuerda a la palma de la mano abierta?

Las palmeras deben su nombre a la palma de la mano, debido a que en la antigüedad se dieron cuenta que observando esos árboles desde cierta distancia recordaba a una mano totalmente abierta y con los dedos bien separados. De hecho las ramas se conocen como "palmas".

Cabe destacar que el término latino para designar el reverso de la mano se escribía exactamente igual que como llegó al castellano (palma) y para referirse al árbol se le añadió el sufijo *–era* (como ocurre con otros vegetales: higuera, esparraguera…).

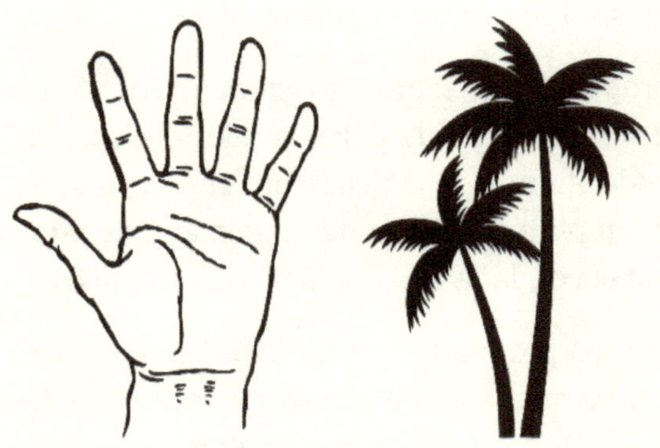

23. ¿Por qué nuestros pies se enfrían tan fácilmente?

Los pies son una de las partes del cuerpo más propensas a enfriarse, especialmente en climas fríos (durante el invierno) o durante largos períodos de inactividad. Esto se debe a que esa parte de nuestras extremidades inferiores tienen una menor cantidad de músculos que generan calor.

Cuando hace frío el cuerpo responde reduciendo el flujo sanguíneo a las extremidades para conservar el calor en los órganos internos. Esto hace que se enfríen tan fácilmente y puede hacer que se sientan entumecidos. Curiosamente, el hecho de sentir frio en los pies suele provocar un malestar general.

Otra razón común de pies fríos es tener una mala circulación sanguínea, la cual puede impedir que la sangre fluya adecuadamente hacia los pies, lo que causa una sensación constante de frialdad.

Los pies fríos en la cama, durante la noche, pueden dificultar conciliar el sueño y provocar que nos cueste dormir y descansar adecuadamente.

Para mantener los pies calientes, es recomendable usar calcetines gruesos y zapatos adecuados para el clima, así como es muy aconsejable hacer ejercicio regularmente con el fin de mejorar la circulación sanguínea y levantarse a caminar durante unos minutos cuando se tiene un trabajo sedentario o se ha estado mucho tiempo inactivo.

24. ¿Cuál es el origen del turrón?

El origen exacto del turrón es incierto y existen diferentes teorías al respecto. Una de ellas indica que llegó a través de la influencia musulmana en la península ibérica, donde se elaboraba un postre con miel y frutos secos.

Otra teoría menciona que tanto en la cultura grecorromana como en la árabe se elaboraban dulces similares con miel y frutos secos.

Es probable que la combinación de todas estas influencias culturales haya dado lugar al turrón tal como lo conocemos hoy en día, con diferentes ingredientes y variedades regionales. Originalmente, se elaboraba con almendras, avellanas y otros frutos secos.

En cuanto al origen etimológico de la palabra "turrón", no se ha determinado de manera definitiva. Una teoría sugiere que proviene del latín *torreō*, que significa "moler" o "triturar", en referencia a la acción de moler los ingredientes para hacer el dulce.

Otra teoría plantea que deriva del árabe *torón*, que significa "torta", debido a la influencia de la repostería árabe en la región mediterránea.

También se menciona la posibilidad de que el término provenga del catalán *torró*, que significa "torrar" o "tostar", y a su vez del latín *torrēre*.

Y es que, al fin y al cabo, el turrón es resultado de la combinación de diversas influencias culturales.

25. ¿Sabías que fue una aristócrata rusa quien puso de moda en España la costumbre de adornar el árbol de Navidad?

Frente a la madrileña plaza de Cibeles, en la intersección de la calle de Alcalá y el paseo del Prado, se encontraba el palacio de Alcañices (actualmente desaparecido y en cuyo solar se levantó el edificio del Banco de España).

Se trataba de la residencia de una de las familias más importantes de la sociedad aristocrática española y en la que se instaló a vivir, en 1870, José Osorio y Silva (marqués de Alcañices, duque de Sesto y grande de España), quien acababa de contraer matrimonio con Sofía Sergeïevna Troubetzkoy. Ella era una joven viuda de origen ruso (hija del príncipe Serguei Vassilievitch Troubetzkoy, aunque las malas lenguas indicaban que en realidad era hija ilegítima del zar Nicolás I).

Sofía Troubetzkoy, como otras mujeres de la alta sociedad europea de la época, era una reconocidísima celebridad, sirviendo de ejemplo para numerosas damas que copiaban todo aquello que hacía y ponía de moda (hoy en día sería denominada como *influencer*).

Tras instalarse en su nueva residencia, en el palacio de Alcañices, la nueva duquesa de Sesto se trajo la antiquísima tradición que llevaba varios siglos realizándose en muchos hogares del centro y norte de Europa: adornar un árbol en Navidad.

Se trataba de una costumbre heredada de la mezcla de diferentes tradiciones, entre ellas del pueblo celta y la trasformación a un rito católico por parte de Bonifacio de Maguncia (San Bonifacio), el gran evangelizador de la mitad norte de continente europeo.

Para la época en la que Sofía Troubetzkoy se instaló en Madrid, ya existían casos puntuales de personas de ascendencia germana, británica o rusa, que habían decorado sus hogares con un árbol navideño, pero se debe a esta aristócrata el hecho de popularizarlo entre el resto de familias de la alta sociedad española, que copiaron esta costumbre de la considerada como una de las grandes influenciadoras de su época en España.

Cabe destacar que lo sucedido con la duquesa de Sesto en España ya había ocurrido unas décadas antes en el Reino Unido (y otros lugares de Europa y el planeta), por parte de la reina Victoria I, quien adoptó la costumbre de instalar y adornar un árbol navideño en su palacio tras contraer matrimonio, en 1840, con el príncipe alemán, Alberto de Sajonia-Coburgo, trasladándose esa costumbre a aquellos lugares bajo la influencia y dominio británico.

26. El curioso origen del término "bribón" y su estrecha relación con la palabra biblia

El término "bribón" se utiliza para referirse a alguien que se dedica a hacer trampas, moverse en ambientes pícaros, holgazanear e incluso engañar con habilidad para obtener beneficios. Actualmente, dependiendo del contexto y la forma en que se pronuncie, puede tener una connotación más juguetona, como al referirse a un niño travieso.

Originalmente, esta expresión se utilizaba para describir a aquellos que se dedicaban a la "briba", que era la forma en que se conocía la picardía y la holgazanería en la Edad Media. "Briba" derivaba del término "bribia", que se describía como el "arte y la manera de engañar halagando con palabras amables", y este vocablo era una metátesis de "Biblia".

Existen dos versiones diferentes sobre el origen de la palabra "bribón" a partir de "Biblia". Por un lado, algunos etimólogos defienden que se refiere a la acepción original de la Biblia como "obra que recopila conocimientos o ideas sobre una materia y que es considerada como un modelo ideal por sus seguidores". Muchos de los pícaros de la época eran personas cultas que utilizaban sus conocimientos y habilidades lingüísticas para engañar a los desprevenidos, basándose en sus amplios conocimientos de los libros (biblias).

Por otro lado, algunos lingüistas sugieren que "bribón" proviene de aquellos que conocían mejor la Biblia en su sentido religioso, como los clérigos, sacerdotes y evangelizadores. Estas personas, amparadas por su vida religiosa, solían vivir cómodamente a expensas de las donaciones de los feligreses.

Cabe destacar que las metátesis mencionadas son cambios en las vocales o consonantes de las palabras que ocurren con el tiempo debido a la transmisión oral, lo que resulta en diferentes formas de pronunciar o escribir una palabra a pesar de que siga refiriéndose a lo mismo. Un conocido caso de metátesis es con la palabra "murciélago", la cual originalmente se escribía y pronunciaba como "murciégalo".

27. ¿Cuál es el origen etimológico del término "divulgación"?

El término "divulgación" hace referencia al acto de hacer accesible cualquier conocimiento al público en general. Su origen etimológico se encuentra en el término "divulgar" y en su raíz latina, *divulgāre*, que significaba "decir, enseñar al vulgo". Antiguamente el término "vulgo" se utilizaba para referirse al pueblo común.

Un ejemplo histórico de esta conexión es la Biblia Vulgata, encargada por el papa Dámaso I en el año 382 d.C. al erudito Jerónimo de Estridón. Esta traducción de las Sagradas Escrituras del hebreo al latín tenía como objetivo ser entendida por el vulgo, es decir, el pueblo llano.

Cabe destacar que originalmente (y hasta hace poco tiempo), era más común utilizar el término "vulgarización" en lugar de "divulgación". Por ejemplo, se hablaba de "vulgarización científica" en lugar de "divulgación científica".

Y es que el concepto de transmitir conocimientos al pueblo llano dio lugar al uso del término "divulgación", pero, sin embargo, con el tiempo, el término "vulgar" adquirió connotaciones negativas, relacionándose con la falta de cultura o pertenencia a clases sociales más bajas. Por esta razón, la palabra que se utilizaba para referirse a la enseñanza de conocimientos pasó de ser "vulgarizar" a "divulgación", tal como se conoce y utiliza en la actualidad.

28. ¿Por qué la toga de los jueces es de color negro?

La toga de los jueces es de color negro en muchas jurisdicciones del mundo, incluyendo en la mayoría de países de tradición jurídica romano-germánica como España, Italia, Francia, México y otros.

El origen de este uso se remonta a la República romana, época en la que la toga era el vestido tradicional de los ciudadanos romanos libres. Sin embargo, los magistrados y jueces que actuaban en nombre del Estado necesitaban un símbolo de su autoridad que los distinguiera de los ciudadanos comunes. Por lo tanto, se decidió que los magistrados y los jueces llevarían una toga de color negro, que era un color oscuro y serio que transmitía la autoridad y el respeto que se esperaba de ellos.

Aunque la toga negra es el color más común para los jueces en todo el mundo, en algunos países se utilizan colores diferentes para distinguir a los jueces en diferentes tribunales o niveles judiciales. A continuación, menciono algunos ejemplos:

En el Reino Unido, los jueces usan togas de diferentes colores según el tribunal al que pertenezcan. Por ejemplo, los jueces del Tribunal Supremo usan togas rojas y los jueces de los tribunales de apelación y los tribunales superiores usan togas de color gris oscuro. Los jueces de los tribunales de primera instancia pueden usar togas de diferentes colores, como negro, azul oscuro, gris o rojo.

En los Estados Unidos, los jueces también pueden usar togas de diferentes colores según el tribunal y el estado en el que se encuentren. Por ejemplo, en California, los jueces de los tribunales estatales suelen usar togas negras o grises, mientras que en Luisiana, los jueces de la Corte Suprema usan togas blancas.

En Alemania, los jueces usan togas de diferentes colores según su nivel judicial y el tipo de tribunal. Por ejemplo, los jueces federales usan togas negras, mientras que los jueces de los tribunales regionales pueden usar togas de diferentes colores, como azul oscuro, verde oscuro o rojo oscuro.

En Australia, los jueces y magistrados usan togas de color negro, pero pueden usar accesorios de diferentes colores para distinguirse entre ellos. Por ejemplo, los jueces de la Corte Suprema pueden usar una banda de color rojo oscuro, mientras que los jueces del Tribunal Federal pueden usar una banda de color gris.

En Canadá, los jueces y magistrados usan togas negras, pero pueden usar cuellos y puños de diferentes colores para indicar su nivel judicial. Por ejemplo, los jueces de la Corte Suprema de Canadá usan cuellos y puños de color rojo.

En Japón, los jueces usan togas negras, pero pueden usar una estola de diferentes colores para indicar su nivel judicial. Por ejemplo, los jueces de la Corte Suprema usan una estola de color rojo oscuro, mientras que los jueces de los tribunales de distrito pueden usar una estola de color verde oscuro.

En Brasil, los jueces y magistrados usan togas negras con detalles de seda blanca en los puños y el cuello. Los jueces de tribunales superiores también pueden usar una capa de seda roja.

Cabe destacar que hay una popular leyenda urbana (ampliamente compartida) en la que se explica que la razón que originó el color negro en las togas de los jueces fue a raíz del fallecimiento de María II, reina de Inglaterra, Escocia e Irlanda, el 28 de diciembre de 1694. Hasta aquel momento (según estos relatos) los jueces británicos habían portado togas de color rojo y como muestra de luto y respeto decidieron cambiarlas por otras de color negro durante el tiempo que durase el duelo oficial, que se prolongó a lo largo de varios años.

29. El curioso motivo por el que los depósitos de cadáveres son conocidos con el término de "morgue"

El término "morgue" se utiliza para referirse al lugar donde se depositan los cadáveres a la espera de ser identificados o sometidos a autopsia. El origen de la palabra se encuentra en el francés medieval *morguer*, que significaba "mirar solemnemente".

Originalmente, en el siglo IX, el término no se aplicaba al depósito de cadáveres, sino al lugar donde se encerraba a los delincuentes arrestados por primera vez. En ese momento, no existían los documentos de identificación ni las fichas policiales, por lo que los criminales eran exhibidos en una celda de la prisión, y algunos ciudadanos acudían para indicar si reconocían a alguno de ellos.

Los visitantes miraban solemnemente a los presos, lo que llevó a acuñar el término *morguer*.

Con el tiempo, las autoridades parisinas vieron que esta forma de identificar a los delincuentes también podría ser útil para descubrir la identidad de los fallecidos que aparecían en las calles de la ciudad, especialmente en el río Sena. Así, en los sótanos del Grand Châtelet de París, se habilitó un espacio donde se exhibían los cuerpos sin identificar, y los ciudadanos desfilaban para ayudar a reconocerlos.

Debido a la similitud en la forma de exhibir tanto a los presos como a los cadáveres, el depósito de cadáveres pasó a conocerse con el mismo término: "morgue", que ha perdurado hasta nuestros días.

30. ¿Sabías que la jeringuilla desechable es un invento español?

La jeringa desechable, fabricada en plástico y diseñada para ser utilizada una sola vez, fue inventada por Manuel Jalón en la década de 1970. Antes de eso, las jeringas se fabricaban en vidrio o piezas metálicas y se reutilizaban después de ser lavadas y esterilizadas. La invención de la jeringa desechable fue un avance significativo en términos de higiene y prevención de infecciones.

En la actualidad, se fabrican diariamente alrededor de veinte mil millones de unidades de jeringas desechables en todo el mundo.

Cabe destacar que el desarrollo de una jeringa "autodescartable" por parte del argentino Carlos Arcusin, en 1989, fue un perfeccionamiento adicional en términos de seguridad y prevención de reutilización, pero no se puede considerar como el invento original de la jeringa desechable, ya que se basó en el trabajo previo de Manuel Jalón.

31. ¿De dónde surge decir "tener mala uva" para indicar que alguien tiene mal carácter?

Siglos atrás la bebida alcohólica más popular, al alcance de más personas y con la que solían emborracharse la mayoría, era el vino. Esto originó que el término "uva" (fruta con cuyo zumo fermentado se realizaba el vino) fuese uno de los muchos sinónimos para referirse a una persona borracha.

Así lo recoge el tomo VI del *Diccionario de Autoridades* de 1739 (el primer diccionario oficial publicado por la RAE) con la siguiente acepción: "Por alusión llaman al borracho".

Pero cabe destacar que, originalmente, el decir "mala uva" no se refería a una posible mala calidad de la fruta con la que se había elaborado cierto caldo sino a los "malos borrachos", aquellos individuos que tenían mal beber y que tras la ingesta de la bebida alcohólica su carácter se volvía malhumorado, violento y agresivo.

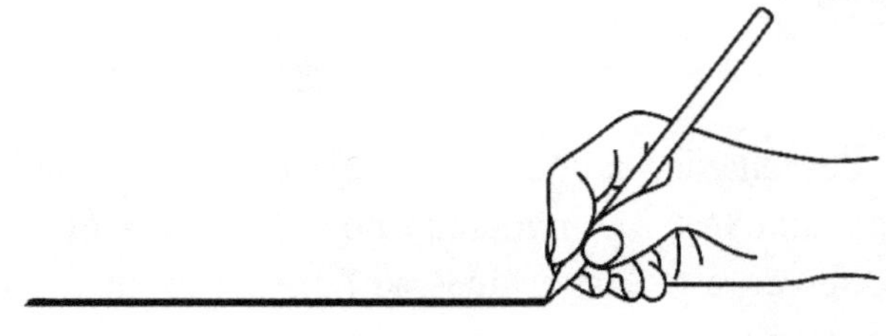

FUENTES DE CONSULTA

abc.es

Abecedario de dichos y frases hechas de Guillermo Suazo Pascual

achievement.org

Amando de Miguel (libertaddigital.com)

Anecdotario universal de cabecera de Gregorio Doval

archive.org

articles.latimes.com

ballesterismo.com

bbc.co.uk

bdigital.unal.edu.co

bhi.co.uk

Biblioteca virtual de prensa histórica de la Hemeroteca Nacional

bibliotecavirtualmadrid.org

bne.es

boe.es

Breve Diccionario Etimológico de la Lengua Española de Joan Corominas

cadenaser.com

capsuladelengua.wordpress.com

catholic-hierarchy.org

celtiberia.net

chicagotribune.com

cnrtl.fr/etymologie

cookingideas.es

corp.att.com

cosasdeandalucia.com

ctie.monash.edu.au

cultura.elpais.com

cvc.cervantes.es

definicion.de

Del Hecho al Dicho de Gregorio Doval

dialnet.unirioja.es

Diccionario castellano con las voces de ciencias y artes y sus correspondientes en las tres lenguas francesa, latina e italiana... de Esteban de Terreros (1786)

Diccionario crítico etimológico de la lengua castellana de Joan Corominas

Diccionario de americanismos

Diccionario de anécdotas, dichos, ilustraciones, locuciones y refranes de Rubén Gil

Diccionario de argot español de Luis Besses

Diccionario de Autoridades (1726-1739)

Diccionario de la RAE

Diccionario de refranes, dichos y proverbios de Luís Junceda

Diccionario de uso del español de María Moliner

Diccionario esencial de la lengua española

Diccionario histórico de la lengua española

Diccionario histórico de la RAE (1933-1936)

Diccionario histórico de la RAE (1960-1996)

Diccionario panhispánico de dudas

Dichos y frases hechas de José Calles Vales y Belén Bermejo Meléndez

dichosyrefranes.net

dictionary.cambridge.org

Dictionnaire Étymologique Occitan

El gran libro de las citas glosadas de Pancracio Celdrán

El libro de los hechos insólitos de Gregorio Doval

El pequeño libro de las 500 palabras para parecer más culto de Miguel Sosa

El pequeño libro de las curiosidades de Miguel Sosa

El porqué de los dichos de José María Iribarren

elcastellano.org

elcorreogallego.es

elmundo.es

elperiodicomediterraneo.com

es.catholic.net

esquire.com

etimologias.dechile.net

etimologies.dites.cat

etymonline.com

examiner.com

expresionesyrefranes.com

Frases con Historia de José Luis García Remiro

fundacionlengua.com

fundeu.es

funjdiaz.net

gallica.bnf.fr

global.britannica.com

Hablar bien no cuesta tanto de Pancracio Celdrán

Hablar con corrección de Pancracio Celdrán

hemeroteca.abc.es

hemeroteca.lavanguardia.com

hispanoteca.eu

history1800s.about.com

historybuff.com

historynewsnetwork.org

historytoday.com

Inventario general de insultos de Pancracio Celdrán

laopiniondemurcia.es

lavozdegalicia.es

letraslibres.com

Lexicografía y enseñanza de la lengua española de Juan Antonio Moya
Corral y Marcin Sosiński

lexilogos.com

livescience.com

*Más de 21000 refranes castellanos no contenidos en la copiosa colección
del maestro Gonzalo Correas allegolos de la tradición oral y de sus lecturas*
de Francisco Rodríguez Marín

medicinenet.com

memory.loc.gov

molinodeideas.com

muyinteresante.es

nacional.com.uy

news.discovery.com

news-medical.net

newyorker.com

Nuevo tesoro lexicográfico

openculture.com

origenlenguaje.blogspot.com

Palabras con Historia de Gregorio Doval

¿Qué queremos decir cuando decimos...? (Frases y dichos del lenguaje diario) de José Luis García Remiro

quo.es

rae.es

Refranero General Ideológico de Luis Martínez Kleiser

diccionarioalcarria.blogspot.com

Refranero Latino de Jesús Cantera Ortiz de Urbina

revistas.ucm.es

rtve.es

sabercurioso.es

sciencedirect.com

sciencefocus.com

scientificamerican.com

straightdope.com

telegraph.co.uk

theguardian.com

timelines.latimes.com

todayifoundout.com

tv3.cat

usatoday.com

ushistory.org

ustedpregunta.com

vatican.va

Vocabulario de refranes y frases proverbiales de Gonzalo Correas

wikipedia.org

youtube.com

SOBRE EL AUTOR

Alfred López (Barcelona, 1965), es un apasionado y experto recopilador de curiosidades históricas y anécdotas desde su juventud. En 2006, lanzó el blog *Ya está el listo que todo lo sabe,* que se convirtió en una referencia en español y fue incluido en el listado de **"Los 100 mejores blogs en Castellano"** por la revista especializada *Personal Computer & Internet.* El blog ha recibido más de 80 millones de visitantes y en 2016 fue galardonado con el **Premio Bitácoras al Mejor Blog de Arte y Cultura.**

Además de su blog, Alfred López comparte sus curiosidades a través de conferencias y colaboraciones en numerosos medios de comunicación (radio, televisión, podcast, prensa escrita...). Es autor de seis libros, siendo el primero de ellos el exitoso *Ya está el listo que todo lo sabe* (2012), al que le siguieron *Vuelve el listo que todo lo sabe* (2015), *Ya está el listo que todo lo sabe de SEXO* (2018), *Ya está el listo que todo lo sabe de la Navidad* (2019), *Eso no estaba en mi libro de historia de la política* (2019, Editorial Almuzara) y *El listo que todo lo sabe ataca de nuevo. Palabras y palabros* (2021, editorial Larousse).

★ Visita su web personal y síguelo en sus principales redes sociales:

www.alfredlopez.es | Instagram: **@curiosisimo_** |

TikTok: **@curiosisimo** | X: **@yelqtls**

★Accede a todos sus libros: